무너진
삶이어도
나는 일어섰다

김은한 지음

혼자가 되어 비로소
단단해진 나

무너진
삶이어도
나는 일어섰다

김은한 지음

이 책은 기적이 아닌 증명이다. 실패한 인생도
다시 성공할 수 있는 가장 현실적인 자기 계발의 기록이다.

생각나눔

▍CONTENTS

이혼이라고 죽으란 법은 없다

"오빠 우리 이혼해?"

"왜 갑자기 그런 말 하는데?"

"어떻게 조금만 참고 앞으로 더 잘 될 수도 있잖아?"

"생각 많이 해 봤는데 이렇게 계속 살면 내 인생이 망가질 것 같아."

"여기서 그만 끝내는 게 좋겠다는 결론을 내렸어."

이렇게 나의 이혼은 시작되었다. 시간으로 따지면 10년이란 세월이 흘러 내 삶의 모든 것을 바꾸게 된 삶을 살고 있다. 현재 '이혼'이란 단어는 그냥 "밥 먹었어?" 할 정도로 이혼율이 높아지고 있다. 황혼이혼, 졸혼, 재혼도 유행하듯이 지금은 많은 것이 변화되어 살고 있다.

이혼을 원하지 않았다. 중간 정도의 삶을 살 수 있을 줄 알았다. 결혼생활 4년으로 마침표를 찍었으니 지금 생각하면 그때 조금만 더 대화하며 이해하려 했다면 현재 글 쓸 이유가 없다.

현재 나 자신을 돌이켜 보면 이혼으로 많은 성장을 했으며, 10년이면 강산도 변한다고 한다. 성공의 위치에 서 있다고 스스로 말할 수 있다.

사람들은 이혼을 어떻게 받아들이는지에 따라 나 자신이 삶을 살아가는 데 있어 모든 것을 변화시키거나 무너질 수도 있다. 이혼으로 힘든 삶을 살아가는 사람이 보이지 않게 많을 거라 생각한다. 마음의 상처는 시간이 흐르면 회복하게 된다. 시간을 단축하거나 앞으로 삶의 목적을 가지고 살아가야 한다. 현재 열심히 사는 모습으로 나 자신을 성장했으면 한다. 이혼과 함께 개인 사업을 그만두게 되었고, 혈연, 지연, 친구들까지 연락을 끊고 살았을 정도로 초기에는 힘들었다. 가장 중요한 것 중 돈과 연관된 모든 것이 동시에 폭탄 터지듯 여기저기에서 힘들게 했다.

빚 정리하기 바쁜 삶 속에서 탈출구를 찾고 싶어 했던 가장 절실했던 상황이었다. 돈이 뭐기에 이렇게 사람을 정신 못 차리게 하는지. 이혼으로 인한 마음 상처와 모든 것이 동시에 핵폭탄 터지듯, 혼쭐낸 10년 전 일이다.

그 순간 나를 잡아준 것이 책이었다. 하늘이 주신 동아줄과 같았다. 생명처럼 목숨과도 바꿀 수 있는 것이라고 말하고 싶다.

지금 이렇게 글을 쓰는 이유는 나처럼 이혼하여 삶의 아무 의미도 없이 그냥 산다거나, 성공을 원한다면 이 글을 꼭 여러 번 읽은 후 삶에 적용해 보자. 현재보다 미래에 훨씬 성장한 모습으로 살아가는 것을 소망한다면, 실제 나의 이혼 직전과 이후 초기 모습을 그대로 낱낱이 파헤쳐 기록했다. 지금까지 어떻게 하여 성공한 자리까지 오게 되었는지, 최대한 쉽게 이해할 수 있도록 설명했다. 생각과 경험은 내 주관적인 입장이 포함되어 있다.

이혼이란 어떤 자세로 받아들일지 본인의 생각이 크다. 정신적인 것과 육체적인 고통까지 많이들 겪게 된다. 저자의 경우 그것까지 포함한 경제적이면, 즉 사업에서 빠져나오면서 나와 연관된 부채와 신용은 밑바닥까지 내려갔다. 누군가 내게 이런 말을 했다.

"은한 씨는 인생 밑바닥 삶을 살았던 사람이잖아요."

희망의 문자를 보내준 사람도 있었다. 밑바닥에서 어떻게 지냈으며 무엇으로 마음 치료했고, 현재 기업은 작지만, 임원으로 오르기까지 10년이란 세월이 흘렀다.

여러분이라면 어떻게 생각할지 모르지만, 이혼은 삶을 뒤집어 놓았다. 딸 한 명이 내게 유일한 희망이었지만 이제는 그마저도 볼 수 없는 삶을 살고 있다. 사람마다 이혼의 사유는 다르지만, 중요한 것은 고통과 좌절 속에서 일어나 성공해야 한다고 생각한다. 대한민국의 이혼으로 살고 있는 한 사람이지만 절벽에서 매달려 성공이라는 경험까지 했다.

이 책을 보고 목표를 가지며 본인이 바라는 삶의 행복한 모습으로 살기를 바란다.

제1장
이혼의 아픔

1.

시작의 알림

이혼의 아픔 첫 번째 시작의 알림이다. 누구나 연애 시절은 있기 마련이다. 타임머신을 타고 과거로 가보자.

대구의 가난한 가정에서 태어나 가부장적이면서 이기주의 아버지, 우리 삼 남매를 키워내느라 고생하신 어머니, 현재 자녀 3명이나 거느리고 있는 여동생과 아직은 미혼인 남동생으로 가족을 이루고 있다. 20대 시절 한 여인의 시린 상처로 연애도 하지 않았다. 어느 날 여동생은 "오빠, 소개팅할래?" 생각도 못 했다.

"그래, 알았어. 누군데?"

"직장 동료이고 나이는 나와 동갑이야."

내 눈치를 본다. "왜 문제 있어?"

"신체가 좀 작은데."

이때까지 키 작은 사람은 없었다.

"알았어."

그런 뒤 소개팅 날이 되어 약속 장소로 갔다.

여동생은 "오빠, 같이 일하는 샘. 여기는 우리 친오빠."

소개를 하고 난 뒤 자리를 떠났다. 얼굴은 귀여운 상이며 신체가 작긴 작았다. 마음은 '그냥 하루 놀다 가야지.' 여동생 때문에 예의는 지켜야 했다. 하루 즐겁게 놀다가 집으로 갔다. 중요한 것은 그날 내가 사고를 쳤다. 남자라는 이유로 책임져야 했다. 시간이 흘러 연애 4년째, 내 나이 33세 결혼식장으로 들어갔다. 현재는 전 부인이 되었다. 집안 형편도 가난해 내세울 것도 없었다. 결혼해 준 것만으로도 고마울 따름이다.

결혼생활을 부모님 집에서 시작했다. 고부간의 갈등과 때마침 임신으로 작은 원룸에서 신혼을 시작했다. 그사이 예쁜 딸도 얻게 되었고 그럭저럭 살았다. 개인 사업을 하며 생활을 유지하고 있었다. 결혼 4년 차, 딸 나이 4살 그리고 내 나이 37세 집안이 기울고 있었다. 그 순간 나 자신을 볼 수 없었다. 시간이 흐른 뒤 알게 되었다.

사업은 이혼 직전 상황이 좋지 않았다. 집에 오면 밥 먹고 TV만 바라보고 있었다. 전처는 내가 힘들어 보였는지 그냥 두었다고 한다. 시간이 흘러 자기 정체성을 잃어버렸다. 지금 생각하면 육아 우울증인 것 같은 생각이 든다. 나중에 내게 긴 장문의 메일을 보냈다. '내가 이래서 잘못한 게 많았네.' 아쉬움과 미안한 마음이 생겼다.

내용 중 글 하나가 기억난다.

"오빠 나도 딸을 사랑해 그리고 밤마다 내 품에 안고 많은 눈물을 흘렸어, 오빠의 숨소리만 들어도 피부 닭살이 돋을 정도로 힘들었다."

이혼에 대해 많이 고민했다. 눈물이 더 이상 나지 않아 이혼을 결심하게 되었다고 한다. 그동안 나는 뭘 하고 있었는지 이제는 기억도 잘 나지 않는다. 어느 날, 퇴근 후 전처와 싸우게 되었다. 전처는 딸을 데리고 집을 나가 들어오지 않았다. 다음날 내가 출근 후 짐을 챙겨 친정에 갔다. 주말 차를 몰아 용기 내어 친정으로 갔다. 가슴이 답답했고 어떻게 얘기해야 할지 모르는 상황이었다.

잠시 뒤, 전 장모님은 "김 서방 왔는가?" 눈앞에는 전처와 딸이 보였다. 전 장인어른이 계셨다. 그냥 무릎을 꿇었다. "제가 잘못했습니다." 가만히 눈치만 보고 있었다. 내게 말한 내용이다. 첫 번째는 돈을 1년에 100만 원도 못 벌었다. 두 번째는 내게 남자로서 그것이 문제 있냐고 하셨다. 정말 부끄러웠다. 전처는 어디서 어디까지 얘기했는지 말 못 하도록 나를 바보로 만들어 버렸다.

"이 집에서 당장 나가고 내 딸을 이렇게 고생시킨 줄 몰랐다." 그 자리에서 바로 일어나 인사하고 난 뒤 집을 나왔다. 대구 가는 길이 그리 답답한지 처음 알았다.

다음날 전처는 내가 살던 집에 와 있었다. 이혼서류가 보였다. 사인하라고 했지만, 그 자리에서 종이를 그냥 찢어 버렸다. 대화를 시도 했지만, 마음을 다시 돌리지 못했다. 아무것도 모르는 딸만 나를 찾았다. "아빠 왔어." 내 품에 안긴 것도 잠시였다.

어느 날 최종 통보하듯 "오빠, 내일 이사 나간다. 짐은 알아서 해결했고 그리고 잘 살아." 마지막으로 내게 한 말이다. 그해 가을은 내 생일과 함께 이혼은 시작되었다. 다음날 퇴근 후, 집에 와보니 '아, 이게 이혼이구나.' 남은 것이라곤 나와 관련된 것뿐이다. 멍한 느낌이랄까? 늘 보이던 딸도 없다. 내 집이 아닌 것 같았다. 답답한 마음만 들었다. 이혼 사실을 내 가족에게 미리 말도 하지 않았다. 패배자 모습을 보여주기 싫었다. 부모님께 미안한 마음만 들었다. 머릿속은 복잡했고 눈앞이 캄캄했다. 답답해서 친한 후배에게 전화했다.

후배는 바로 달려왔다. "형, 집에 잘하잖아." 아무 말 못 했다. 무엇하며 살아가야 할지 길을 잃어버렸다. 후배는 "형, 영업을 오래 했기 때문에 사람들 많이 알잖아." 사업 접고 후배가 근무하는 보험회사 제안을 했다. 귀에 들리지 않았다. 잠시 뒤 집으로 돌려보냈다. 마음은 힘들지만 씻었다. 샤워 후 선풍기를 틀며 머리를 말렸다. 불어오는 바람에 생각을 맡겨 보았다. 시원한 바람이 복잡한 것을 멈추게 하려고 한 것은 아니지만 괜찮은 방법이었다. 인간은 힘들거나 고민이 많을 때 자연과 함께하는 것이 마음 안정에 좋다. 누워 천장만 바라보았다. 내 옆에 딸도 없다. 잠이 오지 않아 몸을 수십 번 뒤적이다가 잠을 잔 것 같다.

알람 소리에 일어나 눈 떠보니 집에 아무도 없는 것이 이상했다. 방바닥에 앉아 있는 나 자신이 처량해 보였다. 이 상황에 밥을 찾았다. '오늘 밥이라도 있을까?' 냉장고를 열어보았다. 내 생일 미역국을 냉장고에 넣어둔 게 있었다. 이혼 시작을 잊어버리지 않는 이유는 내 생일은 가을이다.

답답한 마음

회사로 출근해야 했다. 먹기 싫지만, 미역국에 밥이라도 한 숟가락 말아서 먹었다. 지금 이렇게 10년 전 글을 쓰고 있지만 기억하는 것이 신기할 따름이다. 회사 동료들에게 무슨 이야기라도 해야 했다. 가슴이 두근거려 한숨 내쉰 뒤 말했다. "저 이혼 했습니다. 그리고 전처는 짐을 싸서 나갔습니다." 순간 정적이 흘렀다. "사업에서 손을 떼고 여기를 떠나겠습니다." 모든 것을 미리 결정한 듯 말을 다 해버렸다. 아쉬움과 후회감이 머릿속을 맴돌았다.

이혼으로 내 사업체를 지금 기분으로 유지하기보단 이끌어 간다는 것은 무의미해져 버렸다. '사업만 아니었어도 이혼하지 않았겠지.' 하는 생각이 나를 미치게 한다. 집 식구에게 정말 못했나? 사업까지 포기하며 세상에 살아있는 존재가 아주 싫었다. "저 잠시 밖에 나갑니다." 어디 갈 곳도 없고 편히 있을 곳도 없다. 시동을 걸고 무작정 직진 하듯 앞만 바라보면서 달렸다. 옆을 달리는 차들이 눈에 가시가 돋은 것처럼 성가시게 느껴졌다. '들이대기만 해봐라.' 제정신이 아니다. 한 놈 걸리기라도 하면 죽을 각오로 핸들을 움켜쥐고 있었다. 죽음이라는 단어가 생각났다. 이혼이 사람을 한순간 천하무적으로 만든다.

아직은 법적인 서류상 이혼을 한 것은 아니지만 전처의 성향을 알고 있다. 이혼을 진행해 자기 목표대로 척척 맞추어 스케줄에 나를 포함해 준비했다. 목적도 없이 여기 사는 곳을 멀리 벗어나고 싶은 마음이 가득했다. 서울 인근 대학교 친구가 갑자기 떠올랐다.

친구는 "김 사장, 무슨 일이야?"

"그냥 했어. 지금 너 있는 곳으로 가고 있으니 바쁜 것 아니면 알고 있어."

"무슨 일인데?"

"아무 일 없고 그냥 놀러 간다."

친구는 "알았어, 조심히 와." 전화를 끊었다. 서로 사는 가정사를 훤히 아는 친구이기에 오랜 기간 마음을 잘 나눈 친구 중의 한 명이다.

김포 이정표를 보는 순간 '이제 도착하는구나.' 복잡한 머릿속은 오는 동안 잠시나마 이혼 상황을 잊어버렸다. 목적지에 도착해 "친구야, 나 왔어." 오랜만에 친구의 얼굴은 보는 거라 미소가 자연스럽게 생기기도 했다. 친구는 약속을 지켜주었다. 다른 사람이 내가 한 행동처럼 한다면 나 역시 그렇게 할 수 있을까? 친구에게 인사를 제대로 해야겠다. "친구야 고맙다." 친구 뒤따라 걸으며 식당으로 들어왔다. 친구는 "오늘 자고 가니? 마음과 몸은 망가져 있었다. "자고 가야겠다." 소주나 한잔하자며 술을 시켰다.

술 몇 잔이 슬프게 한다. 친구는 여기 온 이유를 묻기 시작했다. 마음 한구석 뭉클하고 우울하기도 했다. 눈물이 금방이라도 나올 것 같은 기분으로 "나 이혼했어." 눈물이 주르륵 흘렀다. 콧물까지 흘리며 구슬프게 울었다. 친구는 멍하니 바라보기만 했다. 주변 식당 손님들도 나를 보고 있었다. "친구야 전처가 이혼하자며 집 나갔어." 이 말하려고 대구에서 멀리 김포까지 달려간 나였다. 이혼이 그렇게 힘든 건지 몰랐다. 눈물 흘리며 마음속에 응어리진 것을 말하니 속이 후련했다.

아무 말 없이 잘 들어준 것이 고마웠다. 친구도 부모님의 이혼 속에서 자라왔다. 친구는 "잘하지." 맞는 말이다. 잘했으면 이혼하지 않고 남들 사는 만큼 중간이라도 살고 있겠지 생각하게 된다. 친구는 그 당시 혼자 자취하고 있어 방 한 칸을 내어주었다. 잠자기 전 친구에게 하고픈 말을 더 했다. "돈 50만 원 빌려줄래?" 자존감은 저 밑바닥이다. "돈 줄 테니 대구 내려가거든 잘 살아, 갚지 않아도 된다." 눈가 눈물이 촉촉하게 고였다.

다음날 일어나 보니 친구는 출근하고 없었다. 정신 차리고 세수하면서 '이제 어떻게 살래?' 나를 바라보았다. 대구 집으로 돌아가야 할 시간이다. 우선 무엇부터 해야 할까? 가족들에게 이 사실을 어떻게 이야기해야 할지, 여러 가지 생각들로 가득 차 있었다. 친구 집에 오는 동안 그 당시 마음보다 집으로 내려가는 마음은 조금이나마 위로가 된듯했다. 정리된 것도 아니고 마음속에 응어리진 혹 하나 떼고 가는 정도였다. 무사히 집에 도착해 고민과 함께 잠을 잤다. 내일 내 사업장에 가서 결정해야 했다.

일어나서 세수하고 난 뒤 밥솥 뚜껑을 열어 살펴보니 시간이 꽤 지났다. 밥에서 이상한 냄새도 나며 마른 밥알도 보였다. 숟가락으로 마른 밥을 긁어 한 숟가락씩 밥공기에 담아냈다. 냉장고 문을 열어보았다. 몇 가지 남아 있는 밑반찬들이 있었다. 혼자 먹는 모습을 보니 처량했다. 대충 먹는 둥 마는 둥 자리를 일어나 나갈 준비를 했다. '어디로 가냐고?' 사업장 가서 인생 최대의 또 다른 결정을 해야 했다. 답답하거나 고통을 줄 때, 저 멀리 자연과 흘러가는 구름을 그저 멍하니 쳐다보는 마음을 이해할 것 같다.

집을 빠져나와 도로를 달리며 이제 이 길도 마지막이 된다. 왜 이렇게 동시에 고통을 주는지 나 자신이 미웠다. 사무실에 도착 후 "저 사업에서 빠집니다." 공동 사업체를 운영하고 있었다. 파트너는 "은한아, 이 사업 네가 운영하고 모든 것을 다 줄게." 설명을 다 들은 후 내 입에서 어떤 말을 했을까? 솔깃했지만 이미 마음의 결정을 한 상태였다. "아니요, 사업자에서 이름 빼도록 하겠습니다." 사업자 대출은 파트너에게 처리를 부탁했다. 이혼한 마음을 상대는 알 수 없다. 더 이상 나를 설득하지 않았다. 서로 이야기 나눈 후 악수하며 "앞으로 잘 살아라." 최고의 말이다. 시원섭섭한 마음이 들었다.

가정 형편상 사업을 시작하는 밑천도 없었다. 사업운영과 나머지 모든 것을 경험할 수 있게 도와준 사람이다. 어쩌면 20대 나이에 좋은 인연을 만났다. 성장의 시간이었으며 파트너에게 고마움도 가지고 있다. 약 10년을 알고 지낸 사이였다. 그동안 정이 들어 이제 여기를 떠나야 한다.

20대 사업의 꿈을 가지며 가난에서 벗어나고 싶었다. 이른 나이에 사장이라는 직위를 가지게 되었다. 결혼 후 회사 운영에만 몰두했다. 스트레스를 받으며 너무 힘겨운 삶을 살아왔다. 끝내 이혼으로 인생의 반을 갈라놓게 되었다. 미련도 있지만 모든 관계를 끊어내고 싶은 상황이었다. 사업으로 알고 지낸 모든 인간관계가 그 순간 싫었다. 지금 어디로 가고 있을까? 갈 곳도 없는 방랑자이다. 조용히 혼자 있고 싶은 마음뿐이었다.

죽음이라는 단어가 생각났다. 핸들 돌려 이 세상을 떠날까? 한 번에 죽어버릴까? 죽음에 관한 미묘한 생각들이 머리를 가득 채웠다. '딸이 있잖아, 아직 부모님도 살아 계셔.' 자식 생각이 났다. 늘 있을 때는 몰랐다. '사람은 없어져 봐야 정신 차리지.' 부모 마음을 이제야 조금 그 위치를 아는 것일까? 아무 생각이 없다. 내일부터 이제 무엇을 할 것이고 앞으로 어떻게 살 것인가? 잡념으로 생각을 방해한다.

배가 고팠다. 이혼으로 가장 처음 경험하는 것 중 하나였다. 반찬도 걱정되었다. 빨래는 며칠에 하면 되는지, 빨랫감 구분은 어떻게 하면 좋은지, 세제 사용법도 잘 모른다. 나이 들어 이혼하게 되면 남자들은 밥, 빨래가 걱정이다. 결혼생활보다 이른 시간에 이혼하게 되었다. 젊음이라는 시간이 내게는 그나마 다행이라고 생각한다. 시간을 지나 보니 알게 되었다.

잡다한 생각으로 하루를 보내고 내일은 무엇을 해야 할지 생각하게 되었다. 답은 무엇일까? '없다.' 무엇을 해야 할지 목적이 사라졌다. 누군가를 위해 돈 버는 것도 한순간에 사라졌다. 돈은 필요하다. 왜냐하면 매달 나가는 돈이 상당히 많다. 직장을 구해야 했다. 나이 37세 좋은 학교를 졸업한 것도 아니었다. '돈 많이 벌고 싶다.' 의미가 사라져 버리고 그냥 넋 나간 사람이 되었다. 뒤죽박죽 꼬인 인생이 되어버렸다.

어머니 죄송합니다

　우선 부모님께 이혼 사실을 알려야 했다. 거실에 나와 컴퓨터를 켜서 음악을 들었다. 화면을 보니 여러 개 폴더로 이름이 나열되어 있었다. 전처와 연애 초기부터 결혼 시절, 예쁜 딸 자료로 정리되어 있었다. 언제 이렇게 정리했는지 몰랐다. 전처는 미대 졸업생이라 그런지 사진 찍는 것을 좋아했다. 집에서 유화 그림을 그리곤 했다. 딸 어릴 때 밤에 재우고 난 뒤 전처는 작은방을 작업실로 만들어 남들 자는 시간에 그림 그리곤 했다. 내 주변 유일하게 예술 하는 사람이다. 딸 이름 폴더에는 동영상이 날짜순으로 정리되어 있었다. 엄마 따라 붓 잡고 색칠하는 4살 딸의 모습을 보니 마음이 뭉클해졌다. 눈가에 눈물이 살짝 고였다. 눈물 삼키며 끊어낸 뒤 영상을 종료시켰다. 이미 지나간 시간 이런다고 달라질 것도 없는데 그냥 꾹 삼켰다. 아직 내 모습을 볼 수 있는 시간도 아니지만 마음을 크게 먹었다. 오늘 부모님께 전화해야겠다고 다짐했다.

　어머니는 내게 기대가 크다. 첫째 큰아들이라는 이유 하나가 전부이다. 호흡 한번 한 후 통화 버튼을 눌렀다. 가슴을 콩닥거리게 했다.

　어머니는 "이 시간에 어쩐 일인데?"

　순간 입이 얼어 버렸다. 몇 초간 가만히 있은 후, "그냥"

　호흡 한번 내쉰 후, "엄마, 내 말 잘 듣고 우선 듣기만 해."

　조용히 "엄마, 있잖아, 나 이혼해야 할 것 같아. 아니 이혼한다."

　기절할까 봐 걱정되었다. 잠시 정적이 흐른 후 어머니는 "갑자기 무슨 일이고 어쩌다가 그리된 건데?" 전처와 딸을 찾는다.

"전처와 딸은 짐 싸서 나갔어."

어머니는 "뭐라고, 나갔다고? 언제?"

"며칠 전에 필요한 것 챙겨 나갔어."

몇 초간 말씀하지 않으셨다. 잠시 뒤, "딸은 데리고 갔나?"

이것이 중요했다. 옛날 분이라 이혼하더라도 손녀를 보내기 싫었다.

"집에 오니 짐 싸서 딸과 함께 나가고 없고, 며칠 동안 나 혼자 집에 있었다."

어머니는 "어쩌다가 이 상황까지 만들었는데, 생각도 못 한 일을 저질러 놓고 지금 내가 미쳐버리겠다."

"그전부터 사이가 좋지 않았고, 이혼 이야기를 먼저 시작해서 그냥 넘겼어. 그 뒤 대화는 한두 번 해 보아도 되돌릴 수 없었어. 엄마 내가 잘못해서 그렇지 전처 욕하지 마라. 돈이라도 잘 벌고 조금 더 집에 신경 썼더라면 이 지경까지 가지도 않았지. 사업한다고 한 것이 이렇게 됐지."

한숨 쉬며 "엄마, 큰아들이니깐 마음 아픈 건 알지만, 나는 지금 더 힘들다. 그냥 잠시 내버려두었으면 해."

어머니는 "네 인생 네가 살아야지." 전화기를 그냥 끊어 버렸다. 죄지은 기분 같아 마음이 아려왔다. 어머니에게 상처를 주었다. 남편 복도 없이 살아온 인생 나 하나 보고 겨우 버티고 살아왔다.

눈가에 눈물이 맺혔다. 아들로서 최선을 다하지 못한 마음이 죄송하고 나 자신이 너무 싫었다. 다시 내뱉고 나니 마음이 조금 가벼워졌다. 어머니께 이혼 이야기하는 것 때문에 고민을 상당히 했다. 큰 문제 하나 해결한 것 같은 마음이랄까? 다음은 동생들이다. 여동생과 남동생이 있다. 동생들에게도 순서대로 이혼 이야기를 전했다. 놀란 마음과 함께 내 이혼 이야기는 끝냈다. 동생들에게 미안한 마음이다.

이제야 내 손에서 전화기를 내려놓을 수 있었다. 가족에게 이혼 이야기하는 게 쉽지 않다. 조용히 이제 내게 묻는 시간이다. '은한아, 이제 앞으로 무엇을 하고 살 거니? 무엇을 위해 살 것이고?' 아무런 답 할 수 없었다. 당장에 돈이 필요한 상황이라 다음 달 생활비가 없어 어디로든 몸을 움직여 직장을 구해야 했다. 나이는 37세를 넘어가고 있다. 능력이라고는 어디 내밀 형편도 아니었다. 구인 광고를 보니 일자리는 쭉 나열되어 있다. 솔직히 마음 내키는 곳도 없다.

영업이 최근까지 해 오던 일이라 후배가 내게 제안한 보험 일 해볼까 하는 마음이 생겼다. 보험 일은 어렴풋이 힘들지만, 돈이 된다는 말은 희미하게 들은 적 있다. 후배에게 전화했다. 잠시 뒤 후배는

"왜, 형 무슨 일 있어?"

"나, 보험 일 한번 해 볼게."

"그래, 알았어. 일단 해 본 뒤 다음을 생각해 봐."

이제 새로운 일의 시작이다. 과거 개인 사업을 하면서 영업은 약 10년 어린 나이에 경험했다. 지금까지 해온 것 중 가장 장점이기도 하며 도전 아닌 도전을 하게 되었다. 보험 일이 힘든 것도 알고 있

다. 좋은 사이를 어색하게 만드는 것 또한 보험일이기도 하다. 선택 아닌 선택을 할 수밖에 없다. 어디를 가고 싶은 곳도 없으며 누군가 내게 오라는 이도 없었다. 후배의 도움 아닌 손길이 마음을 결정하게 되었다.

어딘가 소속이 되어있는 기분이다. '아침에 출근하는구나.' 잡스러운 고민거리를 잠시나마 날려 버렸다. 돈도 필요하지만 이렇게라도 하지 않으면 계속 뭐 하고 살 것인지에 대한 고민거리를 만든다. 영업이 싫었지만 배운 것이 도둑질이라고 영업을 선택한 나 자신이 어떻게 보면 한심하기도 하다. 아직 방황하고 있어 어디론가 잠시 피난처를 찾은 것이 보험이다.

이렇게 나 스스로 결정하고 새로운 곳에 대한 두려움도 있고 머리가 복잡기도 했다. 지금은 어떤 것이라도 해야 숨 쉴 수 있다. 돈이 필요해 나 스스로 살아가려면 해야 한다는 생각이 더 컸다. 출근하는 날을 기다리며 그동안 앞으로의 삶에 대해 잠시 생각해 본다.

새로운 직업의 시작

삶은 완전히 잃어버렸다. 어느 길이 맞는지 모른다. 직업을 선택하지 못하는 삶의 시작이다. 가고 싶은 곳도 없다. 등 떠밀려 첫 직장이 보험이다. 사람들 눈치 보게 된다. 이혼 후 눈에 보이는 사람들 시선이 싫었다. 후배의 도움으로 보험회사 입구까지 왔다.

조만간 이혼 소장이 날아온다. 그것도 영업을 한다. 잘한 짓인지 아닌지 모른다. 세상이 어떻게 돌아가는지 관심 없다. 보험회사 한 달 교육 시작하는 날 몸은 거부한다. 모르는 사람과 한 교실에 갇혀 있는 것이 힘들었다. 말도 섞기 싫지만, 질문에 어쩔 수 없이 답했다. 억지 미소 짓는 기분 그 상황이 되지 않으면 모른다.

하루가 지나 조금씩 사람들과 이야기했다. 조별 발표를 위해 토론한다. 구석 자리에서 조용히 듣기만 했다. 사람들의 재미난 소리에 내 마음이 조금씩 달라졌다. 재미난 소리가 귓가에 들린다. 이혼 후 혼자 살며 여기 오기까지 백수였다. 사람 말소리를 들을 수 없었다. 서로 이야기할 때 즐거움과 미소가 보인다. 나도 모르게 웃는 모습 오랜만이다. 웃을 일 없이 살았다. 이혼 후 웃음이 사라졌다. 마음에 상처를 받은 뒤 웃음을 모르고 살았다. 주변에 사람 없이 혼자 집 안에 머물며 지냈다. 대화 상대가 없고 눈앞에 사람이 사라져 버렸다.

한 달의 시간이 흘렀다. 사람들과 이야기 나누며 지내다 보니 시간이 흐른다는 걸 몰랐다. 교육 마지막 날 개별 발표가 있었다. 말하는 소리가 내 귀에 들리지 않았다. 어떤 말을 해야 할지 몰랐다. 사업할 때 영업하며 말만 늘었다. 이혼 후 모든 것이 사라졌다. 입은 말하라고 있는 것이다. 어떤 말 할지 마음속에 물었다. 이혼 이야기를 한다? 아니면 교육 과정의 즐거움을 말한다? 사실대로 말할까? 마음속에서 무언가 말하는 게 있었다. 그것은 다름 아닌 사랑이다. 뜬금없이 사랑 타령일 수 있지만 한 달 교육 중 나를 웃게 했고 말하기를 가르쳤다. 이혼하면서 사랑을 잃었다고 스스로 정의했다.

곧 내 순서가 되어 앞으로 나갔다. 수많은 사람 앞에서 말할 때 떨린다.

"안녕하세요. 김은한입니다. 한 달 교육 과정 참 좋았습니다. 저는 한 단어로 말씀드리고 싶습니다."

사람들은 모두 나를 바라보고 있다.

"사랑입니다."

말하려니 입술이 떨리고 마음속에서 북받쳐 오르는 기분이었다.

"저는 여기 오기 전 이혼하고 왔습니다."

말 끝내기가 무섭게 눈가에 눈물이 맺혀 흘렀다. 입술 꽉 깨물며 마음속으로 울었다. 사람들과 눈 마주치기가 힘들었다. 눈물을 흘리는 동안 잠시 뒤 눈을 떠 앞을 보았다. 사람들은 휴지 찾으며 눈가 눈물을 닦고 있었다. 눈물 흘리는 사람은 대부분 여성이었다. 좋은 자리도 아닌 보험회사 한 달 교육 마지막 날 많은 사람들 앞에서 이혼 이야기해 본 적은 처음이다. 어떤 생각이 그리 만든 건지 알 수 없다. 마음 상처로 나 자신이 초라해졌다. 그런 관계 속에서 마음은 조금씩 회복되어 사랑이라는 단어가 순간 떠올랐다. 사랑을 모르고 살았다. 이혼으로 가족을 잃어버려 사랑을 알게 되었다. 사람은 지금, 이 순간은 모른다. 옆에 있던 사람이 어느 날 사라지면 그 흔적은 마음에 그림자를 만든다.

눈물을 흘리고 나니 마음속 답답함이 조금 사라진 듯 시원했다. 37세 남자의 이혼이라는 이유로 많은 사람 앞에서 눈물을 흘렸다. 시간이 지나고 나니 부끄러움도 사라지고 무거운 마음은 가벼워졌다. 친해지려는 순간 이제 헤어져야 한다. 각자 해당 팀으로 돌아가야 한다. 서로 아쉬워 악수하며 자리를 이동했다. 교육장을 나와 후배를 만나 근무하는 장소로 갔다. 가슴이 콩닥거린다. 머릿속이 복잡하다. 좀 전까지 이혼 이야기하며 눈물 흘렸다. 다시 이혼 이야기해야 하는지 의문이 들기 시작했다. 해당 장소에 도착 후 처음 보는 사람들이 가득했다. 마음은 초조하다. 사람은 주변 환경에 따라 변한다. 처음 본 사람을 만나면 어색하다.

이혼 후 사람 관계가 힘들었다. 이혼 서류가 언제 배송될지 모른다. 서류 오는 날이면 법원 가는 날이기 때문이다. 후배 옆자리에 앉았다. 무얼 해야 할지 아직 모른다. 딱 한 가지 보험 계약해야 한다. 이제부터 현실이다. 돈과 연결되어 있다. 여기까지 오지 않았다면 뭘 하고 있을지 모른다. 잠시 뒤 사람들 앞에서 내 소개 시간이다. 발표 자리는 늘 떨린다. 이혼 이야기는 하지 않기로 했다.

"안녕하세요. 김은한입니다. 보험에 대해 아는 것이 없습니다. 많은 도움 부탁드립니다."

간단히 말하고는 자리로 왔다. 사람들은 환영하는 박수를 보냈지만 내 마음은 속 탄다. 이제 낯선 장소는 스스로 작아지는 기분이다. 이혼의 상처는 나를 변하게 만들었다. 소개 끝난 뒤 팀원들끼리 미팅하는 시간이다. 빈자리에 둘러 앉아 보험 이야기를 하고 있었다. 한 명씩 보험 계약에 대해 말하는 모습을 보니 고개를 숙이고 있다. 영업실적이 중요하다. 팀별로 순위를 정하며 그에 따라 보상도 다르다. 과거 나의 사업도 영업이다. 제품 판매로 영업을 했다. 보험은 눈에 보이지 않는 것을 팔아야 한다. 중요한 건 보험 하는 사람이 많다. 그 많은 경쟁에서 살아남아야 한다. 이혼 후 어떻게 살아갈지 몰라 후배의 도움으로 여기 왔지만 걱정되었다. 살아가면서 가장 중요한 건 돈이다. 보험 잘하면 돈 많이 벌 수 있다는 그 한마디에 나를 움직여 왔다. 걱정이 밀려온다. 이혼으로 마음에 상처가 생겨 먹구름으로 가득하다.

첫날이라 일찍 퇴근했다. 집으로 오는 발걸음이 무겁다. 내일부터 오전 교육 후 계약을 위해 밖으로 나가야 한다. 결론은 돈 벌어야 한다. 당장 차 기름값도 없고 생활비도 없다. 여기 오는 게 아니라 현장 공사판에 가는 게 맞다. 현금을 바로 받을 수 있다. 보험 잘해서 돈 벌어보겠다고 생각은 했다. 현실은 까마득하다. 중요한 건 갈 곳이 없다. 첫 출근 후 오전 교육을 마쳤다. 각자 자기만의 길로 다들 떠났다. 혼자 있는 것이 민망해 밖으로 나왔다. 갈 곳 없는 인생 어쩌다 이리된 건지 나도 몰랐다. 교육받을 때가 가장 좋았다. 사람들과 조금이라도 웃고 놀 수 있었다. 그 순간 이혼과 돈을 떠나 숨 쉴 수 있는 공간이었다. 지금은 상황이 다르다. 현실이다. 보험은 노력한 만큼 보상받는다.

어디로 가야 하나

어디로 가야 할지 고민했다. 왜냐하면 사업과 관련된 사람들과는 단절했다. 친구들과 지인들까지 연락을 끊었다. 그 사람들은 죄가 없다. 지금 그 사람들이 필요한 경우가 되었다. 멀리 내다보라는 말이 생각난다. 사람 정리는 본인은 할 수 있다. 정리는 쉽지만, 다시 복구하기 힘들다. 어디로 갈까? 생각해보아도 친구뿐이다. 마음에서 멀리 있는 친구를 제외한 가까운 친구 몇 명만 찾아보기로 했다. 친구들에게 보험을 말하면 어떻게 생각할지 답답했다.

친한 친구에게 찾아가 보험 이야기를 했다.

"오랜만이다."

"네가 이 시간에 어떻게?"

친구는 당황한 표정이다. 사업할 때 친구 일하는 곳을 찾아갈 시간이 부족했다. 밥 먹고 산다며 서로 자주 만나지 못했다. 연락해

오지 않던 사람이 갑자기 연락해 오거나 찾아온다면 의문이 생긴다. 상대 입장이 되면 알 수 있다.

"나, 보험 한다."

"하던 사업은 어떻게 했는데?"

이런 모습이 이상하게 느껴진다. 보험은 하던 일 잘 안되어 그만두고 보험으로 가는 경우도 있다. 대부분 중도 포기한다. 잘하는 사람은 극소수다. 성공은 모두 다 할 수 없다. 그중 상위 1퍼센트만 경험한다. 보험도 상위권은 잘한다. 친구에게 털어 놓았다. "보험하고 싶어 하는 것도 아니야. 나 이혼했어." 얼굴에 이혼이라고 쓰여 있는지 나 자신을 볼 수 없다.

"이혼했다고?"

"그래."

"아내와 딸은?"

"짐 싸서 나가고 없다."

이혼 이야기를 하려고 한 것이 아니었다. 보험 계약하려고 나 자신을 판 것이다. 사람은 이렇게 살아야 하는지 알 수 없다. 보험 계약은 하지 못했다. 대부분 아내가 관리한다고 한다. 틀린 말은 아니다. 보험 하는 사람 중 여성이 높다. 매일 하루를 계약 없이 밖에서 놀다 노는 경우가 허다했다. 누군들 그러고 싶었겠는가? 갈 곳도 없고 돈은 당장 필요하다. 한 번에 찾아가 계약할 만한 곳을 아무리 생각해보아도 답이 없다. 세상에 이런 도둑은 없다. 기다렸다는 듯 계약하면 좋겠지만 절대 있을 수 없다.

시간은 흐른다. 한 달을 넘어 중순이 다가오면 스트레스받는다. 원인은 돈이다. 이혼으로 돈에 메말라 있다. 마음은 어두운 구름이 가득하고 머리는 잡다한 생각들로 늘 복잡하다. 언제쯤 정상으로 될지 막막했다. 한 번 더 용기 내 보았다. 과거 사업장 동네를 가기로 했다. 친분이 있는 가까운 곳만 갔다. 가장 먼저 간 곳이 내 사업장이다. 사업에서 이름만 나온 상태였다. 나머지 사람들은 남아 있다. 찾아가기 싫지만 가장 오랜 정이 있는 곳이다. 문을 열고 들어가니 여전했다. 담배 연기와 각자 자리에서 인터넷 보며 놀고 있었다. 과거와 달라진 모습이 없다. 꼴 보기 싫어도 갈 곳이 없다. 계약을 쉽게 하려면 여기뿐이다. 사업 파트너와 인사했다.

그중 한 사람이 "요즘 뭐 하고 지내니?"

"보험 합니다."

말 끝나기 무섭게 보험 많이 가입되어 있다고 말한다. 아무리 친해도 보험 가입은 쉽게 할 수 없다. 대부분 한두 개쯤은 있다. 사업장 동네는 보험 영업사원들이 많이 찾는 곳이다. 소규모 작은 가게들이 빼곡히 모여 있다. 사람의 생각은 비슷하다. 많이 모여 있는 곳을 찾게 된다. 동료들 나를 거부한다. 마음 충분히 이해한다. 그중 한 사람과 보험 가입했다. 첫 번째 보험 계약이 이렇게 기분 좋을지 몰랐다. 아주 작은 보험금액이라도 소중했다.

무엇이든지 처음 기억은 오래간다. 사회에 첫발을 내딛던 순간도 마찬가지다. 젊은 시절 연애도 똑같다. 기억은 시간이 지나면 잊어버린다. 가장 좋은 추억과 나쁜 추억은 오래간다. 그중 나쁜 기억은 더 오래간다.

　작은 보험 계약하나가 나를 살린다. 얼른 회사로 복귀 후 내용을 전달하고 싶었다. 삶은 늘 추락하라는 법은 없다. 밑바닥까지 내려갔다면 다시 올라간다. 숨이 붙어있는 한 손 놓지 않으면 된다. 첫 계약 후 힘을 얻어 잘 풀릴 것 같은 느낌이 들었다. 좋은 느낌은 오래가지 못했다. 현실은 어쩔 수 없다. 간간이 가족, 지인, 친구들까지 끌어들여 겨우 하루살이 살 듯 삶을 이어가고 있었다. 더 이상 갈 곳도 없었다. 머릿속에서는 당장 돈이 들락거린다.

　한 달 지나 두 달을 넘어 가는 시간이다. 이제는 앞이 막혔다. 차도 기름을 넣어야 하고 사람을 만나면 밥도 먹어야 한다. 돈은 바닥을 보였다. 하루가 괴로웠다. 갑자기 어머니가 생각났다. 어머니에게 돈 부탁해 볼까? 옳은 생각이 아님을 알면서도 마음은 기대어진다. 어른이 되어 부모에게 할 짓은 아니다. 이때까지 스스로 모든 것을 하며 자라왔다.

　과거 어린 시절 집이 힘들 때 학교 졸업 후 사회생활 할 때였다. 급여 일부 중 생활비로 사용되었다. 어머니는 회사 생활할 때 다치게 되었다. 생활비가 필요했고 장기 치료를 해야 했다. 그때 내 급여 일부 중 100만 원을 1년 동안 드렸다. 오래된 과거지만 기억에 남아 있다. 이혼 후 어머니와 전화 통화 없이 살고 있다. 보험 하는 건 알고 있지만 돈 이야기하는 게 쉽지 않았다. 어머니도 힘들게 회사 생활을 하고 있다. 힘들게 번 돈을 가져다 쓰는 게 그 상황이 되면 알 수 있다. 한 번만 용서를 구하자고 다짐했다.

용기 내어 어머니에게 전화했다.

“엄마 집이가?”

“그래, 보험 하는 건 잘 돼 가나?”

“막상 해보니 힘들다.”

한숨만 나온다.

“엄마 돈 빌릴 수 있나?”

“얼마나 필요한데?”

전화기에서 느껴지는 묘한 느낌이 있다.

“100만 원이면 되겠나?”

“그래.”

“미안해.”

다행이다 생각은 들지만 미안한 마음이 크다. 어머니도 인생의 마지막 회사 생활이며 노후 준비용임을 알고 있다. 열심히 해야 한다는 마음으로 다시 움직였다. 힘들 때 도와준 사람은 기억한다. 미안함이 다음을 움직이게 한다. 더 열심히 해서 갚아야지 다짐했다. 세상이 생각대로 쉽지 않다.

시간이 왜 이리 잘 가는지 한 달이 너무 잘 간다. 보험 영업도 제대로 되지 않았다. 한 달 마감은 너무 빠르다. 다시 어머니에게 돈 부탁해야 했다. 갚아도 될까 말까 한 상황이다. 처음 한 번이면 다음 생활비는 어떻게 될 거라 생각했다. 전화하려니 숨 막힌다.

“엄마 난데?” “왜 돈 필요하나?” “응, 미안해.” “알았다. 100만 원이면 되겠나?” “그래.” 어머니 목소리에 힘이 없다. 짜증 섞인 목소리다. 어머니도 한 달 급여가 200만 원도 되지 않았다. 그중 절반 이상을 강제로 가져갔다. 이제는 마지막이라 다짐했다. 마지막이 아니라 6개월을 빌렸다. 빌린 게 아니라 영원히 못 받을 수 있다.

보험 실적이 없어 후배는 걱정이 되었는지 물었다.

"형, 요즘 계약도 없고 일도 제대로 하지도 않고 생활비는 있나?"

"영업 갈 곳도 없다. 어머니에게 돈 빌려 쓴다."

"형, 진짜가?"

"그래, 6개월째 빌려 쓰고 있다."

후배는 단호히 "형, 보험 그만두어라." 맞는 말이다. 후배는 집 사정을 알고 있다.

"너 말이 맞다."

"그래, 이건 아니다. 어머니도 힘들게 일하고 계시잖아."

"알았어. 다시 생각해 볼게."

집에 와서 생각했다. 여기를 관두고 어디 갈 곳도 없다. 갈 곳이 없는 게 아니라 힘든 일이 싫다. 밑바닥으로 얼마나 더 내려가야 정신 차릴지 모른다.

이혼의 시작

시간이 잠시 흐르는 사이 집에 누런 봉투가 도착했다. 무엇일까? 궁금했다. 인생을 살면서 누런 봉투 집으로 배송되기는 처음이다.

앞면을 보니 법원이라는 글씨가 보였다. 순간 가슴이 철렁거렸다. 다리에 힘도 풀리고 바닥에 풀썩 주저앉았다. 내용물이 궁금하지만 꺼내기도 싫었다. 전처는 이사 나가기 전 법원에 제출할 거라는 말이 기억난다. 이제 서류상 이혼하는 과정이다.

봉투를 뜯어 종이에 적힌 글씨를 보았다. 법원 출석 날짜가 보였다. 두 번의 기회가 있다. 마음은 참석하기 싫었다. 종이를 던져두고는 보험 일에 좀 더 집중했다. 관두는 게 맞지만, 법원 서류를 보는 순간 어떻게 해야 할지 몰랐다. 보험 일이 손에 잡히지 않았다. 사람을 만나러 다니지 않고 밖을 떠돌아다녔다. 시간이 흘러 첫 번째 출석 일을 놓쳤다. 일부러 가지 않았다.

다음날 전처는 꼭 참석하라는 메시지를 보냈다. 보고 있으면 답답한 마음뿐이다. 보험 일도 손에 잡히지 않고 돈도 없고 무엇이 먼저인지 몰랐다.

떠돌아다니는 시간 장모님께 전화가 왔다.

"장모님, 안녕하세요?"

"김 서방, 어떻게 지내는가?"

"그냥 일하고 있습니다."

"밥은 먹고 다니나?"

"대충 먹고 있습니다."

장모님은 "김 서방 딸을 아무리 설득해도 안 된다. 그냥 이혼해 주는 게 좋겠다."

그전까지 법원에 가지 않으려는 마음이 컸다. 장모님은 내게 잘해

주셨다. 항상 내 편에 서서 존중해 줄 때도 있었다. 이제는 답을 내려야겠다는 마음이 생겼다. "네, 장모님 알겠습니다. 그동안 고맙습니다. 안녕히 계세요." 마지막 인사였다.

법원에 가기로 다짐했다. 며칠 뒤 일하면서 법원에 갔다. 법원 출석 날 장인어른도 계셨지만, 인사만 드렸다. 양육비 결정과 판사의 망치 두 번으로 끝냈다. 구청에 서류 제출 후 전처에게 "잘 살아라." 말한 뒤 자리를 떠났다. 갈 곳도 없는 신세가 되었다. 이혼 정리는 마무리했다. 이제 서로가 남이 되었다.

뒤숭숭하게 회사로 들어갔다. 소장님이 계셨다. "소장님, 할 말 있습니다."

"네, 이야기하세요."

"저 이혼하고 왔습니다."

놀란 표정으로 "얼굴이 늘 어두워 보였는데 그런 일이 있었군요. 괜찮으세요?"

"이미 이혼은 확정되어 날만 기다리고 있었습니다. 사실 일도 제대로 안 됩니다."

"앞으로 어떻게 할 계획이세요?"

"보험 그만두겠습니다."

놀란 표정이지만 잡지 못했다. 보험 일에 집중도 안 되고 돈도 벌지 못했다. 거기다 어머니 돈까지 빌려 생활하고 있다. 이혼은 정리되어 보험 일도 여기서 멈추고 싶었다. 마음속에 무거운 짐 하나를 내려놓는 기분이다. 여기를 떠나면 갈 곳도 없는 신세가 된다.

사무실에 후배도 있었다.

"법원 가서 이혼 정리하고 왔다."

"형, 괜찮나?"

"정상이라면 이상하겠지. 보험 그만둔다고 소장님께 이야기했다."

"형, 잘했다. 공장 가서 일하는 게 맞다."

어쩌면 후배의 말이 정답이다. 이전에 이야기했을 때 공장으로 가야 할 상황이었다. 더 해 보겠다고 고집만 부렸다. 후배와 인사를 나누며 마음은 결정 내렸다. 보험 일을 관두고 새로운 일을 찾기로 했다. 사람들에게 인사하며 자리를 나왔다. 한 사람이 떠나지만, 마음은 자연스럽게 받아들인다. 빈자리는 다른 누군가가 다시금 채워진다. 직장은 그 순간 안 될 것 같아도 시간이 지나면 다시 원래 모습으로 돌아간다. 서서히 그 사람이 잊힐 때쯤 새로운 사람이 대신한다. 세상은 이렇게 돌아간다.

이혼 후 가장 힘든 시간에 보험회사는 첫 직장이다. 사람으로 하여 상처를 조금이나마 아물게 했다. 사랑이라는 말을 입에서 말하는 순간 아픔의 눈물을 흘린 곳이다. 보험회사 6개월 동안 이혼으로 심란한 마음을 달래느라 고생했다. 새로운 보금자리를 만들기 위해 눈물은 또 다른 눈물을 만든다.

3.

보고 싶은 딸

사랑하는 딸, 보고 싶구나. 짧은 결혼생활이지만 딸 한 명이 있었다. 지금은 볼 수 없는 관계가 되었다. 전처의 재혼으로 연락도 못 하고 얼굴 못 본 지 몇 년이 지났다.

과거 그때 시간으로 잠시 돌아가 보자. 이혼의 갈등 속에 딸 한 명이 있다. 이름은 내가 직접 지어주었다. 이혼할 때 딸 나이는 4살이었다. 지금은 고등학교에 다니고 있다. 남들은 가장 예쁜 짓 할 때라고 한다. 4살 이후 딸의 기억은 희미하다. 같이 걸을 때 내 손가락 하나를 내준다. 딸은 자그마한 손으로 손가락을 움켜쥔다. 같이 느리게 걸은 기억이 있다.

가장 잊을 수 없는 것이 있다. 태어나서 엄마 모유를 잘 먹지 못했다. 병원 가서 검사해 보니 심장에 구멍이 생겨 먹는 것이 힘들었다. 간혹 구멍이 있어도 자라면서 자연스럽게 닫히기도 한다. 작게 태어났지만, 몇 개월 동안 몸무게가 늘지 않았다. 해당 병원에서는 대학병원으로 가보라 하여 검사 후 병원 측에서 수술 하자고 했다. 이게 무슨 말인지 태어난 지 몇 개월 안 되는 아이 심장 수술한다는 게 이해되지 않았다.

수술에 관해 설명을 들었다. "심장 수술은 심장을 멈추게 한 후 시작합니다." 열린 구멍을 닫은 뒤 다시 멈춰있는 심장을 뛰도록 한다. 마지막에 사망이라는 단어까지 들으니, 눈앞이 캄캄했다. 보호자 사인하라는 말에 떨리며 했다. 딸은 수술 전 모유와 물도 못 먹게 했다. 입술도 마르고 너무 안 되어 보였다. 몇 개월 안 된 딸이 무슨 표현을 할 수 있을까? 막연한 생각이 든다.

수술 당일 딸은 수술대에 옮겨졌다. 수술실 입구까지 보호자 동행만 허락되었다. 더 이상 출입 불가였다. 갑자기 방송에서 "보호자분, 수술실 앞으로 와주세요." 안내 방송을 하며 간호사가 나왔다. 소리를 듣자마자 수술실 입구로 갔다. 전처는 기절해 바닥에 쓰러져 있었다. 얼마나 놀랐으면, 쓰러진 전처를 않아 들어 자리에 눕혔다. 수술 날, 장모님과 어머니까지 계셨다. 장모님은 자기 딸 기절한 모습을 보았다. 몸을 주무르고 나는 약국으로 뛰어갔다. 약을 먹고 잠시 뒤 전처는 의식을 회복한 후 정신 차렸다.

수술은 몇 시간에 걸쳐 길게 했다. 잠시 뒤 화면에 수술 완료 글씨를 보게 되었고 중환자실로 옮겨졌다. 아직 보호자 면회가 안 된다. 전화하면 그때 오라고 했다. 우선 전처와 함께 집으로 향했다. 딸 이야기를 나눈 후 그날 하루는 어떻게 흘러갔다.

다음날 출근 후 전처는 병원에서 연락이 와서 가는 길이라 했다. 전처는 얼마나 걱정되었을까? 마음은 남자인 나보다 더 힘들다. 중

환자실에 다녀온 날 이야기를 했다. 전처는 "중환자실에 들어가니 침대는 정말 크며 조그만 한 체구에 가슴속 여러 개의 호스가 꽂혀 있고 피가 흐르는 게 보였어. 엄마를 보자마자 눈물을 흘리더라." 옆에 있던 간호사는 "울지도 않던 아기가 엄마를 보고 크게 울어도 될 텐데" 입 모양만 훌쩍거리며 눈물만 흘리더라. 마음이 뭉클해진다.

지금은 잘 자라고 있다. 수술 자국은 어떻게 되었는지 이혼 후 본 적 없다. 상처는 잘 나았겠지 생각한다. 딸의 아픈 기억이다. 컴퓨터에는 딸의 사진과 동영상이 있다. 이혼 초기에는 한 번씩 보곤 했다. 자료가 4살 이전뿐이다. 이혼하고 한 달에 한 번이라는 면접 교섭권도 있다. 친권은 공동으로 했고 양육권은 전처로 했다.

이혼 후 딸을 자주 만나지 못했다. 전처는 한 달 한 번 딸과 함께했으면 했다. 이상하게 내 마음은 떠났다. 이혼 직후 전처에게 합치자는 이야기를 여러 번 했지만 늘 거절했다. 그런 반복이 마음 닫히게 되었다. 딸과는 아무런 상관없다. 아빠의 역할을 다하지 못했다. 딸을 자주 만나지 못했지만, 일 년 중 생일과 특별한 날은 꼭 만났다. 돈이 늘 부족한 상태였다. 가끔 만나도 좋은 선물을 해주지 못했다. 생일에 만나 대형마트에 갔다. 밥 먹은 뒤 선물 사러 갔다. 딸은 선물 코너를 떠나 작은 인형 스티커를 구경하고 있었다. 그 모습을 멀리서 지켜보니 마음이 아팠다. 큰 선물을 같이 볼 수도 있었지만, 머릿속엔 늘 돈으로 가득했다.

큰 선물 한번은 가능하지만, 발걸음이 쉽사리 움직이지 않았다.

전처는 "오빠, 왜 저걸 사려고 하는지 알아? 아빠 돈 없으니깐 비

싼 건 안 된다고 미리 말했어."

순간 마음이 쓰라렸다.

"큰 장난감 보러 가자."

"아니요, 괜찮아요. 이거 살래요."

더 이상 말하지 못했다. 딸 마음을 이해하려 했다. 미안한 마음만 가득했다. 이혼으로 딸은 어른이 되어 가는 듯했다. 좋은 현상은 아니다. 나이에 맞게 표현하는 게 좋다. 스스로 감정을 제어하는 것이 어린 나이에는 힘들다. 오히려 이런 행동이 내 마음을 아프게 한다.

딸은 나를 보는 날이면 기다리는 모습이 훤히 생각난다. 자녀 어릴 때 모습이 가장 그립다. 늘 마음속에 전처와 딸이 걱정되었다. 경제적인 여유에서 벗어나 살아간다면 한시름 놓는다. 어렵게 살아가는 두 여자를 볼 때면 살아가는 이유가 강했다.

사랑한 딸

딸에 대한 후회가 되는 사건이 있었다. 이혼 후 매년 비슷하게 살아왔다. 각자 자기 자리에서 하루를 힘들게 살아가고 있었다. 명절 연휴 긴 메시지가 왔다. 전처에게 문자 오는 날은 좋지 않다. 대부분 돈에 관한 내용이다. 도와주고 싶지만, 현실은 그러지 못했다. 긴 메시지 내용은 이렇다.

'오빠, 딸 성씨 변경을 했으면 해. 인감증명서가 필요하고, 친부의

동의가 필요하다.'

갑자기 놀란 가슴은 어쩔 줄 몰랐다. 명절 연휴 할 짓 없어 늦잠 잔 상태였다. 다시 문자 내용을 보니 심장이 엄청 빨리 뛰었다. 두근 거리는 마음으로 회신의 문자를 보냈다. 재혼이라는 답을 보는 순간 멍하니 정신 줄 놓았다.

머릿속에선 딸 생각만 났다. 딸 목소리를 듣고 싶었다. 딸과 통화 하고 싶었다. 통화 버튼을 누른 후 떨리는 목소리로 "여보세요." 아 무런 소리가 들리지 않았다. 다시 한번 "여보세요" 아무런 답이 없 어 혹시 딸인가 싶었다.

"네 아빠, 저예요."

목소리가 작게 들렸다. 옆에 누군가 있어 그런 것 같았다. 전처와 새 아빠가 옆에 있는 예감이 들었다. 딸은 조심스럽게 말했다. 이 한 마디로 내 마음은 흔들리기 시작했다.

"아빠가 미안하다."

그제야 눈가에 눈물이 고여 얼굴로 타고 흘러내렸다. 서러움과 억 울함이 밀려와 미안함도 가득한 눈물이다. 울음소리를 내지 않으려 고 어금니를 꽉 깨물었다. 아빠 우는 소리를 들려주기 싫었다. 딸이 상처받을까 싶어 참으려고 입을 손으로 막았다. 호흡이 힘들어 긴 숨을 들이마시고 내쉬었다. 심장은 조금 안정된듯했다. 그 사이 딸 은 아무 말도 하지 않았다. 눈물은 조금 줄어 들었지만, 딸의 목소 리가 마음속에 남아 있다.

"아빠가 사랑해."

눈가에 더 큰 눈물이 줄줄 흘러내렸다. 우는 소리를 참기 위해 한 손으로 주먹을 쥔 채 입을 틀어막았다. 울음소리를 막는다고 끝이 아니었다. 눈물과 함께 입술은 덜덜 떨고 있었다. 딸은 소리를 다 들었다. 울음소리로 발음이 안 되었다. 눈물은 계속 흘러내렸지만….

"아빠 사랑하는 거 알지?"

"네, 아빠 알아요."

시간이 흘러 눈물은 조금씩 줄어들기 시작했다. 딸의 목소리가 나를 안정 시켰다.

"아빠가 너무 미안해. 많이 사랑해."

사랑한다고 말할 줄 모르는 나였다. 딸과의 통화에서 사랑이라는 말을 몇 번이나 했는지도 모르겠다. 직접 만나기로 했다. 어떻게 해야 할지 몰랐다. 전처의 재혼으로 눈앞이 캄캄했다. 전처보다는 딸이 걱정되었다. 앞으로 만날 수 없는 느낌이 왔다. 한 시간 뒤 카페에서 딸과 함께 만났다. 그때 딸의 나이는 초등학교 5학년 봄이었다. 추운 겨울 단둘 카페에 앉아 딸에게 물었다.

"이름을 새 아빠로 바꾸고 싶어?" 가장 힘든 질문을 했다.

"네."

나를 바라보지 않았다. 그 말에 심장이 멈추는 것 같았다. 이제 딸의 마음에 아빠라는 사람은 지워버렸는지 순간 말이 나오지 않았다. 딸의 대화와 생각들을 존중해 주기로 마음먹고 왔다. 이제 내 편이 없어진 것 같다. 딸 때문에 겨우 숨 쉬고 살아왔다. 너무 쉽게 와장창 무너지는 기분이다.

"대한민국 헌법 알아?"

"네."

학교에서 배웠는지 알 수 없다. 한쪽 마음에서 '은한아, 그만 포기해라.' 다른 쪽에서는 '최대한 할 수 있을 만큼 해 봐.' 내 마음을 복잡하게 만들었다. 입도 마르고 초조하지만 질문했다.

"새 아빠 성으로 바꾸게 되면 아빠는 이제 옆집 아저씨가 된다. 아빠 보고 싶어도 못 봐. 그래도 괜찮겠어?" 비슷한 내용이지만 이해를 못 할까 봐 최대한 쉽도록 설명했다.

"괜찮아요." 이 한마디가 전부였다.

초조한 마음을 누가 알까? 사람 마음 뜻대로 안 될 때 흥분한다. 돌발적인 행동을 하는 게 인간이다. 나 역시 청소년기에 그런 모습이 있었지만 어른이 되면서 해야 할 것과 하지 말아야 할 것을 자연스럽게 알게 되었다. 지금 딱 그 상황이다. 화낼 수도 없고 그렇다고 입 다물고 가만히 있으려니 마음은 들었다 났다 하고 있다. 딸 앞이라 절대 다른 행동을 해서는 안 된다. 이건 나와의 약속이다. 마음이 힘들어도 참아야 했다.

"이제 아빠 옆집 아저씨가 되어 버리고, 아빠와의 관계도 지금까지와 전혀 다르게 돼. 그래도 괜찮아?" 딸 마음을 확인하고 싶었다.

"네, 괜찮아요." 차분하게 말했다.

잠시 뒤 딸은 엄마와 함께 떠났다. 딸의 마음을 알 수 없다. 엄마의 행복을 바라보며 자기 스스로 뒤로 물러서 배려하는 것일 수도 있다. 혼자 남아 여러 생각을 했다. 이혼 후 딸을 자주 만나지 못했지만 여러 가지 추억은 있다. 학교에 찾아가 부녀지간 잠시 나눈 이야기다. 이혼 후 말을 제법 할 때 비슷한 말을 들은 적 있다. 다시 쓰고 싶은 말이다.

"아빠 보고 싶을 때 어떻게 해?"

"꿈속에서 아빠 만나게 해 주세요." 기도한다고 한다. 늘 내 머릿속에 남아 있다. 이것이 부모의 마음이다. 복도에서 긴 이야기를 할 수 없었다. 수업에 방해될 것 같았다.

딸에게 몇 마디 했다. "아빠도 많이 보고 싶고 사랑한단다. 엄마 말 잘 듣고 학교생활 재밌게 해야 한다. 아빠 보고 싶을 때는 엄마한테 보고 싶다고 말해도 된다. 알았지?" "네." 고개를 끄덕였다. "이제 아빠 가야 하니깐 안아주고 갈게." 내 품에 조용히 안기며 몇 초간 침묵의 시간을 가졌다.

딸을 생각하며

딸을 품에 안아 본 시간도 어렴풋이 기억난다. 사람들이 어릴 때 잘해 주라는 의미를 이해했다. 성인이 되면 자녀와 가까이 있고 싶어도 안 된다. 남들처럼 성인이 될 때까지 자라는 모습을 볼 수 없다. 이혼 후 가끔 만나면 한 번씩 자라는 속도에 놀란다. 1년에 몇 번 본 게 전부다. 초등학교 입학한 뒤 자라는 속도가 빠르다는 것을 느꼈다. 한 번씩 나와 단둘이 있을 때 대화가 자연스럽게 되는 것이 신기했다. 이런 모습들이 시간이 지날수록 같이 놀면 재밌었다. 시간이 흐르면서 딸을 생각하게 되었다.

좋게 생각하며 딸 만날 때는 삶의 가속도를 올린다. 부모가 되면 이렇다. 가족이 생기면 책임을 만든다. 요즘은 부부가 공동으로 책임을 나눈다. 예전의 여성, 남성이 아니다. 자녀가 생기면 서로가 책임져야 한다. 아이의 성장에 있어 잘못되면 누구를 탓할 것이 아니다. 시간이 흐르면 이것 또한 하고 싶어도 못 한다.

부모는 자녀를 보며 살아간다. 남성보다 여성이 더 높다. 뱃속에 살아있는 생명체를 열 달 동안 같이 느끼며 소중함은 남다르다. 여성의 편에서 있는 게 아닌 이혼 후 느낀 점이다. 이혼하지 않았다면 알 수 있을지 의문이다. 지금은 이혼의 시간을 지나 무감각한 상태이다. 삶의 후회는 많이 했다. 전처의 재혼으로 영원히 볼 수 없는 딸의 모습이 희미하다. 다행히 딸의 연락처가 저장되어 메신저 사진으로 보는 게 전부다. 변화된 모습을 볼 때면 잘 자랐다고 생각한다.

글 쓰는 기준으로 딸은 고등학생이다. 전처의 재혼으로 딸의 성씨 변경할 시기는 초등학교 5학년이다. 6년이 넘도록 딸을 한 번도 못 봤다. 볼 수 없었다. 매년 딸의 생일날 축하 메시지가 전부이다. 돌아오는 답은 없다. 사춘기라 생각하고 넘긴다. 사랑받을 거라 믿는 게 편하다. 오히려 그런 마음이 편하다. 주변에서 자식은 자라면 아빠를 찾는다. 말하지만 난 그냥 흘려 넘긴다. 찾아오면 다행이고 오지 않더라도 후회하지 않는다. 현실에 좀 더 집중하고 있다. 마음속으로 아주 미세하게 믿을 뿐이다.

딸 내용으로 아주 길게 초고를 썼다. 긴 글 쓰며 딸과 있었던 추억을 가져와 다시 그날을 생각하며 눈물을 흘렸다. 긴 분량을 아주 짧게 줄이게 되었다. 마음속으로 안타깝지만 영원히 잊어지지 않는다. 잘 저장되어 있다. 딸을 진심으로 멀리서 응원하고 마음으로 믿기 때문이다.

딸에게 마지막으로 말하고 싶은 메시지를 남긴다.

'아빠야. 이렇게 글로써 너의 이야기를 쓰고 있다. 아빠가 너를 보고 싶어도 어떻게 할 수 없는 지금 상황을 언젠가 이해할 거라 생각하고 산다. 매년 너의 생일날 문자 보내면 답장이 올 때마다 아빠는 너를 데리고 맛있는 밥이라도 같이 먹고 싶은 게 소원이다. 나중에 네가 자라 성인이 되면 아빠는 어느덧 나이 많은 할아버지가 되어 있을지 모르겠다. 보고 싶은 마음은 늘 가지고 있고, 너를 믿으며 아빠 또한 좋은 미래를 위해 이렇게 준비하고 노력하고 있다. 아빠의 실수로 이혼의 상처를 만들게 한 점, 아빠가 정말 미안하다. 아빠는 가족을 지키고 싶었지만, 사는 게 내 뜻대로 안 된다는 것을 경험하니 더욱 알게 되었어. 이제 몇 년 뒤면 성인이 된다. 그 모습이 아빠의 머릿속에 그려지긴 하지만 희미하구나. 시간이 더 흘러 너의 결혼식에 아빠가 당당히 갈 수 없음을 생각하니 참으로 슬프다. 몰래 멀리서 너를 지켜볼 수밖에 없다는 것을 이해해 주었으면 한다. 아빠가 이렇게 열심히 살고 있는 것도 언젠가 혹시 네가 아빠의 모습을 보게 된다면 초라한 모습을 보여주는 게 싫고, 잘 사는 모습을 보여주고 싶다.'

최선을 다해 삶의 마지막에는 모든 이에게 내 것을 나누는 것이 목표이다. 아빠가 네게 마지막 삶을 보여주고 싶구나. 아빠가 울면서 미안해, 사랑한다. 말하며 너를 내 손에서 보내 주어야 하는 마음 그때를 생각하면 찢어지게 아팠다. 잘 사는 모습을 볼 때면 아빠는 한시름 놓는다. 아빠는 나중에 잘 되기 위해 노력하겠지만 멋있는 할아버지로 남아 있을 테니 예쁘게 자라 훌륭한 사회인으로 남아 세상을 밝혀주는 사람이 되었으면 좋겠다. 마지막으로 너를 직접 볼 순 없지만 아빠의 마음이 너에게 닿기를 기도한다.

사랑하는 아빠가.

4.

눈물이란

눈물은 여러 의미를 준다. 사람은 마음속에 눈물을 가지고 있다. 어떻게 하면 눈물을 경험하며 치유할 수 있을까? 어릴 때는 몰라서 울기도 하지만 자라면서 눈물 흘릴 일이 없다. 성장하면서 울면 사람들이 바보처럼 취급하기 때문에 참는다.

사람은 제어가 가능하다. 눈물로 나 스스로 치유와 새로운 삶을 얻었다. 이혼이 시작되어 터져버린 현실로 많은 눈물을 흘려 본 것은 어른으로서 처음이다. 눈물을 시원하게 흘린다. 과연 어떨까? 사연에 따라 눈물의 내면적인 모습도 다르다. 이혼 직후부터 지금까지 흘린 눈물의 종류는 모두 맛보았다. 눈물 종류가 있는지 궁금하겠지만 살아오면서 순간순간 터져버리는 자연스러운 현상을 말하고 싶다.

아픈 상처로 흘린 눈물이 가장 많다. 이혼 직후 너무 힘들어서 자신을 통제할 수 없을 때다. 무작정 친구에게 달려가 식당에서 밥 먹다가 아무런 이유 없이 펑펑 서럽게 울게 된 것이 처음이다. 받아들여야 하는 이혼을 거부할 수가 없어 그 순간 참아 왔던 눈물이다. 이혼을 처음 접할 때 충격으로 나 자신을 바로 걸을 수 없게 만들었다. 며칠 동안 혼이 나간 사람처럼 도망가고 싶었다. 마음은 쥐어짜서라도 터트리고 싶지만 안 되는 것이 사람 마음이다. 눈물 흘릴 때 '이혼'이란 말을 어설프게 하면서도 계속 흘리고 있었다. 이때 흘린 눈물은 이혼 초기 태연하게 나 자신 제어하며 마음속으로 곪아 터져 쌓인 아픔의 눈물이다.

전처도 스스로 이혼 답을 내리기까지 곪아서 쌓인 눈물을 많이 흘렸다고 했다. 사람은 잃었을 때 실감한다. 그때 눈물은 지금도 눈에 선하다. 이혼 후 일어나는 사건으로 얼마나 눈물 흘릴지 상상이나 했을까? 이혼 후 여러 번 울게 된다. 눈물을 흘려 마음을 덜어내지 않았다면 속병 나서 어떻게 될지 모른다. 울고 싶다는 생각만으로 눈물은 나오지 않는다. 마음 한구석 몽우리 같은 것이 터져야 나온다.

가장 큰 눈물은 딸의 성씨를 바꾸어 줄 때이다. 정신 차릴 수 없을 정도로 눈물을 쏟아부었다. 떨어지는 눈물은 멈출 수가 없다. 어쩔 수 없는 눈물이라고 말한다. 전처의 예보도 없이 몰래 재혼해 버려 딸을 새 아빠에게 보내어야 할 때였다. 이미 살림을 차려 가정을 꾸려 살고 있는 상태라 크나큰 충격이었다. 딸을 영원히 볼 수 없다는 마음에 펑펑 울었다. 어쩔 수 없이 보내 주어야 하는 원망을 누구에게 하소연할 수도 없다. 그리하여 어쩔 수 없는 눈물이라고 이름을 지었다.

기쁨의 눈물도 있다. 신용불량자 되어 나와 관련된 카드가 정지되었다. 다시 신용카드 발급하기 위해 여러 번 실패를 거듭하면서 자존감 무너지게 했다. 기회가 생겨 어렵게 카드를 받게 된 날 어머니와 통화 중 골목에 쪼그리고 앉아 어금니 물어가며 흘린 눈물이다. 기쁨의 눈물이지만 울지 않아도 될 일이다. 긴장되어 있던 것이 풀려버렸다. 하염없이 입 막으며 입술까지 떨려가며 울었다. 서로가 축하하며 웃어도 되는데 왜 눈물이 났을까? 그동안 마음속에 이혼 후 쌓였던 것이 터지기도 한다. 지금도 신용카드는 잘 사용하지 않는다. 과거의 그때를 생각하면 뭉클함을 잊을 수 없다.

나중에 어머니께 들은 이야기가 생각난다. 어머니는 TV 아침마당 프로를 자주 보신다. 주인공들은 대부분 성공한 사람들이다. 작가들도 많이 나온다. 어느 날 TV를 보던 중 나와 비슷한 사람이 나왔다고 했다. 주인공은 과거 사업 실패로 빚과 함께 신용불량자와 신용카드까지 정지되었다. 신용카드를 겨우 발급받아 손에 쥐고는 많은 눈물을 흘렸다고 한다. 신용카드 받으며 눈물 흘리는 소리를 감추기 위해 행동했지만, 어머니는 내 목소리를 들었다. TV를 보며 그때 생생함이 기억난다고 했다. 나와 똑같은 사연의 주인공이다.

그날이 후 어머니는 내게 한 말씀이 있다. TV 아침마당 프로에 나와 보라고 했다. 그 말을 듣는 순간 멍하니 있었다. '한번 도전해 볼게.'라고 말하며 서로 웃는 사건이 있었다. 재미로 시작한 것이 실제로 책 출간 후 TV 아침마당에 도전해 볼 생각이다. 이렇듯 눈물이 모두 슬픈 것은 아니다. 행복한 눈물도 있다.

내 목표는 무대 위 멋진 강사가 되고 싶다. 이유는 힘든 사람들에게 나의 좋은 에너지를 나누어 주고 싶다. 기회는 순간적으로 찾아올 때도 있지만 노력해 만들 수도 있다. 모교 대학교 첫 강의였다. 어느 날 대학교 교수님께 강의를 한번 부탁드렸다. 교수님은 어렵지만 졸업생의 부탁에 못 이겨 기회를 만들어 주셨다. 수업 시간에 중소기업 강의를 했다. 때마침 모교 고등학교에도 강의했다. 학교 강의가 처음이고 자료준비가 미완성이지만 학생들에게 좋은 내용으로 전달하고 싶었다. 실패한 삶에서부터 성공적인 삶까지의 강의이다. 이혼 단어는 언급하지 않았다.

새로운 경험

회사에 출근 후 사장님께 "사장님 대학교 강의하러 가야 합니다." 황당하듯이 "자네가 무슨 강의 하러 가는데? 그래, 잘 다녀오게나." 현재도 강의를 가끔 하지만 때와 장소에 따라 강의 내용이 다르다. 책이 완성되어 내 삶을 공개한 강의를 무척이나 하고 싶다. 지금도 그날만 기다리고 있다. 강의 내용에는 이혼 단어를 숨겼다. 강의 끝나면 난 찝찝함을 느낀다. 사람들은 처절한 상황에서 다시금 일어나 꿈을 가지며 살아가는 한 사람의 이야기로 동기부여 받는다. 나중에 출간 후, 성인 대상으로 하고 싶지만 참고 있다. 모교지만 졸업한 지 20년이 넘는다. 사업 이후 학교를 찾아가지 못했지만 이렇게 강의하게 될 줄 생각도 못 했다. 심장이 요동치며 빠르게 뛴다. 학교 도착 후 경비아저씨는 출입에 대해 물으셨다.

"오늘 학교 강의로 왔습니다." 한쪽에 자리 마련해 주셨다.

"감사합니다. 저 이 학교 졸업생입니다." 웃으며 반기셨다. 학교 입구에 들어서니 얼마 만인지 시야에 들어오는 건물과 꽃들로 웃게 만든다. 신나는 발걸음으로 교수님을 찾아뵈러 갔다. 대학교 건물 내 교수님 방에 찾아갔지만 잠겨 있었다. 기다리는 동안 교수님은 오셨다.

"교수님 안녕하세요?" 싱글벙글하며 긴장되기도 했다.

교수님은 "조금 뒤 쉬는 시간 끝나고 수업 시작할 때 내가 전화할 테니 그때 5층으로 오면 된다."

"네 알겠습니다."

잠시 뒤 교수님과 함께 학과 사무실에서 같이 나왔다. 때마침 처음 뵙는 분께서 나를 보셨다. 정장 차림으로 교수님과 같이 있어 나를 외부 손님으로 생각했다. 그분은 학과장님이다. 교수님은

"여기 제 제자입니다."

"반갑습니다."

학과장님은 "오늘 어쩐 일로 오셨는지?"

교수님은 "현장 실습 강의로 왔습니다."

마음속으로 흐뭇했다. 하루만큼은 강사가 된다. 강의를 너무 하고 싶었고 대학교 자리는 너무나 큰 영광이다. 잘해야지 하는 마음이 더욱 긴장시킨다. 교수님은 "먼저 갈 테니 5분 뒤 5층으로 천천히 올라오면 된다." '5분'이라는 말씀에 벌써부터 가슴이 뛰었다. 시계를 보니 5분이 되어 5층으로 서서히 올라갔다.

계단으로 올라갈 때 정장 차림으로 내려오는 분이 내게 인사를 했다. 이상하다? 내게 인사를 왜 하지? 한 층씩 올라갈 때마다 남성 아니면 여성으로 다들 정장 차림이다. 볼 때마다 계속 인사를 했다. 나도 모르게 같이 고개 숙이며 인사했다. 전혀 모르는 사람이 내게 인사를 한다. 잠시 생각해보았다. 복도의 유리를 통해 비치는 모습을 보니 나도 정장 차림이다. 서로 강사이거나 교수로 착각했다. 올라가는 동안 재미난 경험했다. 대학교 강사와 교수님들의 옷차림이 나를 끌어당긴다. 마음속으로 '나도 대학교수가 된다면 어떨까?' 이런 상상이 미소 짓게 만든다.

대학교 강의하기 전 고등학교 강의를 먼저 했다. 그때는 모교라 좀 편하게 진행했다. 고등학생이 주는 느낌은 많이 부담되지 않았다. 대학교 첫 강연은 달랐다. 대학생들에게 사회에 대한 내용을 잘 전달하고 싶은 마음은 컸다. 교실 입구 유리를 통해 보이는 학생들을 보니 대학생 시절이 떠올랐다. 4년이 아닌 2년으로 캠퍼스 재미는 못 느끼며 빡빡한 수업들로 시간을 보냈다. 저 자리에 나도 앉아 있었다. 공부는 잘하지 못했다.

교수님께서 내 시간을 학생들에게 소개하는 말씀이 들렸다. 순간 가슴이 터질 것 같았다. "여러분 다음 시간에는 기업에서 직접 나와 좋은 이야기 듣는 시간입니다. 잘 들어주세요." 출입구 나를 보며 들어오라고 손짓했다. 교수님은 "한 시간 정도면 되겠나? 나중에 그 시간에 맞추어 다시 올 테니 가지 말고 있어라." "네 알겠습니다."

이제 내 시간으로 강의 준비를 했다. 영상기기를 켜고 자료를 컴퓨터 화면에 연결해 준비하는 동안 학생들에게 "여러분 안녕하세요. 김은한이라고 합니다." 학생들은 박수로 인사를 했다. 살짝 긴장된 마음에 여유가 생겼다. 강의 시작하기 전 "저는 이 학교 전기과 졸업생입니다." 학생들은 "우와." 다들 신기해하는 표정이다.

강의 진행하는 해당과는 내가 졸업한 전기과이다. 학생들 입장에서는 정말 귀한 시간이다. 해당 학과 졸업 선배가 학교에 와서 강의를 한다? 보기 드문 일이다. 순간 이런 생각이 든다. '만약에 내가 저 자리에 앉아 강사님이 학교 졸업생이라면 감탄했을까?' 알 수 없는 일이다. 관심 있는 사람만 공감한다.

교실 내 수십 명의 학생들은 나를 바라보고 있다. 모교 후배들에게 처음 강의지만 기초 강의를 해야 할지 나도 고민했다. 아니면 학생들에게 질문해 답하는 시간을 만들어 볼까? 생각도 했었다. 자료를 펼치며 강의를 시작했다. 학생들에게 질문도 하고 미래에 대한 꿈이나 목표에 대한 부연 설명도 했다. 한 번의 기회로 학생들에게 모든 것을 전달할 수 없지만 현실은 냉정하다는 것을 말하고 싶다. 강의에 빠져 한 시간을 넘겼는지도 몰랐다. 잠시 뒤 교수님은 뒷문으로 들어와 잠시 나의 강의를 보셨다. 나를 보고 있어 긴장되기도 했다. 강의하는 모습을 폰으로 찍으셨다.

슬슬 마무리해야 할 것 같다. 간단히 설명하고 강의를 마무리했다. 학생들은 박수와 함께 인사로 마무리했다. 교수님은 점심 먹으러 가자고 했다. 교수님께 "교수님 오늘 강의 자리 만들어 주셔서 감사합니다." 고마움으로 인사드렸다. "그래, 해보니 어떠니?" "처음이라 어색합니다.” 더 잘하고 싶은 마음은 있습니다.” “나중에 기회 되면 하면 되지.” 내 어깨를 툭툭 치셨다.

학과 사무실에 들어가 잠시 기다리고 있었다. 잠시 뒤 사무실에 들어오시는 분이 보였다. 그분에게 같이 점심 먹으러 가자고 하셨다. 두 분의 대화로 잘 아는 선후배 사이였다. 교수님은 “은한아, 짜장면 먹겠지?”

“네.”

답은 무조건 예스다. 오늘은 평생 기억에 남는 날이다. 학력도 전문대학교 졸업이며 현 회사는 대기업도 아닌 대구 지역 내 작은 회사에 다니고 있는 평범한 사람이다. 자리를 만들어 준 것에 감사할 따름이다.

교수님은 “여기는 내가 이용하는 단골 가게이니 먹기만 하면 된다. 짜장면 하면 되겠지?”

“네.” 내가 먼저 계산해야지 생각만 하고 있다.

교수님과 잠깐 대화를 나누는 사이 음식이 나왔다. 짜장면은 금방 나온다. 먹는 속도가 남들보다 빠르게 면이 목을 넘겼다. 씹지도 않고 대충 삼켰다. 먼저 먹은 후 카드를 건네며 손짓으로 계산을 모르게 했다. 모두 식사를 마치고 나오며 교수님은 “장부에 기재해 주세요.” 아주머니는 웃으시면서 “옆에 분께서 계산하셨어요.”

교수님은 “내가 사준다 하니.”라며 민망한 표정으로 씩 웃으며 가게를 나왔다. 갑자기 교수님은 “오늘 강사님 덕분에 잘 먹었습니다.” 옆에 계시는 강사님도 덩달아 나를 보며 인사하셨다. “네, 교수님 저도 잘 먹었습니다." 방금 교수님은 내게 무엇이라고 말씀하셨지? '강사님'이라고 하셨다. 마음속으로 기분 날아갈 것 같았다. 걸어가는 동안 이미 마음은 딴 곳에 가 있다. 강사님이라는 말이 이런 기분이구나. 실감했다.

걸으면서 나중에 진짜 강사가 되어야겠다는 생각이 마음에 들어왔다. 교수님은 "그럼 조심히 가고 다음에 학교 놀러 와라." 웃으시면서 툭툭 치셨다. "네, 교수님 오늘 자리 너무 감사합니다. 다음에 놀러 오겠습니다." 학교 내 건물로 걸어가시는 교수님 뒷모습을 지켜보았다. 마음속에 무언가 하나의 목표가 생긴다. 건물을 바라보며 '한번 해보자.'

집에 간 후 회사로 복귀해야 한다. 발끝에 힘이 들어간다. 마음도 너무 즐겁다. 들뜬 마음으로 좋아하는 음악을 크게 틀었다. 참고로 음악을 참 좋아한다. 여러 장르별로 듣지만 신날 때 주로 듣는 음악은 클럽 음악이다.

어릴 적 10대 시절 꿈은 세 가지다. 미용사, 요리사, 클럽 디제이다. 지금 나이에 세 가지를 말하면 신기하듯 바라본다. 겉모습과 너무 달라 상상이 안 된다고 한다. 대학교 강의를 무척 하고 싶어 경험했다. 집으로 가는 동안 여러 생각들이 났다. 어릴 적 꿈에 관한 이야기, 무대 위 강사를 하고 싶은 꿈이 최종이다. 어느 순간 기회가 왔을 때 마이크 잡고 사람들과 눈 맞추며 교감을 한다. 나와 잘 맞을 거라곤 생각도 못 했다. 디제이 꿈이 강사로 대체되어 바뀐 것 같다. 둘 다 마이크로 사람들을 움직일 수 있다.

눈물의 의미

차를 운전하며 다리 위를 달리는 가운데 흐르는 강물과 멀리 보이는 풍경들을 보는 순간 나도 모르게 소리쳤다. "앗싸!" 단어로 표현할 수 없는 소리를 질렀다. 가슴속에 있는 모든 공기를 밖으로 목이 터지라 소리 질렀다. 마음속이 시원하며 갑자기 먹먹함이 생겼다. 눈가에 눈물이 맺히더니 볼을 타고 흘러내리고 있었다. 좀 전까지 신나 소리 지르던 나였다. 기뻐할 일인데 눈물 흘리는 나 자신을 이해할 수 없다. 음악 소리 들으며 눈은 저 멀리 하염없이 바라보고 있었다. 손으로 흐르는 눈물을 닦아도 다시 흘러내렸다.

행복한 순간을 같이 나눌 대상이 없다. 이것이 이혼이다. 이렇게 잘 성장하고 있고 옆에 아무도 없는 그동안 열심히 살았다. 나 자신 눌러가며 살았다. 버티며 살아오면서 꿈을 버리지 않았다. 대학교 강의는 내겐 너무 소중했고 잊을 수 없다. 앞으로 강사 하겠다고 다짐하며 그런 생각들이 마음을 울게 했다. 이때 흘리는 눈물을 이름하여 '행복한 눈물'이다.

TV 프로그램 연예인 시상식에서 1등을 발표하는 순간 무대 위에서 소감을 말할 때 대부분 눈물을 흘린다. 그 자리에 오기까지 얼마나 보이지 않게 많은 노력과 실패, 좌절을 맛보며 살아왔다. 행복에 겨워 많은 눈물을 흘렸다. 바라보는 사람들은 그 상황이 되지 않으면 알 수 없다. 지금 흘리는 눈물이 그 느낌이다. 행복하면서 따뜻한 눈물을 흘려보낸다. 잠시 나 자신이 차분해진다. 흐르던 눈물을 멈추고 생각했다. 앞으로 어떻게 살아갈지 명확한 목표를 경험과 마음속 눈물로 다시금 새긴다.

시원한 마음과 함께 음악 들으며 회사로 복귀했다. 하루라는 시간 속에 여러 가지 사건들은 항상 있다. 눈물을 얼마나 만들고 흘릴까? 지금도 어떤 사람은 눈물 흘리고 있다. 의미를 부여하듯 각자 눈물 흘리며 산다.

눈물 중 밖으로 보여 지지 않는 눈물도 있다. 마음속으로 삭이는 눈물이다. 좋은 것은 아니다. 마음에 아픈 상처를 만들고 있다면 잘 녹아내려 사라지면 좋다. 현실에서 가장 힘든 부분이다. 반복적인 삶에서 마음속으로 눈물을 흘리거나 저장하는 사람도 있다. 언젠가는 밖으로 배출이 필요하다.

눈물을 흘리다 보면 차가운 눈물도 있고 따뜻한 눈물도 있다. 속상해 폭발하듯 흘리는 눈물이 대부분 미지근한 눈물이다. 이렇게라도 한다면 마음속을 비울 수 있다. 쌓아 놓으면 병 생긴다. 당장은 아닐지라도 나중에는 큰 화를 당할 수 있다. 나처럼 이혼할 수도 있고 영원히 이 세상 사람이 아닐 수도 있다. 마음속을 평온하게 안정시킬 수 있는 방법을 찾아 만들어야 한다. 이 방법이 힘들 때는 밖으로 흘려보내라. 혼자 드라마 보며 고요함 속에 조용히 눈물 흘려보는 것도 좋다.

사람들 앞에서 강연 후 눈물을 흘렸다. 그중 하나를 선택하라면 행복의 눈물이다. 보험회사에서 한 달 교육을 마무리하며 그 많은 사람들 앞에서 이혼을 당당히 말했다. 삶에 대한 반성으로 흘린 눈물도 보람 있다.

　결론적으로 자신에 대한 후회감과 힘들게 살아가는 삶에서 행복한 경험으로 흘린 눈물은 앞으로 전진 할 수 있다. 아주 자세히 갈 수 있다. 중간에 어떤 장애물이 있어도 직진할 수 있는 힘을 가진다. 삶에 있어서 행복한 눈물을 경험하라고 말하고 싶다.

　인생의 목표를 정해 하루를 살아가고 한 달의 시간이 만들어진다. 열심히 살다 보면 1년 시간도 금방이다. 그런 과정에 행복한 눈물을 경험하며 살아보아라. 수상소감 장면을 생각하면 이해하기 쉽다. 삶에서 원하는 목표는 비슷비슷하다. 그 한 번의 경험이 자신을 바꿀 수 있다. 돈이 하늘에서 떨어지는 것을 말하는 게 아니다. 삶은 늘 수평선과 직선을 그리며 상승할 수 없다. 무너져야 인간은 다시 올라오기 위해 살아간다. 그에 따른 행복함을 경험할 수 있다. 작은 행복함을 만들 수 있다면 그 사람은 점점 삶이 상승한다.

　현재 나는 몇 년 뒤 어떤 활동으로 무엇을 하겠다는 계획을 세워두고 현실에서 느리더라도 나아가고 있다. 행복한 눈물로 그 자리를 다시 꼭 만들겠다는 목표가 있다. 나를 위한 것이 아니라 상대를 위한 일이다. 이혼으로 사람들은 많은 눈물을 흘리며 살아간다. 꼭 이혼이 아니라도 아무 생각이 없거나 목표가 없는 삶을 살아가는 사람도 마찬가지다.

　변하지 않는 이유는 눈물이다. 아픔의 눈물을 너무 많이 흘린다면 정상적인 삶을 살긴 힘들다. 시간이 상당히 필요하다. 눈물의 치료 방법은 개개인 상황에 맞게 하면 된다. 행복한 눈물을 경험한다면 그 사람은 내 마음을 더욱 이해할 수 있다. 현재 나는 아픔으로 힘들어하는 사람들에게 행복함을 전달해 주고 싶다. 행복한 눈물을 경험해 나 스스로 답을 내렸다. 아픔을 가지고 있는 사람들은 나와 비슷한 상황으로 잘 이겨낸 사람들의 목소리를 듣고 싶어 한다.

사람들은 글로써 자기 자신에게 위안을 삼기도 한다. 현재 온라인 글쓰기를 통해 내 생각을 계속 연재하고 있다. 책 출간 준비하며 동시에 하고 있다. 가끔 내 글 보며 힘 얻는다고 한다. 이혼 글은 과거 나쁜 이야기는 전혀 없다. 대부분 미래 이야기나 동기부여 글이 많다. 어떤 사람들은 내 글로 일어서기도 한다. 답 글에 작가님 강연 때 꼭 가겠다는 글 볼 때면 힘이 난다.

눈물 흘리며 이 자리까지 왔다. 이혼으로 아픔을 가진 사람들을 위해 잘 살아가는 길을 전달하고 있다. 소수 팬들이 훗날 강연 때 이야기를 듣게 된다면 행복한 눈물을 흘릴 수 있다. 그 순간 치료가 되어 행복한 눈물 흘리며 마음속으로 다짐한다.

앞으로 삶의 길을 다시 정리하게 된다. 상처 회복이 잘 되면 상대를 이롭게 한다. 성장의 위치에 있으면 정지하는 것이 아니라 양성하는 것이 좋다. 시간이 흘러 누군가 강연에서 힘을 얻어 새로운 목표를 가지며 잘 살고 있다고 내게 연락을 취한다? 행복한 이야기를 전해 들을 때는 나 역시 너무 행복하다.

작가님, 저도 작가님처럼 무대 위에서 아픔을 가진 사람들에게 치유의 힘을 나누어 주고 있습니다. 생각만으로도 기분이 날아갈 것 같다. 아직 내게 그 시간이 오지 않았고 지금 시작을 알리는 신호다.

눈물은 사람을 힘들게 하지만 아픈 마음을 씻겨 내릴 수 있는 초자연적 생명수이다. 힘들면 참지 말고 울어라. 행복하다면 참지 말고 웃거나 울어라. 행복한 눈물을 맞이하는 사람은 행복한 길을 찾아갈 수 있다.

5.

빚의 고통

빚은 사람을 여러 번 죽인다. 빚이 뭐길래 사람을 죽음까지 데려 가기도 한다. 이혼 직후 사업을 관두며 채무를 알리는 폭죽이 여기 저기 펑펑 터지기 시작했다.

결혼하고 나서 빚에 대해 별 관심 두지 않으며 열심히 사업에 집중했다. 적당히 굶지 않을 정도로 생활하고 있었다. 이혼 전 어느 해 돈벌이가 순탄하지 않았다. 생활비는 매달 주어야 했다. 공급망에 이상 신호가 생겼다. 그것이 돈이다. 현실에서 가장 중요하다. 일하는 이유가 돈 때문이다. 돈에 대한 소유욕은 누구나 강하다. 반대로 잘못하다간 돈에 구속될 수도 있다.

사업 하다 보면 매달 일정 금액 이상 벌이가 되지 않으면 스트레스가 슬슬 밀려온다. 집도 돈이 필요하다. 우선순위가 사업장이 된다.

과거 일은 영상, 음향 관련 기기를 판매 시설하는 나름 기술직이다. 발품 팔아 영업했다. 일이라는 게 처음에는 경쟁업체가 보이지 않는다. 시간이 지나면 하나둘씩 나타나기 시작한다. 이유는 돈이 되기 때문이다. 사람들은 자기 분야도 아니지만 돈이 된다 싶으면 없는 인맥을 동원해 일감을 빼앗아 간다. 영업은 치열한 경쟁 속 하나이다.

매달 매출을 발생시켜야 살아갈 수 있다. 실적이 좋지 않으면 돈이 없다. 어쩔 수 없이 대출 힘 빌려 한 달을 살아갔다. 남의 돈을 빌려 살지 않으려고 노력했다. 그 대신 나는 굶어도 되지만 집은 그럴 수 없다. 딱 필요한 돈 정도만 다른 경로를 통해 생활비를 주었다. 그 당시 결혼생활은 신혼이다. 사업으로 인해 마음은 팍 삭은 삶이다.

전처는 초기에 나를 이해하려고 노력 많이 했다. 사업으로 많이 힘들어하는 모습을 옆에서 봐 왔었다. 머릿속에는 돈 걱정으로 가득 차 있다. 집에 오면 대화하지 않는다. TV만 보며 멍하니 거실에 누워 있다. 그런 생활이 오래되어 전처는 마음고생 많이 했다. 결과는 이혼이다. 이혼도 돈 때문이다. 남들은 그렇게 말한다. 그 말 들으면 맞는 것 같아 고개만 숙이곤 했다. 이혼이 꼭 돈 때문은 아니라고 생각한다. 상황에 대처 못 한 이유도 있다. 여러 이유가 있겠지만 그중 하나라도 잘했다면 이혼하지 않았다. 다른 사람들은 나를 탓하기도 했다. 결론은 내 잘못이 크다고 인정했다.

돈으로 울고 웃는 세상이다. 이혼 직후 위자료를 주고 싶어도 줄 돈이 없다. 살고 있는 집도 월세였다. 전처는 카드 대출받아 스스로 월세를 얻어 나갔다. 그 뒤 딸 때문이라도 가끔 만나면 늘 돈 이야기뿐이다. 그럴 때마다 귀 막고 싶었다. 당장 어떻게 해 줄 수 없었다. 마음은 조금만 버틴다면 그동안 못 해준 것을 해 줄 셈이었다.

몇 년이 아닌 최소 10년 세월이 필요했다. 삶이 계산대로 되면 얼마나 좋을까? 항상 변수가 생긴다.

빚으로 모든 것이 엉망진창 되었다. 이혼 후 사업체 공동명의 카드값 400만 원 때문에 신용불량자가 되었다. 나와 관련된 카드는 바로 정지다. 금융기관을 비롯해 돈 갚으라는 전화가 나를 미치게 했다. 돈이 하늘에서 뚝 떨어졌으면 좋겠다는 생각도 했다. 딸 만나는 날에는 전처의 미안함이 나를 짓누른다. 무엇이든 해주고 싶은 마음은 꿀떡 같다. 어느 것이 먼저인지도 모르겠다. 여기저기서 터져 정신 못 차리게 했다. 결혼 생활할 때 보험회사 대출로 모두 써버렸다. 그럴 때마다 전처는 옆에서 얼굴빛이 어두웠다. 입장 바꾸어 보면 나 역시 같다. 이 사람과 계속 믿고 살아야 하나? 결혼 초기 신혼의 환상에서 점점 멀어진다.

보험회사 대출은 이자만 내고 임시 살 수 있다. 대출금은 나중에 갚거나 정리하면 된다. 처음에는 필요한 만큼만 대출했다. 이제 모두 바닥을 보였다. 사업도 집중 잘되지 않았다. 머릿속에는 돈으로 가득 채워져 있다. 빌려 쓸 때는 모르지만 빚이 점점 늘어나 정신 못 차리게 했다. 일터에 나가서도 즐겁지 않았다. 흥이 나지 않았다. 시간을 어디서 보내야 할지 몰랐다. 이런 생활이 반복되어 가정에 금이 서서히 가기 시작했다.

돈이 나를 죽이고 있다. 빌려 쓸 때는 꼭 갚을 수 있을 것 같다. 현실은 뜻대로 되지 않는다. 가끔 남동생에게 생활비로 몇 번 빌렸다. 그럴 때마다 동생은 싫은 내색 못 하고 어쩔 수 없이 빌려주었다. 가장 부담되는 돈은 부모보다 형제의 돈이다. 어린 시절 장남인 나는 가족을 위해 많은 돈을 지출했다. 시간이 지나 이제는 동생과 어머니 돈까지 사용했다. 그런 모습을 전처는 옆에서 보았다. 잘 하려고 했던 것이 결과는 빚으로 끝났다. 정리한다는 게 그 선을 넘어 버렸다. 돈벌이도 되지 않았다. 돈을 구해야 하는 마음이 나를 구렁텅이에 밀어 넣게 되었다.

반복적인 삶, 변화되지 않는 삶으로 장시간 살아가는 동안 전처는 옆에서 많이 힘들어했다. 나중에 이혼 직후 장문의 편지로 알 수 있었다. 나와 같이 살았다가는 자기 미래도 없어지겠다는 내용이 기억난다. 결혼할 조건도 되지 않는 형편에 여자를 데리고 와서 좋은 결혼생활을 생각하며 살았다. 4년으로 모든 것을 점찍었다.

이혼 후 사업을 종료하는 순간 그동안의 빚이 나를 죽였다. 전화에 볶이고 스트레스로 나를 미치게 했다. 빚 중에서 가장 힘든 것이 사업 때 내 명의로 대출해 준 것이 가장 컸다. 작은 급여에 채무 갚고 나면 얼마 남지 돈으로 삶을 살아갔다.

처음 공장 일하는 동안 큰 금액 채무로 상담했지만, 결과는 내가 갚아야 했다. 누굴 붙잡고 이야기해 본들 돌아오는 말은 터트려 정리하라 했다. 멍한 생각에 잡혀 하루를 버티며 살아왔다. 사업자 대출 금액은 7천만 원 정도 되었다. 채무 불이행 시 나와 관련된 모든 것에 제동을 걸 수 있다.

이의 신청은 했지만 매번 돌아오는 답은 거절이다. 사유는 내가 젊어서이다. 처음 작은 공장 저임금으로 일하고 있었다. 매달 이것저

것 지출 정리한 후, 라면 사 먹을 돈이 전부이다. 그만큼 개인 생활을 할 수 없었다. 대출 상환과 양육비는 어떻게든 처리해야 했다. 사업 채무와 양육비는 한 달 급여 160만 원으로 감당이 안 된다. 매달 보험회사에 대출 이자도 갚아야 한다. 이자는 큰 금액이 아니지만 몇 개 합산하면 이것도 십만 단위가 된다. 양육비는 빚이 아니라고 생각하고 살았다. 유일하게 해 줄 수 있는 것이 양육비였다. 수입이 적어서 양육비도 적당히 타협했다.

전처는 딸과 함께 대출로 원룸에 살고 있었다. 늘 미안한 마음이 들었다. 이혼 위자료를 주고 싶어도 살고 있는 집도 대부분 대출이다. 내 집도 아닌 임대였다. 보증금 대출 이자만 매달 지급하고 여태 살아왔다. 전처는 내 인생을 망치게 할 수도 있다고 했다. 딸을 두고 나갔더라면 내 삶이 더 힘들어진다. 전처는 행동에 옮기지 않았다. 자식을 두고 떠나는 마음은 자녀를 둔 엄마라면 이해할 수 있다. 장인어른은 내게 딸까지 두고 오라는 말을 하고 싶었다. 전처와 4살 딸을 떼어 놓는 게 부모로서 못 할 짓이다. 이혼 후 아이를 양육하면 가장 중요한 것은 돈이다.

여기서 느낀 것은 여성들은 결혼 후 자식을 출산하면 어떤 일을 해서라도 아이를 키운다. 남자는 결혼 후 가정을 만들면 자연스럽게 가장으로서 해야 할 책임으로 살아간다. 여성은 뱃속에 생명을 가진 모성애는 자식에 대한 책임감이 남성보다 더 강하게 느껴진다. 이혼 후 내가 딸을 양육했다면 어머니는 하던 일 그만두고 퇴근 전까지 손녀 보느라 정신없다.

결혼생활 초기 자녀는 우리 스스로 부모님께 부탁하지 않으며 키우자고 했다. 서로 힘들지만, 우리가 해결하자고 했다. 결혼생활은 그렇게 유지했다. 장남인 나는 부모님께 의존하는 것을 좋아하지 않았다. 어릴 적부터 홀로 커 왔다. 결혼생활 때 가족에게 최선을 다했지만, 돈으로 부부 금이 가게 되었다. 지금도 돈 생각하면 과거 힘들었던 생각이 난다. 사람은 좋은 것보다 나쁜 기억이 오래간다.

나와의 약속

이혼 후 10년이 지나면서 나와 약속했던 것이 대출은 절대 금지였다. 신용과 대출을 정리 후 여유 있을 때 정말 필요시 사용하기로 다짐했다. 처음 공장 다닐 때 한 달 급여는 160만 원이었다. 이때가 가장 힘들었던 시기다. 이혼 직후 직장도 겨우 구했다. 다른 곳에서 돈 갚으라는 소리 들을 때 바닥을 기어다니게 만든다. 전화 받을 때마다 마음은 무릎을 수없이 꿇었다.

두 번째 회사로 옮겨 200만 원 받았다. 빚 중에서 사업 채무와 보험회사 대출 이자, 거기다 양육비는 고정이다. 나머지는 보험비와 생활비다. 개인적으로 옷을 사 입어본 적 없다. 이혼 후 사복은 결혼 때 가지고 있는 옷이 몇 개뿐이다. 돈 때문에 굶주려 보았고 간절함도 있다. 더 이상 채무가 생기지 않도록 기도했다. 하루하루 사람 피마르게 했다. 급여 200만 원으로 정리하면 10만 원 남는다. 그 돈

마저 다른 곳으로 빠져나간다. 딸의 양육비도 초기에는 내 형편을 알고 있어 많이 줄 돈도 없지만 심하게 요구하지 않았다. 그 대신 매년 양육비는 인상해 주었다.

이런 상황이 반복되어 돈 모을 시간이 없다. 돈이란 놈은 진짜 발 달린 것 같다. 모아두면 잠시 쉬고 있는 사이 사라지고 없다. 빚은 한 달 고정적으로 나가는 돈은 여기가 끝이 아니다. 처음 공장 생활할 때 400만 원 돈을 동생에게 빌렸다. 매달 조금씩 갚아주는 조건으로 빌렸다. 주변에 지저분하게 널려 있는 돈 바구니가 왜 이리 많은지 모르겠다. 집 컴퓨터에 한 달 지출되는 돈을 관리했다. 이렇게 하지 않으면 빌린 돈을 깜빡할 수 있다.

급여를 조금 더 받는다면 그나마 먹고 싶은 음식도 편하게 먹을 수 있다. 두 번째 회사에서 200만 원 받아도 조용히 사라지고 없다. 남는 돈은 일부 모아 동생 돈을 갚아야 했다. 가장 신경 쓰이는 돈은 형제간 거래다. 동생에게 손 벌리는 게 한두 번이 아니다. 빌려주면 어떻게든 갚고 나중에 또 빌렸다. 이렇게 반복되어 동생은 짜증 낸다. 반대 입장이라면 나 역시 같은 마음이다. 빌릴 때 사정을 말하지만, 시간이 되어 빌려준 돈이 들어오지 않을 때 은근히 거슬리기 시작한다.

어머니 말씀은 '빌릴 때와 받을 때 반대가 된다.' 항상 동생 돈 먼저 갚으라고 한다. 그럴 때마다 노력한다. 먹고 싶은 것 안 먹고, 사고 싶은 것 사지 않았다. 단돈 만 원이라도 모아 매달 동생 돈을 갚았다. 400만 원 갚는 긴 시간이 꽤 걸렸다. 그만큼 받는 급여도 작지만, 지출하는 돈이 많다. 시간이 흐르면 언젠가는 갚게 된다. 모든 것은 시간이 해결한다. 빚도 시간이 흐르면 해결되지만 노력이 필요하다. 어쩌면 버티는 것도 맞다. 손 놓고 누군가 해결해 주길 바라지만 빚은 내게서 시간을 빼앗아 간다. 빚 때문에 사는 인생, 그리 호락호락하지 않다. 한 번씩 가던 길을 막아버릴 때도 있다.

　이혼 직후 빚과 함께 시작된 내 삶, 인생이 꼬일 대로 꼬여 어느 순서가 맞는지도 모르고 살았다. 큰 빚은 10년의 시간이 필요했다. 나머지는 우선순위를 정했다. 가장 길게 가는 지출은 양육비다. 20살까지 지급해야 한다. 훗날 모은 돈 퇴직금까지 주려고 계획하고 있었다. 이혼할 때 잘해 주지 못한 미안함이 있어 마음 한편 늘 남아 있다. 사업 부채 정리 후 빚에서 해방되는 날이다. 돈이 모이길 기도했다. 10년 이상 근무하고 있지만 직장 일이 쉽지 않았다. 지금 다니고 있는 회사에서 모든 빚은 끝냈다.

　현재 회사 사장님께 고마움을 가지고 있다. 일은 내가 했지만 일할 수 있는 장소를 마련해 준 것만으로 감사할 일이다. 앞에 했던 말이다. 나중에 계획대로 일이 잘 풀린다면 그때 말씀드린다고 한 적 있다. 이제 그 시간이 조금씩 보이기도 한다. 현 회사 입사 때 시간과 싸움을 많이 했다. 그 배경 속에는 빚이 포함되어 있다. 차곡차곡 모아 주변에 걸쳐 놓은 모든 빚을 처리하는 게 소원이다.

　시간이 흘러 승진될 때쯤 딸의 성씨 변경 문제로 전처의 재혼을 알게 되었을 때 억장이 무너졌다. 딸과 전처를 위해 생각한 돈은 한순간 먼지처럼 날아갔다. 그 순간 돈에 대한 목적을 잊어버렸다. 일하는 의미도 없어져 버렸다. 돈을 위해 살아온 시간이 허무했다. 힘들게 새벽 별 보며 일했고, 그 하나만으로 버티며 살아온 시간이 안타까웠다. 이혼했지만 재혼 없이 혼자서 딸과 함께 살아가고 있을 줄 알았다. 조금만 버티며 참았으면 나중에 그동안 힘들게 살아온 시간을 돈으로 보상해 주려 했었다.

다시 마음잡는 시간이 한 달 이상 걸렸다. 전처의 재혼으로 딸의 성씨를 새 아빠로 바꾸는 조건으로 양육비 지급 중지로 서로 합의했다. 두 부부의 소득이 월등히 높았다. 이제 딸의 모든 것을 직접 알아서 처리하라고 했다. 한 달 이상 일이 손에 잡히지 않아 늘 먼 산만 바라보곤 했다. 모든 것을 정리하는 순간 내 앞길을 찾기로 했다. 동생이 아니었으면 신용 문제에서 빠져나오지 못했다. 동생에게 빌린 돈 1,500만 원은 매달 양육비를 모아서 나누어 갚았다. 맘 같아선 빨리 갚고 싶지만, 몇 년 걸렸다. 동생에게 빌린 모든 돈은 다 갚았다.

돈이란 게 빌리는 순간 모른다. 급한 불 끄고 나면 큰돈 언제 다 갚을지 고민이 생긴다. 고민한다고 해결되는 게 아니다. 빚이 쌓여 갈 때 머릿속은 너무 복잡하다. 시간이 지나 조금씩 덜어내기만 해도 기쁨은 감출 수가 없다. 빚에서 해방이 된다. 빚에서 벗어나는 시간만 기다리고 있었다. 한 달 급여 날만 기다린다. 받는 날 벌써 다음 급여 날을 생각하고 있다. 빚이란 게 사람 마음을 흐르게 만든다.

채무 중 가장 길고 큰 금액은 사업 채무이다. 몇 년이라면 참고 버틸 수 있다. 일 년에 한 번씩 채무 팀에 전화해 잔여 금액을 확인한다. 금액을 들고 나면 한숨이 나온다. 완납하기 전까지 그랬다. 잔여 금액이 줄어드는 게 보일 때 손가락으로 셈할 정도로 남았다. 이제는 다른 미래가 보였다. 사업 빚이 끝나면 어느 빚부터 끝낼지 계획을 세우기도 했다. 일 년을 남겨두고 있는 가운데 시간이 꽤 흘렀다. 수입이 증가했다. 매년 급여가 몇만 원에서 몇십만 원 오를 때가 있다. 급여가 가장 높을 때는 승진한 날이다. 첫 급여를 받을 때 승진 전 금액과 비교하면 흐뭇하다. 고생한 보람이 있다. 직장은 버티기만 해도 승진될 때도 있다. 선택은 본인이 한다. 버티는 것보다 전진하는 삶을 선택하면 승진과 급여도 빠르게 오른다.

어느 날 한 달 잔여 금액을 보았다. 이제 다른 빚도 갚을 수 있는 것이 보였다. 최종 사업 채무 완납한 날도 원고 일부 정리할 때였다. 마음은 이미 저만큼 앞서가 있다. 빚이 터질 때 언제 그날이 오나 싶었다. 막상 생각한 날이 될 때 행복함은 말로 표현할 수가 없다. 다행스러운 것은 빚이 수억 정도는 아니었다. 급여 생활의 한계를 넘어선다. 여러 개 일을 해야 한다. 큰 병에 걸렸을 수도 있다. 사람 체력은 한계가 있다. 일하는 동안에는 모른다. 집중하고 몰입되어 있다. 결과에 도달했을 때 하나둘씩 아파지기 시작한다. 노후에 일 그만둘 때 몸 상태를 보면 어떤 일 했는지 알 수 있다.

가장 큰 빚을 상환하니 마음은 날아갈 듯 기뻤다. 기쁨을 함께 나눌 사람도 없다. 옆에 계시는 어머니뿐이다. 어머니는 10년간 내 삶을 훤히 알고 있다. 부모는 자식이 잘 살길 바라는 마음은 같다. 이혼 후 쓰러져 포기할 줄 알았다고 했다. 시간이 흘러 빚 하나씩 정리할 때마다 같이 기뻐해 주셨다. 그중 사업 빚이었다. 내가 사용한 돈도 아닌 남이 쓴 돈을 갚고 있었다. 억울한 마음이 가득했다. 사업 빚을 갚아가면서 마음속에 앙금이 남아 있었다.

사업 빚은 깨끗하게 정리했다. 혹시 몰라 채무 완납 증명서를 요청해 받았다. 몇 줄 내용이 전부이다. 긴 시간이 걸렸지만 보고 있으면 허무했다. 이것이 뭐길래 내 발목을 잡았는지? 가장 무거운 짐을 덜어냈다. 채무가 줄어 돈이 조금 모였다. 양육비와 사업 채무 정리한 뒤 쌓이는 금액이 달랐다. 주변 작은 대출을 처리했다. 대부분 보험회사 대출이다. 매달 이자만 상환하고 있다. 반년을 모아 보험회사 대출을 하나씩 정리했다. 빚 정리 후 사는 게 실감 난다.

빚에서의 탈출

최근 모든 빚을 정리했다. 신용 점수도 그동안 많이 올라갔다. 10년 세월 돈만 바라보고 살진 않았다. 도착점에 와보니 세상은 달라 보였다. 빚에서 해방된 기분은 경험해 본 사람은 알 수 있다. 마지막 빚 정리할 때 선명한 미래가 보였다. 꼭 무언가 이룬 사람처럼 말이다. 이체 완료 메시지를 보며 각 보험사에 접속해 대출 잔액은 빈 공백이다. 나머지 보험사 역시 확인했다. 매달 소소한 이자도 이제는 종료되었다.

앞으로 돈이 쌓이는 시간이다. 한 달이 지날 때마다 앞자리가 순식간에 바뀐다. 몇 개월 지나 몇백만 원 돈이 모였다. 이제는 일 년 시간을 미리 계산해 보았다. 일 년이 되면 천만 단위가 변하고 몇 년이면 억 단위 숫자를 손에 쥘 수 있다는 금액이 보였다. 생각만으로 그저 흐뭇하다. 빚에서 해방되는 날 가장 기쁜 소식은 당연히 어머니이다. 항상 옆에 가까이 있다. 모든 것은 다 알고 있다. 빚에서 끝냈다는 소식을 전했다. 그동안 수고 했다는 말씀하셨다.

10년 세월 어쩌면 길고 다르게 생각하면 짧다. 처음에는 하늘만 바라보고 살았다. 이제는 미래를 그리며 살아간다. 나 자신에게 수고했다고 중간중간 선물도 했다. 기운 내야 다음 일을 할 수 있다. 버티며 살아왔지만 10년의 시간은 무척 길다. 본격적으로 시작한 시간은 38세 이후였다. 모든 빚을 끝낸 시간은 50세이다.

하늘은 참 공평하다. 하나를 얻으면 하나를 빼앗아 간다. 그것이 시간이다. 앞만 보고 살아왔다. 나이를 모르고 살았다. 주변 정리 끝낸 뒤 안정이 될 때쯤 나를 바라볼 시간이 되었다. 나이 50세 시간이 빠르다는 것을 이제야 실감한다. 나이를 들먹일 때 다시 생각한다. 빚에서 오로지 벗어나는 것만 생각하며 열심히 살아온 시간. 그 시간이 되어보니 벌써 라는 단어가 붙는다.

삶 중에서 가장 큰불을 끄고 나니 미래 시간이 작아진다. '벌써'와 '얼마'의 단어가 교차하게 된다. 이제는 얼마의 단어에 중심 두며 살아가고 있다. 직장인으로 하루라는 시간을 살고 있다. 나이 50을 시작하면서 60이라는 숫자가 보이기 시작한다. 그 뒤에 따라 오는 은퇴, 노후 준비 등 여러 가지 생각들로 미래를 그리며 살아간다. 빚 끝내기 위해 자신을 조금씩 잃어가며 살아왔다. 10년의 시간을 왜 5년으로 선택하지 않았는지 자신에게 물음표를 던졌다. 답은 겁쟁이다. 이혼이 사람을 이렇게 만들었다.

빚의 구덩이에서 벗어나는 다른 방법은 소득을 높이는 방법이다. 직장에 꽁꽁 묶어 놓은 이유를 모르겠다. 직장만이 답은 아니다. 다시 일어서는 용기가 왜 없었는지? 시간이 지나 가장 먼저 그 생각이 떠올랐다. 성공한 사람들 검색 단어에서 많은 글을 보았다. 각자 실패의 고비를 맛보며 빚을 지고도 나중에 현실 부자로 성공한 사람들을 보면 신기할 따름이다. 비교도 안 될 정도의 빚을 지고도 많은 실패를 이겨내며 성공한 사업가들이 부러웠다.

다른 점이라면 이혼 차이다. 이혼과 함께 세상 단절하며 살아온 나 자신이 바보인가? 주변 환경이 개인마다 다르다. 빚도 개인마다 다르고 살아가는 환경도 다르다. 그 사람들도 나처럼 이혼과 함께 빚이 터져버렸다면 성공의 대열에 오를 수 있을까? 이혼으로 세상을 등지고 빚을 떠안고서라도 오로지 성공만 생각한다면 모를 일이다. 상대에게 지급해야 할 돈, 빚 더하기 빚을 포함해 악쓰며 오로지 성공 단어만 보고 살아간다? 나는 그리 살지 못했다. 마음에 상처를 심하게 입어 빚과 함께 나 자신이 작아졌다. 이혼 후 빚이 없다면 여기까지 악쓰며 살아왔을까? 경험하지 못한 영역이다. 적당히 벌면서 하고 싶은 것 하며 살 수 있다. 얼마나 길게 갈지 모르겠다. 생각만으론 평생 하고 싶은 것 하며, 살 수 있을 것 같지만 혼자서는 무리이다. 답은 인간이기 때문이다. 사람은 혼자서 살 수 없는 존재이다. 소리를 듣거나 눈에 보이거나 피부로 느낄 수 있어야 한다.

이혼 후 빚은 자물쇠와 같다. 그 당시 왜 그리 싫었는지 모르겠다. 어릴 적 가난하게 태어나 평생 빚을 모르고 살았다. 없으면 없는 대로 살았다. 참아야 한다는 것을 배웠다. 내 것이 아니란 것을 알았다. 결혼과 함께 사업이 잘 안되어 빚이란 것을 알게 되었다. 계속 누적되는 빚으로 얼굴에는 웃음이 점점 사라져 갔다. 부부 사이 나빠질 수밖에 없다. 대화 없이 빚으로 산다. 어느 누가 행복함 하나로 버틸 수 있겠는가?

이혼으로 상처가 심해 나 자신 일으켜 세우기도 힘들었다. 같은 빚이라도 이혼 후에는 더더욱 힘들었다. 항상 해방의 날이 오기만을 기도했다. 10년의 세월 중 절반 지날 때 조금씩 기대해 본다. 몇 년 남았다. 그다음은 일 년 되는 순간 가슴이 널뛰었다. 그때부터 시간이 잘 흐르지 않았다. 기대를 많이 할수록 현실이 눈앞에 잘 들어오지 않는다. 오로지 빚 끝나는 시간만 기다렸다. 기다린 날 그 순간 기쁨은 맛보았다.

여러 가지 생각들이 교차하기 시작한다. 돈 없이 살아온 시간 10년이다. 사람을 죽였다가 다시 살 게도 한다. 모든 빚이 끝나면 행복할 것 같지만 아니다. 10년은 빚 때문에 열심히 살았다. 이제부터 앞으로의 인생을 빚 갚을 때처럼 살아갈 것인가? 선택은 본인이 해야 한다. 마음의 속도는 여유가 있다. 나이를 훌쩍 지나와 한편은 여유가 없다. 돈 버는 시간이 얼마 없다.

현재 100세 시대라고 하지만 현업은 최대 70세까지 생각한다. 최대치 에너지는 이미 빚 갚을 때 소진했다. 다시 그때만큼 달려야 한다면 몸이 못 버틴다. 큰 병 없는 게 다행이다. 현재 한쪽 귀 이명으로 장기간 약 먹고 있다. 돈과 관련된 스트레스 때문에 생긴 병이다. 일도 무리한 탓도 있다. 몸의 한계치를 사용해 병이 왔다. 빚 다 갚고 나니 병만 남았다. 회사 일도 힘들었다. 어깨도 심하게 다치고 허리도 다치고 어디 하나 성한 곳 없다. 다행히 어깨와 허리는 일상생활 정도는 가능하다. 한 가지 이명을 고치지 못했다.

상처 입은 몸으로 관두지 못한 것도 빚 때문이다. 돈 되지 않았더라면 중도 포기했을 수도 있다. 일이 힘들어도 급여 받는 날만큼은 기쁘다. 숫자가 조금 높아져 나를 끌어당긴다. 수입이 그럭저럭 되어야 여웃돈 만들 수 있기 때문이다. 몸은 아프지만 많은 시간을 회사에 갖다 바쳤다. 10년 세월을 하루살이가 아닌, 빚 갚으면서 미친 듯 일하는 로봇으로 만들었다. 최초 시작은 빚이지만 돈이 뭐길래? 사람을 이렇게도 만든다. 이혼과 함께 핵폭탄 맞은 것처럼 저 밑 땅바닥까지 내려갔다. 10년이면 강산도 변한다는데 빚은 모두 처리했다. 남은 것은 병뿐이다.

이제는 몸에 힘을 빼고 싶다. 빚에서 해방했으니 그 기분을 느끼고 싶다. 앞에서 말했듯이 빚이 모두 나쁜 것은 아니다. 집 구매하기 위한 빚은 당연하다. 10년 동안 지출된 돈을 합친다면 좋은 집은 아니라도 낡은 집 하나 정도는 살 수 있었다. 적당한 빚도 나쁘지 않다. 나처럼 쓸데없이 사고 친 빚만 없으면 된다. 과도한 빚이 아니라면 살아감에 있어 앞으로 전진 하게 한다. 행복한 빚이 미래를 위한 일이라면 좋다. 과거의 빚은 되도록 줄이며 앞으로의 빚은 투자라 생각하고 살면 된다. 빚을 위해 열심히 살아가게 된다.

현재 내게는 하나의 빛이 있다. 빚이 아닌 미래 행복의 빛이다. 나를 위한 것이 아닌 여러분의 위한 빛을 만들고 있다. 점 하나 차이지만 결과는 엄청나게 다르다. 현재 빚이 있다면 미래의 빛이라 생각하고 살아야 한다. 여러분도 행복한 빛을 느낄 수 있다. 끈을 놓지 말았으면 한다.

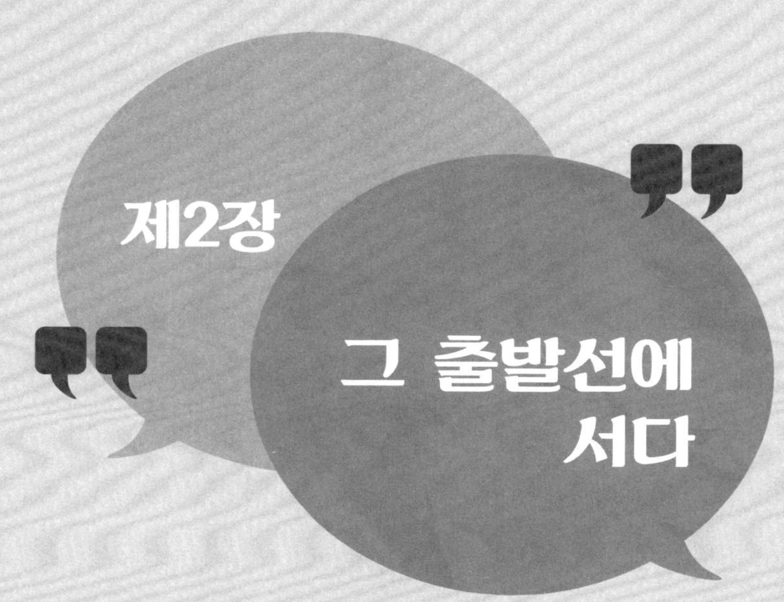

제2장
그 출발선에
서다

책은 나의 생명

이혼으로 나를 치료하게 한 것은 책이다. 지금은 생명과도 같다. 어릴 적부터 좋아한 것도 아니고 담을 쌓고 살았다. 사건의 계기가 있다. 그 시간으로 잠시 가본다.

이혼 직후 정신 못 차리며 어느 일을 해야 할지 모르고 살았다. 보험회사 몇 개월 지나 공장 생활로 변경해야 했다. 여러 군데 이력서를 보내어도 오라는 곳 없이 시간을 막연히 보낼 수가 없었다. 이력서를 보낸 곳 중 한 곳에서 연락이 왔다. 면접 보면서도 갈팡질팡했던 작은 공장에 근무하게 되었다. 신용불량자로 빚 때문에 하루를 지옥 같은 삶을 살고 있었다. 이혼으로 자유라는 몸을 가지게 되었다.

이혼 후 첫 직장 작은 공장 다닐 때 겨우 적응하고 있을 때였다. 마음은 여유가 없지만 가끔 친구들과 나이트클럽을 가곤 했다. 어쩌면 스트레스 해결하기에 딱 이었다. 어느 날 나이트클럽 웨이터 연락으로 어쩔 수 없이 혼자 가게 되었다. 클럽을 혼자 간다는 것은 처음이다. 웨이터는 평일 손님을 채워야 한다며 부탁했다. 친한 관계로 그것도 평일 어쩔 수 없이 민망하게 혼자 갔다.

자리에 앉아 있으니 웨이터는 기본으로 세팅된 맥주와 안주를 가져왔다. 술 먹지 않고 음악만 듣다가 갈 예정이다. 술은 나와 거리가 좀 멀다. 그냥 음악에 빠져 춤추며 놀기도 한다. 앉아서 눈은 무대를 바라보며 음악만 귀를 통해 듣고 있었다. 무대 위 디제이 뮤직 박스 볼 때면 무척 조작하고 싶다. 혼자 넋 놓고 바라보는 사이 갑자기 옆에 누군가 왔다. 웨이터가 여성을 데리고 왔다. 부킹이라고 한다. 부킹 온 여성과 대화했다. 큰 음악 소리 때문에 옆에서 작은 목소리로 들리지 않는다. 하필이면 음악 소리가 잘 들리는 자리로 앉게 되어 대화하려면 어쩔 수 없이 가까이 있어야 한다.

여성은 "그럼 나이가 몇 살이세요?"

"저 38살입니다."

"그럼 저보다 오빠네요."

그녀를 보며 "그럼 결혼 했어요?"

"아니요."

여성은 "오빠는 했어요?" 웃기만 했다.

어떻게 대답해야 할지 몰랐다. 작은 공장 사장님은 이혼은 가슴속에 묻어두고 살아라. 가슴속 깊은 곳에 진짜로 묻어두고 살고 있다. 그 당시에는 그것이 맞는 줄 알았다. 사생활을 다 공개하는 것은 좋은 것이 아니라고 생각했다. 있는 척 연기를 무척 오랫동안 했다. 연락처를 알고 싶었다.

“혹시 연락처 알 수 있나요?”

여성은 “네, 가르쳐 드릴게요.”

여성은 자기 자리로 갔다. 잠시 뒤 난 집으로 갔다. 다음 날 서로 문자를 가볍게 주고받으며 여성에게 만날 날짜와 시간을 보냈다. 이혼 후 처음으로 여성을 만난다. 나이 38세 얼마 전까지 법적으로 유부남이다. 이혼으로 싱글이 되었지만, 앞 글자에 돌이 합쳐져 돌싱이라는 말이 나를 따라다닌다. 초기에는 참 어색했다.

여기 작은 회사 사장님은 밖에 나가서도 이혼을 숨기라 했다. 이 말은 잊히지 않는다. 어쩌면 여성에게 이혼을 처음부터 말 못 한 것도 영향 있다. 속이고 싶어서 그런 것이 아님을 알아주었으면 하는 바람이다. 시간이 흘러 주변에서 이혼 말은 많이 들린다. 사람들은 좋지 않은 이야기하는 습관으로 많이 퍼진다.

주말은 퇴근 시간이 기다려진다. 여성과 약속 있기 때문에 평소보다 더 좋았다. 이혼 후 처음으로 여성을 만난다. 왠지 새롭고 신기하다. 나이트클럽에서 생각하지도 못한 번호를 받아 모든 게 낯설게 느껴진다. 지금 잘하는 짓인지 모르는 상황이다. 한편에서 전처와 딸이 눈에 아른거린다. 이혼으로 여성을 만난다고 누가 볼 것도 아니지만 죄책감이 들었다. 이혼 초기 상황도 좋지 않고 앞으로 여성을 만나지 않겠다고 스스로 약속했다. 이혼 후 마음속에 과거 기억이 남아 있다.

여성과 만나는 장소로 가야 했다. 가르쳐준 곳으로 도착 후 문자 보냈다. 여성이 오는 동안 차 안에서 기다리는 시간이 갑갑했다. 저 멀리 한 여성이 보였다. 마음속으로 저 여성인가? 시력에 들어올 때쯤 얼굴에 미소가 살짝 올라간다. 이제야 여성 얼굴이 보이고 기억이 났다. 좋은 기억은 오래간다. 여성과 첫 만남은 나이트클럽이지만 실제 만남은 오늘이 처음이다. 여성은 내게 미소를 지었다. 덩달아 같이 웃게 된다.

여성은 "안녕하세요?"

"네, 안녕하세요." 서로 웃었다.

인사하고는 밥 먹으러 갔다. 이혼 후 여성과 밥 먹는 것도 처음이다. 밥 먹고 다른 장소에 쉬면서 이야기 나누기로 했다. 가는 길에 같이 옆에 서서 조용히 걷기만 했다. 혼자 멍하니 잡생각 하며 걷는 것과 서로 소통이 잘되는 사람과는 차원이 다르다. 이혼 후 옆 빈자리는 채우지 못했다. 스스로 허락하지 않았다. 시간이 조금밖에 흐르지 않았지만 허전함보다도 당장 하루가 힘들었다. 핵폭탄처럼 터져버려 수습 단계에 있다. 머리를 잠시라도 쉴 수 있는 시간도 필요하다.

여성의 목소리가 나의 뇌를 자극한다. 여성과 만나는 날까지 궁금해 기다려지기도 했다. 그런 과정들이 잠시나마 힘든 삶에서 벗어나게 한다. 별것 아닌 것 같아도 지금, 이 순간 내게는 중요하다. 사람이 조심해야 할 때는 자신의 삶이 망가져 있을 때다. 너무 힘들면 지푸라기도 잡고 싶은 심정이 사기당하기 쉽기 때문이다. 사람의 마음은 극도로 불안전하게 되면 주변에 아무도 없을 때 '죽음'이라는 단어까지 생각한다.

나 역시 생각까지만 했다. 용기도 필요했고 이혼했지만 내 잘못으로 두 여자가 힘들게 사는 모습이 눈에 아른거렸다. 한 가지 더 내 어머니이다. 가슴속에 못을 박아 놓아서 죄인이 된 기분이다. 이 모든 것이 그 순간 위기에서 벗어나게 했다. 이런 삶 속에서 여성과 같이 이야기 나눈 것만으로 차가운 마음에 이불을 덮은 셈이다.

이혼 후 여성과 이런 자리가 얼마 만인지 셈할 수 없지만 오랜만이다. 전처와 연애 그리고 결혼, 대략 10년 만이다. 아직 서로의 모습을 보여주기 싫은 부분도 있다. 누가 먼저 나서서 숨긴 이야기를 공개할지 모른다. 사람은 처음 만날 때 첫인상이 중요하다. 끌림이 있어야 한다. 밋밋하다면 그 뒤 몇 번 보아도 똑같다. 현재 내 마음은 닫혀있다. 이혼 충격과 함께 모든 것이 내려앉은 상황으로 자신을 놓아버렸다. 딸이 있어 여성을 만난다는 게 싫지 않았다. 마음이 허락하지 않아 거리두기를 해야 했다. 주말 시간을 여성과 함께 보내니 참 좋았다. 서먹함이 아닌 즐거움으로 보냈다.

사람 마음은 물질적으로 혼자 가득 가지고 있어도 해결되지 않는다. 사람이 있어야 한다. 대화와 함께 귀에 사람 목소리가 들리고, 눈에 사람이 보여야 한다. 이것이 장수 비결이다. 현재 많은 고민이 있다. 쉼이라는 공간이 필요했다. 혼자서 일과 함께 집에 있어 보아도 내일은 바뀌지 않았다. 여성을 만나면서 하루가 다르고 주말 시간을 다르게 보냈다. 그런 것들이 순환되어 피곤해하던 나를 잠재운다.

이혼 고백

여러 번 만나면서 용기 내 보았다. 그사이 이혼 이야기는 숨기고 있었다. 다음에 한다는 게 입을 열지 못했다. 서로 적은 나이도 아니지만 조심스러운 부분도 있다. 어느 날 여성은 내 집을 묻는다. 즉시 대답하지 못했다. 혼자 살고 있는 모습이 보고 싶었다. 기어이 여성을 데리고 집에 갔다. 여기까지 오는 동안 별의별 생각이 다 들었다. 집안을 보는 순간 나를 무엇으로 볼지 걱정되었다. 비밀번호 누르는 소리와 함께 대문을 열었다.

여성은 웃으며 "이거 뭔데?" 대문 열면 인테리어 소품에 이름 적혀 있다. 몰래 이름표를 돌렸다. 이름을 떠나 소품 자체 가 남자 혼자 사는 집에 있는 게 이상하다. 신발을 벗고 들어와 여기저기 둘러본다. 여성은 여성이다. 바라보는 곳이 소품이나 집안을 둘러보았다. 부엌을 보며 없는 것이 없을 정도 살림이 있다.

"오빠, 이혼했나?" 작은 목소리로 "응"

"오빠, 왜 처음부터 말하지 않았는데?"

"몇 번 본 후, 말할까 했는데 그게 매번 기회를 놓치더라. 속일 마음은 없다."

황당하다는 듯 웃으면서 여러 가지 이야기를 했다. 반대 입장이라면 여성처럼 웃으며 할 수 있을까? 몇 번 만난 후 서로가 조금 친해졌다. 오는 길에 대본 연습하느라 정신을 딴 곳에 두고 있었다. 과연 문 열었을 때 화를 내거나 집으로 가버리면 어쩌지, 이런 생각들이 꽁꽁 싸매고 있었다.

여성은 "오빠, 이혼했으면 처음부터 말하지, 괜찮은데?" 무슨 의미인지 몰랐다. 화가 났는지 아니면 이해한다는 표정인지 알 수 없다.

"이혼이 자랑도 아니고, 숨기고 싶었어. 여성을 만날 거란 생각도 못 했지."

여성은 "틀린 말은 아니지, 이혼이 자랑도 아니니깐." 마음속 무거운 돌을 내려놓는 기분이다. 여러 번 만남 끝에 감추어야 했던 이혼 두 글자. 드디어 내 입에서 말했다. 미안함도 있지만 조금이라도 이해해 주는 부분이 있어 다행이다. 이혼 후 여성을 만난 것도 처음이지만 남에게 이혼 이야기한 것도 처음이다.

여성은 "그럼 오빠 지금 상황은 어떻게 되었어?" 갑자기 중요한 질문을 했다. 돈이 걸린 문제이기도 하다. 어떻게 이야기해야 할지 몰라 잠시 입 다물고 있었다. 어렵게 입을 열었다.

"이혼 후 사업을 관두면서 그에 따른 억울한 채무가 생겼다. 신용불량자도 되었다가 겨우 풀긴 했지만, 현재 직장 급여로는 삶이 빠듯하다."

"오빠도 참 안됐다. 이혼도 어쩔 수 없이 했으면서 신용 문제와 채무까지 갖고 있으니." 말이라도 듣기 좋게끔 하니 내 편이 된 듯했다.

"그럼 오빠, 월급 받아 억울하다는 채무와 양육비 보내면 없겠네?"

"그래, 친구들은 내가 쓴 돈도 아닌데 그냥 터뜨리라고 했지만. 딸 양육비가 마음에 걸려서."

“이혼 후 돈이 없어 위자료도 못 주어서 미안함도 있다.”

여성은 “오빠 갚아야 하는 돈이 많아?”

“크다면 크고 작다면 작다. 현재 기준에서 큰돈이다.” 돈 이야기라면 난 제일 싫어한다. 갚는 돈 대부분 남의 몫으로 상당하다.

이야기하는 동안 마음은 점점 작아진다. 지나간 사건이지만 돈 문제로 전처와 딸이 늘 마음에 걸렸다. 잘 살지 못하고 있기 때문이다. 이혼도 돈이 여유로우면 그나마 다행이다. 전처와 난, 둘 다 이혼 후 돈 때문에 하루를 겨우 살고 있다.

여성은 “오빠, 신용불량 터뜨리지 마라. 돈 더 벌어서 갚아라.”

“오빠 터뜨리게 되면 다른 곳에 취업 못 한다.”

나를 끌어당기는 기분이다. 친구들은 돈 갚지 말고 터뜨리라 했다. 전혀 생각도 못 한 이야기다. ‘더 벌어서 갚으면 된다.’ 왜 이 생각을 못했지. 당장 현실화할 수 없지만, 방법이 전혀 없는 건 아니다. 여기 작은 공장에서 받는 급여만으로 미래를 생각하니 답이 없다. 시간이 흐르면 월급은 오르게 된다. 앞으로 시간은 마음먹기에 달렸다. 이 하나만으로 돈에 대한 걱정을 덜어냈다.

여성은 “오빠, 책 읽어라.”

“갑자기 웬 책? 공부도 못했고 책하고는 담쌓고 살았는데.” 마음이 복잡한데 책이 눈에 들어올까?

“오빠한테 말하지 않아서 그렇지 나 책 많이 본다.”

“얼마나 보는데?” 여성은 웃으면서 “어릴 적부터 읽었으니깐. 지금까지 대충 생각해도 계산 못 하겠다. 아마 수천 권 넘을걸.”

순간 몸이 얼어 버렸다. 사람의 선입견을 깨어 버렸다. 나이트에서 만났다면 대부분 이상하게 생각하기 마련이다. 책 보는 여성을 만나다. 상상도 못 했던 부분이다. 결혼 전 주변 지인들 책 가지고 다닐 정도로 읽는 사람을 본 적 없다. 책 이야기 나누는 사람도 없다.

책 읽으라는 말에 자신이 없었다. 일 더 하라고 했으면 하겠지만 책 읽으라는 말은 더 복잡하게 만든다. 여성은 "오빠, 한번 해 봐. 쉬운 책부터 보면 된다. 그리고 하루에 조금씩 보면 되고, 부담 가지지 말고." 여성은 어떻게든 나를 움직이게 해 보려고 했다.

집에 바래 다 주면서 내 여자 친구가 되었다. 여자 친구 한 말이 자꾸 떠오른다. 돈 때문에 힘들어하는 내게 돈 더 벌어서 갚아라. 책 읽어라. 두 가지는 계속 머리에 남아 있다. 지울 수 없도록 마음속에 들어와 있다. 내일은 일요일인데 도서관 한번 가볼까? 마음이 나를 끌어당긴다.

나를 움직이다

지금은 생각할 겨를 없이 어떤 것이든 받아들여야 한다. 벼랑 끝에 있는 상황, 바람 조금이라도 불면 떨어져 죽을 위치에 있다. 실오라기라도 잡아야 하는 상황이다. 여자 친구가 이야기한 말은 내가 한 번도 가본 적 없는 길이다. '책 보아라. 책 읽어라.' 반복적으로 생각하니 내일 한번 구경삼아 가보자며 결정 내렸다. 몸은 가기 싫어

미루지만 겨우 일으켜 세워 나갈 준비했다. 이때까지 전혀 해보지 않는 짓 하고 있다.

어슬렁거리며 도서관을 찾아갔다. 입구를 들어서니 사람들이 보였다. 일요일인데 학생들과 자녀를 데리고 온 가족도 보였다. 도서관에 사람들이 이렇게 많을 거라곤 생각도 못 했다. 각 방 입구에 인문, 사회 경제라는 글씨를 보았다. 우선 인문학 방에 들어갔다. 책상마다 사람들이 가득히 무언가 열심히 하고 있다. 이렇게 많은 책을 태어나 처음 보았다. 책 이름을 보니 무슨 뜻인지도 모르는 책들이 가지런히 진열되어 있다.

여자 친구가 한 말이 기억났다. 처음부터 어려운 책이 아닌 읽고 싶은 것을 보라고 했다. 다른 방으로 걸어가 입구 위 글씨를 보니 사회 경제였다. 여기도 사람들이 가득히 자리 앉아 자기만의 업무를 하고 있다. 학생부터 연세가 있는 분들까지 연령층이 골고루 자기만의 무언가를 하고 있다.

여기에는 성공이라는 글씨가 보였다. 끌어당겼다. 왜 그럴까? 사람은 소유욕은 다 가지고 있다. 그중 가장 좋아하는 것이 성공이다. 그에 따르는 부자도 마찬가지다. 내 삶도 성공 때문에 시작한 것이 결과가 이혼이 되었다. 그만큼 성공은 쉽게 가질 수 없다. 삶에서 잃은 만큼 잃었다. 더 이상 잃을 것도 없다. 그럼에도 불안해서 더 잃지 않으려 애쓰며 산다. 자신감을 잃어버려 잃을 것 없지만 혹시나 하는 불안감도 있다. 이미 바닥을 쳐서 땅을 파고 들어가고 싶지만, 그것마저 허락하지 않는다.

책 제목이 괜찮아 하나를 끄집어내었다. 겉표지를 보며 첫 장을 넘겨보았다. 주인공의 화려한 이력을 볼 수 있다. 제목들이 시선 한 곳으로 모이게 한다. 모두 성공의 길을 가기 위한 내용이다. 보고 싶다는 마음이 미세하게 생겼다. 책을 한 손에 쥐며 다른 책 제목을 보았다. 끌리는 책이면 한 장씩 앞장만 보았다. 여자 친구가 한 말이 보고 싶은 책이라 했다. 성공의 끈을 아직 놓지 않아 그와 비슷한 책들을 찾았다. 성공했다면 도서관에 오지도 않았다. 책 몇 권을 가지고 있었다.

입구에 있는 사람에게 "제가 도서관이 처음입니다. 책을 대여하고 싶은데 어떻게 해야 하나요?"

담당자는 "도서관 회원이세요?"

"아니요." 당연한 답변이다. 인생 최초로 도서관에 왔다.

"도서 대출증을 만들어야 합니다."

"그럼 어떻게 하면 되나요?"

"여기에 간단히 인적 사항 적어주시면 즉시 만들어 드릴 수 있습니다. 해 드릴까요?"

"네, 그렇게 해주세요." 잠시 뒤 종이를 건네며 작성하라고 했다. 다행히 이혼 여부 묻는 란은 없다.

"잠시만 기다려 주세요." 책 읽기 시작하지 않았지만, 제목들을 많이 보아서 들어올 때와 남다른 기분이다.

기다리고 있는 동안 신간 코너 책 제목 보고 있었다. 제목 중 대한민국 국민이라면 알 수 있는 글도 보였다. 세계적으로 유명한 이름도 보았다. 그런 제목들이 나를 끌어당긴다. 제목만으로 성공이라는 단어가 연상된다. 어떻게 하면 책 속의 주인공처럼 성공할 수 있는지 아직 내게 성공이라는 경험이 필요했다. 돈 많이 벌 수 있는 것에만 집중하다 보니 인생 실패를 맛보았다. 이혼 하고 난 뒤 후회라는 단어가 늘 마음속에 있다. 그때 잘 들어줄걸, 잘 안아 줄걸, 어쩌면 별것 아니었다. 작은 것에서 시작되어 큰 문제를 일으키게 된다.

잠시 뒤 담당자 모습이 보였다. 카드를 보이며 다음부터는 가지고 오라고 했다.

"몇 권 대여 가능한가요?"

"네, 최대 5권으로 15일 내 가능합니다."

2주 정도 시간이 있다. 평일은 퇴근 후 조금씩 읽으며 되고, 주말 때 보면 되겠다는 계획했다.

"감사합니다."

한 손에는 책 5권과 다른 한 손에는 도서대출증을 가지고 있다. 카드를 다시금 보며 새로움을 경험하게 되었다. 새로움은 좋은 것도 있고 두려움도 있다. 책을 직접 만나기 전까지 힘들게 느꼈다. 교과서도 겨우 보던 내가 막막한 글씨가 과연 재밌을지 의문을 가지게 했다.

직접 움직여 도서관까지 오게 되었다. 책을 접하니 마음이 달라졌다. 사람은 새로운 것에 대해 좋은 것인지 나쁜 것인지 먼저 이익이 되는 쪽에서 판단한다. 기준은 나 자신이다. 대부분 손해 보거나 부하가 걸리는 것을 원하지 않는다. 편하고 익숙함을 원한다. 이혼 후

절박한 상황에서도 살아야 하는 난 그 기준이 깨어졌다. 좋은 것이라면 위험을 감수하더라도 할 생각이다. 그 중 첫 번째가 책이다. 새로운 경험을 시도했다. 여자 친구 권유로 하지 않아도 되는 상황이다. 추천하는 정도였다. 결정은 내가 해야 한다.

 돈이 필요한 상황이라면 할 수 없다. 도서관에서 책과 대출증은 돈이 필요 없다. 처음 그것이 좋았다. 다시 시간이 흘러 인생 파산난 상태에서 책 들고 가는 모습이 자랑스러웠다. 하루 중 가장 좋은 일을 했다. 이혼 후 이런 즐거움을 꿈엔들 생각도 못 했다. 좋은 일이 생기면 가장 옆에 있는 사람에게 자랑하고 싶다. 여자 친구에게 말하면 아마 놀라겠지? 주변에 독서하는 사람이 없다. 이혼 직후 사람들과의 관계들 모두 끊어버렸다. 남은 사람이라곤 손가락으로 셀 수 있는 정도이다. 가장 친한 친구 한두 명이 전부다. 책하고 거리가 먼 친구다.

 갈 때 마음과 집으로 돌아오는 마음이 너무 다르다. 사람은 이런 마음으로 살아야 한다. 사업할 때 집으로 오는 길은 늘 무거웠다. 그것이 이혼까지 가게 되었다. 시간이 조금 흐르면서 사람들과 이야기 나누며 자신의 상처를 조금씩 회복하고 있었다. 그중 여자 친구를 만난 것과 책이다. 나이트를 가지 않았다면 평생 책을 모르고 살았다. 지금 열심히 글을 쓰지도 않았다.

새로운 도전

중요한 것은 책 읽는 습관 만들기가 쉽지 않음을 모르고 있었다. 바닥에 앉아 빌려 온 책 첫 장을 열었다. 책 내용에 대한 프로필과 제목을 보았다. 책 쓴 사람 프로필 보며 감탄하고 있다. 실제 성공한 사람이 직접 쓴 내용은 내게 우상이다. 과거 삶을 반성한다. 첫 제목에 해당하는 내용을 보며 한 장 넘겼다. 자세가 힘들어 몸이 뒤틀리기 시작했다. 다음에는 눈꺼풀이 살짝 내려온다. 책 편 후 몇 분도 되지 않아 몸은 잠을 원했다. 책 본다는 생각은 좋았다. 5분도 되지 않아 하품했다.

여자 친구가 한 말이 기억났다. 책을 다 보려고 하지 말고 조금씩 보고 싶은 만큼만 보면 된다. 이책 저책 번갈아 보면 된다. 정말 기초적인 독서 방법이다. 목표는 도서관 한번 가보는 것이다. 웬걸 도서대출증까지 만들어 대여까지 했다. 상당히 발전한 모습이다. 가장 힘든 시기 책이 과연 눈에 들어올지 생각했다. 퇴근 후 자기 전 조금이라도 읽으려고 책을 들었지만 노곤함으로 바로 잠들었다. 어떻게 하면 조금 더 접할 수 있을지 고민했다. 책을 여기저기 놓아 보았다. 퇴근 후 자주 쉬는 장소에 책을 두었다.

다음날 퇴근 후 신발 앞에 책이 눈에 보였지만 손이 가지 않았다. 도서관 가는 습관부터 만들자고 결론을 내렸다. 평일이 지나 주말에 여자 친구를 만났다. 도서대출증 카드를 보여주었다.

"오빠, 진짜 갔구나. 대단한데." 칭찬받으니 기분 좋았다. 일 잘해

칭찬받는 것도 좋지만 책 보려고 시작했다는 용기에 감탄했다.

"책 몇 권 빌렸는데 보는 것이 안 된다. 제일 힘들어."

"오빠, 처음에 다 그래. 혼자 직접 했다는 것이 중요해. 책은 나중에 천천히 보면 된다." 책에 대한 거부감은 조금 낮아졌다.

"그중에서 보고 싶은 책 빌렸어."

"어떤 책 빌렸는데?"

"제목은 모르지만 대부분 성공한 사람들 책이야."

여자 친구는 "오빠가 딱 좋아할 만하네. 사업했으니 그럴 수도 있겠다."

"오빠, 집에 가보자. 어떤 책 빌렸는지 구경하자."

집에 도착 후 여자 친구는 책부터 찾았다.

"오빠, 책 어디 있어?"

"응, 여기."

"5권이나 빌렸네, 조금이라도 봤나?" "몇 장 본 게 전부다. 책 펴면 몇 분 뒤 잠부터 온다."

처음 시작은 좋았지만, 책 본다는 게 이렇게 힘든지 경험했기 때문이다. 성공 책 내용들이 나를 재울지 예상도 못 했다. 글 이해력이 부족해 한 줄을 보고 다시 봐야 했다. 몇 줄 읽으면 잠 올 수밖에 없다.

퇴근 후 무엇을 한다는 게 정말 힘든지 알게 되었다. 한 단계 업그레이드는 나 자신에게 부하를 준다. 집에 오면 말소리 상자 없이 살고 있다. 그것은 TV다. 퇴근 후 집에 오면 평일에는 고요하다. 시간 지나 은퇴를 생각한다면 답답할 노릇이다. 여자 친구는 독서하라고 쉽게 이야기했지만 엄청난 도전이다. 글씨 보면 이해하기 위해 뇌를 사용하는데 이것이 고통이다. 공부하는 느낌 같다.

여자 친구는 집에 와서 빌린 책을 보고 있다. 그 모습을 보니 신기해 보였다. 이혼 후 이 시간까지 살아오면서 주변에 책 보는 모습을 본 적 없다. 여자 친구 꿈은 책방이다. 집에 방 한 칸이 전부 책이라 했다. 구매해서 보기도 하고 도서관에서 빌려 보기도 한다. 항상 가방에 책을 넣어 다닌다. 직업이 간호사로 병원 일하면서 쉬는 시간 책 보곤 했다. 책을 가까이하는 사람은 처음 보았다.

한 가지 느낀 것은 책 많이 보아서 그런지 말도 잘했다. 말싸움하면 난 늘 질 수밖에 없다. TV 보는 것보다 책 먼저 잡는 습관이 필요했다. 잠시 뒤 여자 친구는 "오빠, 이 책 재밌네." 생각도 못 한 말을 했다. 책이 재밌다? 이해되지 않았다. 즐거움은 TV의 영상과 소리로 합쳐진 웃음을 주는 프로그램이 전부다.

"책, 어떻게 재밌는데?"

"오빠, 한 사람이 살아가는 과정을 잘 나타내어 재미를 더해주는데, 자주 보는 장르는 아니지만 재밌네." 잠깐의 시간이지만 읽는 속도가 빠르게 지나갔다.

"책 읽는 방법 있어?"

"그런 거 없어, 그냥 눈에 보이는 그대로 보는 거야."

"난 너처럼 자연스럽게 안 된다."

여자 친구는 웃는 표정으로 "아마 오빠가 책을 처음 보는 것이고,

이해하려니 그럴 수 있겠네."

"책 내용을 이해해야 재미있잖아?"

"오빠, 책을 처음부터 그렇게 못 본다. 그래서 오빠가 좋아하는 책을 보라고 한 거야." 조금 이해할 것 같았다.

결과만 빨리 보려고 하는 마음은 고쳐야 할 점이다. 기초부터 나아가는 과정을 보아야 했다. 그 시간이 아직 지루함을 준다. 여자 친구의 시범적인 모습도 보았다. 책 보는 방법 또한 다시 정리 할 수 있었다. 결론은 될 때까지 습관을 만들 수밖에 없다. 시간이 조금 필요하지만 책이 나를 어떻게 변화시킬지 모른다. 천천히 해 보자며 나와 약속했다.

주말은 데이트했다. 평일에는 퇴근 후 책 보는 습관 만들기로 했다. 대여 시간 많이 남아 있을 때는 느긋함을 부렸다. 얼마 남지 않음을 알게 될 때 속도가 붙는다. 사람은 어쩔 수 없다. 바쁠 때는 시간 부족으로 이유를 말한다. 시간 주어지면 싫은 것이 자신을 성장시킨다.

다시금 자리 잡아 퇴근 후 책 한 장이 아닌 얼마나 잡고 있는지 테스트해 보았다. 퇴근 후 모든 것을 정리한 후 책을 잡았다. 눈으로 가볍게 스캔하듯 보았다. 처음 시작할 때 시간을 확인했다. 책 보고 있는 것은 눈이지만 머리는 딴생각할 때도 있다. 아직 책에 완전히 몰입하기에는 역부족이다. 책잡는 시간이 십 분을 넘겼다. 읽은 분량도 몇 장을 보았다. 처음 한 페이지 볼 때 한 줄 한 줄 보는 것도 쉽지 않았다. 눈을 책에서 떨어뜨리지 않게 했다.

사람마다 책 보는 습관은 여러 가지다. 글자 이해력이 늦어 한 페이지 보는 것도 처음 무척 힘들다. 시간을 정해 10분만 보자고 스스로 정했다. 버티는 것이 가장 힘든 것 중 하나였다. 책 볼 때 어딘가에 고정된 자세로 묶어두어야 했다. 처음 1분이 점점 늘어 5분을 넘겨 10분을 채웠다. 10분 시간 속에 실제 집중하는 부분은 처음과 마지막이다. 중간 내용은 기억하지 못했다.

나를 다스리는 시간

퇴근 후 매일 같은 시간에 책을 읽었다. 습관화될 때까지 했다. 처음에는 시간 채우는 것이 목적이다. 무엇이든지 새로운 것은 시간이 괴롭힌다. 책 주인공처럼 성공이라는 단어가 나를 강하게 끌어당겼다. 성공한 책 많이 보는 사람도 있다. 꼭 책 많이 본다고 성공하는 것도 아니다. 책 보는 습관으로 다시 바닥을 다졌다. 해야 했고 이겨내야 했다. 평일 퇴근 후 책 보는 거부감이 조금씩 낮아지기 시작했다. 처음 시작 단계를 아주 낮게 잡았다.

일주일 지나 책 반납하는 시간이 되어 휴일에 도서관으로 향했다. 반납은 처음이고 5권 중 한 권은 몇 장 보았고, 다른 한 권은 조금 더 보았다. 그 외 나머지 3권은 제목만 보았다. 두 번째도 동일하게 책 제목을 선택해 5권 빌렸다. 이번에는 조금 더 욕심내었다. 빌릴 때 마음은 한 권이라도 완독해야지 다짐했다.

막상 집에 돌아와 평일 동안 읽는 속도는 한 권이 아닌 반 틈도 겨우 본다. 성공한 사람들도 처음은 비슷하겠지 생각한다. 이혼 후 내가 하지 않는 것이 TV 시청이다. 결혼생활 때 딸 교육으로 TV 시청을 줄였다. 이혼 후 집에 혼자 있어도 TV 켜지 않고 살았다. 퇴근 후 책 볼 수 있었던 환경도 TV 시청하지 않았기 때문이다.

여자 친구 권유가 최초였지만 시간이 조금씩 흐르면서 도서관 가는 것을 습관화했다. 좋은 습관은 처음 몸에 거부 반응이 강하다. 이혼과 함께 인생 실패한 내 경우는 절실했다. 책 내용들이 조금씩 눈에 들어오기 시작할 때 느낀 것이 있다. 성공한 사람들도 한번 만에 된 경우가 없다. 수많은 실패하면서 성장했다.

책 보는 속도가 조금씩 늘었다. 하나는 주인공들과 비슷한 마음이 생겼다. 실패해도 다시 일어나 전진하고, 또다시 실패해 다시 일어났다. 이런 과정이 현실에서 성공의 맛을 볼 수 있다. 책 내용이 어느 정도 눈에 들어올 때쯤 마음이 말한다. 가슴으로 느끼라고 했다. '했으면 좋겠다'와 '해야 한다'는 상당히 다르다. 사람들 대부분 했으면 좋겠다는 기대를 바라면서 산다. 마음속에 꿈을 가지며 사는 것은 좋다. 계속 그런 마음만으로 바라는 것에 근처도 못 간다. 성공한 사람들 책을 읽으면 읽을수록 말하는 게 점점 선명해졌다.

어느 날 스스로 두 가지 목표를 가졌다. 이혼이 아무리 흔한 세상이라도 당사자 마음에 상처를 깊게 만든다. 마음이 말하는 목표 한 가지는 다시 사업의 기회가 생긴다면 나 자신에게 모든 것을 쏟아붓는다. 두 번째는 사업할 기회가 없고 직장생활 해야 한다면 회사 규모에 상관없이 서열 두 번째까지 한다. 이 두 가지 목표를 책 읽으며 마음속에 새기게 되었다.

이혼은 내게서 큰 것을 잃게 했다. 큰 것을 잃은 만큼 다른 큰 것으로 성공하겠다고 다짐했다. 스스로 성공에 대한 목표를 그렸다. 여자 친구에게 이 말은 당연히 했다. 책 보더니 사람이 이렇게 달라지나 놀란 표정이다. 이혼도 어쩌면 성공 때문에 만든 결과물이다. 성공을 선택하지 않았다면 지금 이 순간 여기에 없으며 글 쓸 이유도 없다. 추가적인 소망이 더 생겼다.

꼭 우리가 알 만한 사람이 아닌 일반인 책도 보았다. 추가 항목은 내 책을 만들고 싶었다. 세 가지를 마음속에 담아둔 채 독서를 계속했다. 이혼 후 막막한 삶 속에 숨통이 트이는 것 같다. 숨 막힐 것 같은 삶이 점점 미래를 그리며 중심 잡아가고 있다. 다시 성공에 대한 불을 켜기 시작했다. 회사 일할 때도 집중하게 되고, 퇴근 후 집에서 매일 독서했다. 길게 읽지는 못해도 책을 손에 놓지 않았다. 독서 습관 만들기 위해 노력을 여러 가지 많이 했다.

독서 방법은 나를 못 움직이게 묶어둔다. 샤워한 후 거실에 있는 선풍기에 머리 말리게 되었다. 머리 탈모 예방으로 헤어드라이어를 사용하지 않는다. 자연 바람으로 말리는 것이 좋다고 하여 선풍기를 사용했다. 손이 심심해 책을 잡았다. 손에 책 들고 선풍기는 머리를 향해 바람을 날리고 있다. 자세 유지도 쉽지 않지만, 눈은 책에 집중하고 있다. 늘 보던 책으로 내용을 이어서 보기 때문에, 시간 기준이 아니라 머리 말리는 기준이 되었다.

집중하는 시간이 길어진다. 바람 소리도 들리지만 책만 바라보고 독서했다. 자세가 조금 힘들어져 머리 한번 만져 보았다. 이미 머리는 물기가 제거된 상태였다. 시계 보니 20분이 지났다. 믿지 못할 상황을 접해 이 방법을 결정했다.

그 이후 항상 머리 말리면서 책을 보았다. 자세를 고정시켜 묶어두었다. 머리도 자연 바람으로 말리고 책 보는 시간을 조금 늘리며 집중할 수 있었다. 여름이나 겨울이 되어도 늘 같은 방법으로 독서한다. 가장 집중 잘하는 시간으로 만들었다. 휴일이 되면 한 달에 두 번 도서관 가는 날로 나를 움직이게 했다. 이렇게 하지 않으면 집에만 있게 된다. 나 자신을 밖으로 나가도록 일부러 만들었다. 집 돌이 되는 것을 방지하기 위함이다. 여자 친구와 도서관 데이트할 때도 있다.

수개월에 걸쳐 겨우 습관 만들었다. 평일 매일 책잡는다. 이것을 하지 않으면 내가 만든 두 가지 목표가 멀어질 것 같아 어떻게든 지켰다. 성공한 사람들도 책을 꾸준히 본다. 그들처럼 따라 했다. 미래를 바꾸고 싶다. 답은 스스로에게 질문해 얻었다. 두 가지 목표를 달성하기 위해 책대로 살아보자 했다. 성공한 사람들 삶을 똑같이 따라 할 수 없지만 작은 것 하나부터 행동에 옮기도록 했다. 그 처음이 독서이다. 두 가지 목표도 책에서 답을 얻었다.

책을 잡으면 잡을수록 강하게 끌어당겼다. 그런 마음가짐이 현실에 적용되어 일에 대한 열정을 불러일으켰다. 일에 집중하여 자신을 끌어올렸다. 이런 마음가짐으로 시작할 때쯤 여자 친구는 내게 한마디 남기고 나를 떠났다.

“오빠는 사람은 착하고 좋은데, 돈이 너무 없다. 나도 여자이고 좋은 곳에 가고 싶다. 오빠 상황을 알고 있어 맞추면서 데이트했는데 이제 아닌 것 같다.” 맞는 말이다.

이혼한 남자를 만날 게 아니라 총각 만나서 결혼하는 게 여자 친구에게는 현실적이다. 현재 내 삶에 돈이 부족한 것도 맞다. 여자 친구에게 “그래, 틀린 말은 아니야. 나를 만나준 것도 어쩌면 내게는 행운이야. 너는 좋은 사람을 만나는 게 현실적이야.” 여자 친구는 나를 안아 주며 가만히 있었다.

“오빠, 미안해.”

“괜찮아, 너 마음 이해해. 오히려 오빠가 고마워. 내게 좋은 것을 가르쳐 주었잖아.” 여자 친구와 서로를 위해 응원하며 이별을 받아들였다. 헤어짐이 있고 난 뒤에도 나는 여전히 책 읽으며 나 자신과 싸움을 시작했다.

전 여자 친구에게 한마디 하고 싶다. ‘오빠는 늘 고맙게 생각한다. 너를 만나지 않았다면 지금 현실에 잘 살지 못했고, 삶에서 허우적거리며 살고 있을 거야. 주변에서 다들 나를 비난했지만 가장 힘든 시기 내게 손을 내밀어준 좋은 은인으로 마음속에 남아 있어.

사람은 바꿀 수 없다고 하지만 책이 나를 다른 사람으로 만들었어. 너와 끝까지 좋은 인연이 되지 않았지만, 인생에서 소중함을 알려준 고마운 동생이야. 앞으로 내가 성공하게 되면 너의 은혜 잊지 않을게, 앞으로의 삶에 감사함을 느끼며 열심히 살아갈게. 멀리서 오빠도 너의 행복을 빈다.’

2.

직장생활 잘하는 법

사람들은 성공을 원한다. 나 역시 마찬가지다. 성공도 여러 가지다. 물질적인 자유를 원한다. 현재 어디에 있든 성공 대열에 있으면된다. 현재 직장인으로 하루를 열심히 살고 있다. 누구나 비슷한 24시간을 활용한다. 과거 사업과 함께 인생 실패가 너무 컸다. 여기까지 오는 길이 쉽지 않았다. 10년의 세월이 사용되었다. 지금 생각하면 어떻게 버티고 다독이며 여기까지 끌고 왔는지, 나와 엄청난 싸움을 했다.

현재 다니는 회사는 내겐 고마운 곳이다. 여기에서 모든 것을 정리하고 좋은 경험을 맛보기도 했다. 제목처럼 직장인 삶도 쉽지 않다. 두 가지 경험을 했다. 개인사업 약 10년과 지금 회사에서 10년을 넘겼다.

입사 후 시간이 얼마 되지 않았다. 누군가 내게 질문을 했다.

"여기 일 힘들지 않으세요?" 어떤 대답 했을까?

"다 비슷하지 않은가요? 그래도 직장생활이 더 쉽습니다."

이해 못 하는 표정이었다. 질문한 사람은 개인사업을 해본 적 없으며 직장생활 경력이 나보다 몇 년 빠른 사람이다. 몇 년의 시간도 상당히 길다. 직장생활이 힘들다? 나 역시 이해한다. 사업 시작 전 직장생활 할 때 사람 관계 문제로 그만두고 사업하겠다고 큰 꿈을 가진 적 있다. 내 나이 27살이었다. 현재 내 나이 50세를 넘겼다. 현 회사 40세 입사해 10년을 버티고 살아왔다. 가장 길게 직장생활을 한 곳이다. 그 시간 동안 많은 일들이 있었다. 여기서 내 신용카드도 발급되었고 채무도 정리했다. 딸도 내 곁을 떠나는 일도 있었다. 아무 생각 없이 일했다면 글 쓸 이유가 없다. 잘 사는 법을 사람들은 알고 싶어 한다. 미래를 바꾸고 싶은 마음은 누구나 있다. 돈을 포함한 스트레스 없이 살고 싶다.

실제 현 회사에서 경험한 것을 공개하겠다. 앞에서 말한 내용 중 책 읽으며 두 가지 목표를 정했다. 첫 번째, 다시 사업할 기회가 생긴다면 성공을 위해 모든 것을 쏟아붓는다. 두 번째, 직장생활 한다면 서열 두 번째 하겠다고 다짐했다. 어느 것을 했을까? 답은 두 번째이다.

회사는 중소기업이지만 현 회사 임원이다. 부장 진급 후 2년 만에 이사로 승진했다. 초고속 승진이다. 생각도 못 한 일이다. 스스로 성공을 여기서 매듭지었다. 서열은 사장님 밑, 나보다 높은 한 분 계신다. 나보다 13년 정도 빠르다. 인생에서 목표한 서열 두 번째는 아니지만 마음가짐은 크게 가지는 편이다. 빠른 승진과 회사 내 아무도 모르는 포상금까지 받게 되었다. 사장님과 나만 아는 비밀이다. 포상금은 두 번 받았다. 첫 번째보다 두 번째가 두 배 더 많았다. 이때 이사로 승진되었다. 회사 임원 자리에 오르게 되었다.

인생 밑바닥까지 찍고 다시 올라와 내가 목표한 꿈을 이룬 셈이다. 인생 성공을 경험했다. 이제부터 포상금과 초고속 승진하게 된 실제 내 이야기를 시작하겠다. 회사 입사 때 과장으로 들어와 아무것도 모르는 상황이었다. 맡은 부서 일은 끝이 없을 정도로 많았다. 자동차 부품 제조회사이며 부서는 품질과 개발 업무 두 가지를 했다. 품질부서는 제품에 대한 보증 업무로 고객사 품질 문제 대응이다. 사람들이 가장 꺼리는 부서이다. 그만큼 욕먹는 일이 자주 일어난다. 그럴 때마다 관두는 사례가 많다. 직장생활에서 고객사 대응으로 욕먹고 좋아할 사람은 없다. 나 역시 힘들게 참았다. 집과 거리가 가깝고 채무 정리 문제로 버텨야 했다. 중요한 건 갈 곳이 없다. 나이 40에 입사해 사무직으로 일하는 것도 어쩌면 행운이다. 여기 아니면 현장 생산직으로 생각했었다.

입사 후 업무를 하나씩 배워가며 일했다. 한 해 두 해 시간이 지날수록 업무량은 점점 많아졌다. 두 가지 부서 일을 맡고 있다. 하루가 어떻게 돌아가는지 몰랐다. 전화기는 메신저와 벨소리로 늘 울리기 바빴다. 처음 몇 년 동안 고객사 대응 하나만으로 벅찰 정도였다. 회사에서 만든 제품이 문제 있으면 대응해야 한다. 고객사 물류 창고에서 불량 선별로 밤늦게 퇴근은 기본이다. 이것이 끝이 아니다. 품질 문제의 대책 발표 준비로 서류 작성으로 늦게 퇴근한 적이 한두 번이 아니다.

시간이 나를 구속하듯 일 끝나면 집에 가서 잠만 잤다. 이런 생활을 수년 했다. 흔히 직장인이라면 비슷하다. 일에 구속되어 업무 마감 전 다른 업무가 줄줄이 대기 되어 있다. 퇴근 시간 회사 발전을 위해 무언가 하는 게 쉽지 않다. 낮에는 맡은 업무로 쫓기고 산다. 퇴근 시간이 다가오면 집에 가고 싶은 마음은 누구나 똑같다. 이렇게 반복적인 일을 몇 년 하면 자신을 포기하듯 살아간다. 의욕도 상실되고 수동형 인간으로 변한다. 한마디로 시키는 일만 하게 되고 문제점이 발생하면 급한 일만 한다. 도움 요청하면 대부분 거절한다. 현재 하는 일 하나만으로 벅차다며 입 밖으로 방어하기에 바쁘다. 직장생활 부서마다 업무량이 제법 된다. 시간 내 마무리 지을 수 없는 일이 대부분이다. 딱 할 만큼만 마무리 짓고 퇴근한다. 다음날 쉴 수 있을 거라 생각하지만, 어제 못한 일의 연속으로 하루를 매달린다.

시간이 흘러 승진 심사를 점수로 채점한다면, 누가 동기보다 빠르게 승진하겠는가? 요즘은 직급에 상관없이 실력만 있으면 먼저 높은 자리에 오를 수 있다. 좋은 시대이지만 장단점 있다. 신입에서 부장까지 회사마다 다르지만 10년은 기본이고 그 이상이 되기도 한다. 승진을 빨리하지 않는 이유도 있다. 급여가 높으면 기업에서 손해 본다. 승진 기준은 다르지만 느린 편이다. 임원 자리는 아무에게 기회 주지 않는다. 최소한 기업을 위해 충성하는 사람에게 먼저 기회를 준다. 시간만 채운다고 되는 것도 아니다.

한 번쯤 높은 직급에 빨리 되고 싶을 때도 있다. 왜냐하면 지금

하는 업무가 싫을 때 다른 직원에게 넘기고 싶다. 높은 직급에 따라 지시와 보고만 받고 싶은 마음은 비슷하다. 높은 직급일수록 기업은 어떻게 할까? 가만히 두지 않는다. 결과물로 평가한다. 직급에 맞는 성과가 있어야 한다. 좋은 결과물이 없으면 그때부터 아침 출근길이 괴롭다. 기업 대표와 미팅 날에는 숨도 제대로 못 쉰다. 대표는 기업 성장을 원한다. 한마디로 돈을 원한다. 매출이 올라야 직원들 급여를 줄 수 있기 때문이다. 그만큼 그 자리가 쉽지 않은 자리이다.

과거 내 사업할 때는 돈으로 무척 스트레스받았다. 현재 시대도 돈이 중요하다. 기업도 돈이 없으면 폐업한다. 기업 운영은 대표 혼자서 절대 할 수 없다. 전 직원들 단합으로 하루라는 시간 속에서 최선을 다해야 한다. 간혹 몇몇은 시간만 채우고 퇴근하는 사람도 있다. 이런 행동은 다른 사람들 눈에도 다 보인다. 시간 지나면 언제 정리될지 모른다. 미래는 알 수 없다. 최선을 다했다고 스스로 인정하지만, 기업은 그 이상을 원한다.

첫 번째 기회

현 회사 입사 후, 2년을 넘길 때쯤 고객사 대책 발표로 사장님과 동행하게 되었다. 좋은 일로 가는 것이 아니다. 혼나러 가는 길이다. 사장님 또한 마음이 편하지 않다. 현 회사 대표라도 고객사에 고개 숙이게 된다. 갑을 관계에서는 더욱 그 선을 지켜야 한다. 업체마다 대책 발표를 한다. 대부분 싫은 소리를 듣는다. 사장님도 입 다물고 수용해야 한다. 반론해도 화살은 다시 돌아온다. 가만히 입 다물고 욕먹는 게 시간 단축된다. 다음은 내 차례다. 아직 대책 발표 경험이 몇 번 없다. 발표 후 고객사 이사님은 가만히 듣고 계셨다.

이때 한마디 했다.

"제가 현 회사 입사한 지 얼마 되지 않았습니다. 많이 부족한 회사입니다. 한 번에 많은 것을 할 수 없지만 매년 조금씩 업그레이드하겠습니다."

고객사 이사님은 우리 사장님을 가리켜 "말을 참 잘합니다. 사장님은 직원 복이 있습니다."

생각도 못 한 말씀이다. 사장님은 웃고 계셨다. 우리 회사는 다행히 혼나지 않았다. 업체 중 칭찬받았다. 무거운 짐을 내려놓을 수 있었다. 발표를 마치고 사장님과 나는 회사로 돌아왔다. 오는 길에 사장님께서 이런 말씀하셨다.

"상대 회사 이사님은 대부분 업체를 혼내는데, 자네는 어떻게 칭찬받았지?"

사장님도 기분 좋아서 한 말이라 생각한다. 직원 복이 있다는 말이 기억에 남는다. 여기에서 하고 싶은 말은 회피가 아닌 수용이다. 상대의 마음을 이해한다면 문제는 가볍게 넘어갈 수 있다. 그날 이후 사장님과 거리가 조금씩 당겨졌다.

직장생활 잘하는 법을 말하겠다. 첫 번째 사장님을 내 편으로 만들어라. 두 번째 기업이 필요로 하는 핵심적인 일을 하라. 세 번째 직원의 말에 귀를 기울여라.

그럼 첫 번째, 사장님을 내 편으로 만드는 방법을 이야기하겠다. 사장님과의 자리를 자주 만들면 좋다. 예기치 못한 발표 자리에서 칭찬받는 일은 드문 일이다. 나로 인해 사장님 마음이 즐거워졌다. 한 걸음 거리가 짧아져 거리를 조금씩 당기면 된다. 무엇으로 하면 좋을까? 정답은 대화다. 사람 사이 대화가 오가고 해야 한다. 상대의 마음도 알게 되고 정도 생긴다.

기업의 대표와 대화를 한다. 쉬울 것 같으면서도 상당히 어렵다. 사장님께 말 붙이는 것도 쉽지 않다. 성향을 파악해야 한다. 가만히 있으면 답변밖에 못 한다. 중소기업 대표는 아직 옛날 분들이 많다. 대화 안 되는 분도 상당하다. 자수성가로 내가 낸데 고집스러운 사장님도 있다. 사장님 마음 얻는 게 어렵다. 인정한다는 것과 같은 뜻이다.

또 다른 경험으로는 사장님과의 관계를 이어간 실제 사례이다. 입사 2년 차 전체를 상세히 내다볼 수는 없어도 어느 정도 보이는 시기이다. 회사 내부를 조금 아는 정도이다. 고객사에서 방문할 때가 있다. 좋은 일로 방문한 적은 거의 없다. 지적하러 오는 경우가 대다수이다. 고객사 대응은 내 담당이다. 주관 부서는 나와 관련된 것이 많다. 아무래도 갑을 관계로 어쩔 수 없다. 회사 방문한 담당자는 현장 내부를 둘러본 후 사진 몇 장을 찍어간다. 이 뜻은 지적 사항이며 개선하라는 뜻이다. 담당자는 회사를 떠난 후 사장님께 보고

드렸다. 그중 현장 작업장 한곳을 정리해야 한다고 말씀드렸다. 늘 지적받던 곳으로 어떻게 할지 몰라 10년 동안 유지하고 있었다. 작업자 사용에 있어 쉽게 유지되는 방법을 생각했다.

문득 떠오른 것이 수납장이 떠올랐다. 컴퓨터를 켜서 생각한 것을 파워포인트 문서에 그림을 그리기 시작했다. 참고로 나는 캐드 사용을 못 한다. 학교 때 잠시 배웠다. 졸업 후 기억 속에서 지워졌다. 파워포인트 자료에는 내 아이디어 기록이 수백 장이 된다. 생각날 때마다 컴퓨터에 기록하는 습관을 만들었다. 수납장을 어떻게 만들까? 머리에서 대충 윤곽이 그려진다. 생각을 그림으로 그리다 보면 좀 더 자세히 내용을 들여다볼 수 있다. 현장 작업자 동작을 관찰한다. 이때 모습을 머리에 저장한다. 작업자와 업무 환경에 대해 의논한다. 남이 싫어하는 일을 진행할 때 좋은 결과를 만들기 좋다. 수납장을 완성하면 작업자 근무 환경이 개선되어 일하기 편하다. 고객사 담당자 방문 시 같은 지적을 하지 않는다.

일은 다른 이의 지시와 스스로 찾는 것은 결과가 다르다. 후자 쪽이 일 진행하는 데 과정이 즐겁다. 행동하는 본인은 즐겁다. 중요한 것은 사장님 결재 받는 게 가장 어렵다. 거절하면서 재검토시킨다. 이때 진행하던 것을 덮어 버리면 없던 것이 된다. 다시 수정해 사장님 결재 받기 위해 2차 미팅을 시도한다. 어느 정도 수용한다.

수납장 진행 건도 나보고 알아서 하라고 했다. 즉시 진행한다. 기회는 지금이다. 알아서 하라는 말 듣는 순간 어떤 일이라도 순식간에 진행한다. 사람은 돌아서면 잊어버리고 바빠지면 귀찮아져 하지 않는다. 사장님 마음 바뀌기 전 간단히 빠르게 보고 할 수 있으면 된다.

서류를 보시며 잠시 뒤 "자네, 제작하는 곳 아는 데 있는가?" 긍정적 답변이다. 어떻게 승인했을까?

"사장님, 제가 알아서 하겠습니다."

친구에게 진열장 제작하는 곳을 문의했다. 연락처를 받아 즉시 가게로 전화했다. 잠시 뒤 진열장 사장님과 서로 인사 나눈 후 제작 내용을 말씀드렸다. 중요한 것은 견적이다. 스스로 진행한 것 중 이번이 처음이다. 금액이 높으면 미루며 말 바꾸는 편이다. 사장님께 진열장 금액을 말씀드렸다. 다행히 적당한 금액으로 정리했다. 내가 원하는 것은 제작 진행이 우선이다.

나는 소소한 것은 빠르게 진행하는 걸 선호한다. 중간 과정이 어떻게 되든 진행만 하면 된다. 이제 시설하는 일만 남았다. 머릿속은 이미 완성되어 기쁨을 체감한다. 다른 한편으로 현장 작업자는 좋은 환경에서 일할 수 있는 것이 가장 큰 기쁨을 준다.

며칠 뒤, 주말이 되어 진열장을 설치했다. 깔끔하게 정리되었다. 처음부터 모든 것을 혼자 했다. 직접 체험한 사람만이 기쁨을 알 수 있다. 작업자는 내게 "감사합니다." 그날 가장 많이 들었다. 사람이 가장 좋아하는 말 중 하나이다. 회사 큰 문제 하나를 해결했다. 중요한 것은 내가 해 냈다. 이 부분을 사장님께서 유심히 지켜보셨다. 그날 이후 환경개선을 위해 사장님 개인 카드를 받아 문구점을 수없이 들락거렸다. 하나씩 정리하며 직원들 마음도 얻게 되었다. 다른 큰 기획 하나로 모든 것을 얻을 수 있었다.

사람 마음 얻기

여름 오기 전 봄이었다. 전 직원을 휴게실에 모이게 했다. 마음은 이미 저만큼 가 있다. "여러분 회사에서 필요한 것 있으면 말씀하세요? 제가 최대한 노력하겠습니다." 잠시 뒤 "현장에 에어컨 필요합니다." 다른 분도 에어컨 시설을 원했다. 기회는 자주 오는 것이 아니다. 분명히 기회를 주었다. 결과는 에어컨으로 정리했다. 에어컨 사이즈와 어떤 방법으로 사람들 머리를 식힐지 고민했다.

우선 사장님께 문의 했다. 사장님 방은 내가 제일 많이 들락거리는 편이다. 사장님은 나를 피하신다. 수년 동안 사장님 돈을 가장 많이 빼낸 사람이다. 그만큼 회사를 위해 늘 고민하고 아이디어 스케치할 때마다 사장님께 문의한다. 한마디로 돈 지출이다. 내 것이 아니지만 사장님은 달라져 가는 모습 보면 좋아하신다. 더 중요한 것은 조금 뒤 이야기하겠다.

"사장님, 현장 에어컨 시설했으면 합니다."

"에어컨 나도 예전에 생각해 봤는데 어떤 방법 있겠나?"

"인터넷으로 설치된 사진 찾아보겠습니다."

사장님은 "그래, 한번 알아봐라."

승인된 걸로 생각하고 신속히 진행한다. 기업 매출은 현장 직원들이 만든다. 매출 성장 기초는 현장 작업자들 근무 환경만 개선해도 매출은 상승한다. 열악한 환경은 아무래도 한계점이 있다. 단순 작업은 로봇으로 대체 하지만 사람 손을 거치는 작업도 있다.

친구 회사 옆 공장에 에어컨이 시설되어 있었다. 조심스럽게 인사 드리고 에어컨 시설된 사진 찍기 시작했다. 최종 사장님 승인이 필요하다. 내게 알아보라면 진행하라는 의미로 이행한다.

사장님께 "사장님 에어컨 시설된 곳 찾아 사진 찍었습니다."

"어디서 찍었는데?"

"친구 회사 옆 공장에 시설되어 찍었습니다."

마음은 기뻤다. 모든 과제는 풀은 셈이다. 며칠이 지나 어떻게 되었는지 궁금해서 사장님을 찾아갔다.

"사장님, 에어컨 어떻게 되어갑니까?"

"그래, 알아보는 중이다."

"한 달 시간이 지났는데 견적 받은 곳도 없으세요?"

사장님은 내게 종이 하나를 보였다. 그것은 에어컨 견적서였다.

"사장님, 에어컨이 이렇게 비싸요?"

"그래, 나도 금액 보고 놀랐다. 다른 곳에도 부탁했으니 기다려보자."

"네, 알겠습니다. 그럼 에어컨 환기 시설은요?"

"그것도 이야기했다. 에어컨만 준비하면 진행된다." 직원들이 원하는 것이 진행 되어 가슴을 뛰게 한다. 며칠 뒤 시간이 흘러 사장님은 내게 지시를 내리셨다.

"에어컨 주말에 시설할 예정이니 직원들 머리 위 체크 표시를 해 둬라."

"네, 알겠습니다."

직원들에게 "현장에 에어컨 시설합니다."

직원들 웃는 모습이 눈에 보였다. 지금까지 뜨거운 여름 현장에서 일하느라 얼마나 고생했을까? 어머니도 공장 생활을 오랫동안 하며 나를 키웠다. 여름날이면 공장 안이 너무 덥고, 땀띠 분을 바르며 일하셨다.

아침 출근길이 설렌다. 어떻게 시설되었을지 궁금했다. 회사에 도착 후 가장 먼저 간 곳은 현장이다. 시설된 전체를 바라보았다. 가까이 다가가 시설된 장소마다 확인했다. 에어컨을 개조하여 대형 환기구와 연결한 후 작업자 머리 위로 시원한 바람이 나오도록 했다. 식당가면 고기 구울 때 연기 흡입하는 연결관을 생각하면 된다. 초대형 에어컨은 처음이다.

작업자는 나를 향해 인사한다. 고개 숙이며 같이 인사했다. 시설된 대형 에어컨을 보더니 다들 흐뭇한 표정이다. 시작은 내가 했지만, 마무리는 사장님이다. '이제 여름 걱정하지 않아도 되겠지.'하는 소리가 들렸다. '좋겠다.' 마음이 나를 노크한다. 좋은 환경에서 일할 수 있는 직원들 앞날을 생각하니 미소가 그려진다.

사장님께 "사장님, 고맙습니다."

사장님은 직원들에게 감사의 인사를 많이 들었다. 돈 많은 사장님도 주변에 많지만, 직원들에게 사용하는 것을 싫어한다. 규모가 작을수록 더욱 절약하는 사장님도 있고 반대로 가족처럼 지내는 곳도 있다. 현 회사 사장님은 나 때문에 돈 많이 지출했다. 지금까지 좋은 것 없이 과거에 익숙해졌다. 직원들은 원래 그러려니 하며 일해 왔다. 그 법칙을 무너트린 사람이 나였다. 사장님은 내가 진행하는 방향에 대해서 대부분 승낙해 주셨다. 그에 따라 마무리하는 일이 늘어나지만, 행복하고 즐거웠다.

직장생활 잘하는 방법 중, 첫 번째 사장님을 내 편으로 만드는 실제 사례에 대해 이야기했다. 이외에도 많은 사례도 있다. 사장님을 내 편으로 만들면 진행하는 일에 걸림돌이 없다. 기업의 발전을 위해 좋은 아이디어가 많아도 사장님 결재가 되지 않으면 아무것도 할 수 없다. 하루를 주어진 일만 마무리 한 뒤 퇴근하면 다음 날 어떻게 될지 모른다. 시간이 몇 년 흘러 승진 마이너스 요인이 된다. 사장님은 결과만 본다. 과정은 중요시하지 않는다.

한 번에 승인 얻는 경우는 극소수다. 몇 번 설득해야 할 때도 있다. 어떻게든 해야 할 경우라면 사장님을 설득해 진행해야 한다. 나중에 만들어 놓은 결과물이 많아진다. 간혹 절대 안 될 때도 있다. 실망하지 말아야 한다. 그 한 가지가 끝이 아니다. 다른 기획안을 찾으면 된다. 좋은 생각은 항상 찾기 쉽도록 메모하는 습관이 좋다. 컴퓨터를 이용하는 방법이 좋다. 찾을 때 시간 절약이 된다. 어떤 것이 되더라도 사장님을 내 편으로 만들면 수월하게 진행할 수 있다. 결과 많은 사람에게 관심 갈 수밖에 없다.

핵심 가치 찾기

이제 직장생활 잘하는 법 두 번째, 기업이 필요한 핵심적인 일을 하라. 다시 풀어 설명하면 사장님 호주머니에 돈 채워주는 일 하면 된다. 기업 매출을 올리는 일이다. 첫 번째와 조금 연관성이 있다. 매출 올리는 방법은 상황에 따라 사장님 지출을 크게 요구할 때가 있다.

처음 시작은 작은 것이 우선이다. 큰 것을 진행하려면 회사 전체를 내다보는 시야가 필요하다. 한 번에 되는 것은 없다. 큰 것일수록 방해 요인도 많다. 그중 시간이다. 회사에서 업무로 지칠 때가 많다. 부서마다 조금 차이 있지만 대부분 하루가 일로 빠듯하다. 그러면 언제 하는 게 맞을까? 답은 없다. 하지만 해야 한다면 시간 활용을 잘해야 한다. 낮에는 해당 업무하며 조금씩 메모라도 해둔다. 생각이 떠오를 때마다 컴퓨터에 기록으로 남긴다. 남들과 퇴근을 같이해야 할까? 메모한 업무 할 시간이 주어질까? 절대 없다. 회사에서 맡은 업무가 아닌 핵심적인 일을 진행하고 싶다면 내게서 시간을 내어놓아야 한다.

세상은 참 공평하다. 무언가 새로운 것을 얻으려면 내게서 시간이라는 친구를 내주어야 한다. 시간을 잘 활용하라는 말은 어디에서나 많이 보고 듣는 말이다. 시간을 내게만 사용하면 딱 그만큼만 살게 된다.

여기에서 실제 경험한 것을 말하겠다. 이론보다 실제 행동으로 접한 내용을 알려주겠다. 기업의 핵심적인 일은 매출 상승이다. 누구나 진행하고 싶다. 승진으로 바로 연결된다. 사장님 마음까지 끌어올 수 있다. 직장인이라면 사장님께 인정받고 싶은 마음은 똑같다.

어느 날 기업의 핵심 제조 공법이 내 눈에 들어왔다. 그전에 회사는 엄청나게 바빠 정신 못 차릴 정도였다. 가장 힘든 곳은 아무래도 현장 직원이다. 그해 고객사에서 많은 작업 의뢰로 부하가 엄청나게 걸린 적이 있었다. 현장 작업자는 시급으로 한 달 급여를 받아 간다. 연장근무와 주말 특근 많이 하면 급여 날 많은 돈을 받아 간다. 평일 밤 9시 50분, 토요일도 연장근무 했다. 이것도 모자라 일요일까지 일했다.

많은 일을 하고 싶은 것이 아니라 고객사에서 많은 제품을 요구했다. 납품 일정 맞추려면 사용할 수 있는 시간 모두 사용했다. 시간이 흘러 너무 힘들어했다. 버티는 것도 한계점이 있다. 로봇이 할 수 있는 일이 있고, 못 하는 일이 있다. 지금 회사는 사람 손을 하나하나 거쳐야 했다. 직원들은 밤 10시에 마쳐 버스 막차 타듯 집에 가면 잠만 자고 나오기에 바빴다. 눈만 뜨면 회사 오고 일 마치면 집에 가서 잠만 자고 개인 시간이 없다. 몇 개월을 힘들게 일했다.

어떻게든 쉬는 시간을 만들어 주고 싶었다. 답은 이미 나와 있다. 퇴근 시간을 당겨 일요일 하루만큼은 쉬게 해주고 싶었다. 제조회사는 시간당 만들 수 있는 수량이 있다. 고객사에서 많은 수량을 요구하면 시간당 생산 수량을 올리지 않으면 사람이라 언제 쓰러질지 모른다.

핵심 공법 개선을 생각했다. 결과는 시간당 생산 수량을 상승시킨다. 가장 어려운 부분이다. 핵심 설비는 초기 사장님이 만들었다. 수년이 지나도 계속 사용해 왔다. 회사가 많이 바빠질지 몰랐다. 미래를 미리 알 수 있다면 내가 여기 있을 필요 없다. 핵심 설비를 응용해 올인원 제조 공법을 기획했다. 이때까지 제품에 맞는 설비를 사용했다.

　설비 교체도 일이다. 교체하지 않고 하나의 설비로 모든 제품을 생산하는 방법을 진행했다. 개선된 설비를 사용하면 시간당 수량은 증가한다. 한 시간 단축하면 직원들은 평일 한 시간 정도 일찍 퇴근할 수 있다. 생산량이 상승하면 주말이나 일요일까지 무리하며 일할 필요가 없다. 사장님 승인이 필요했다.

　사장님께 "사장님 회사 직원들 너무 힘듭니다. 이러다가 쓰러지겠습니다."

　"자네, 그럼 방법 있겠나?"

　"네, 생각한 것이 있습니다."

　"사장님께서 초기 제작한 것을 사용해 하루 작업 시간을 모두 사용했습니다. 설비를 신규로 제작하면 됩니다."

　"어떻게 좋은 아이디어 있나?"

　아이디어 스케치를 보여드렸다.

　"사장님 공용설비를 만들면 됩니다. 시간당 생산량이 증가합니다. 직원들 쉴 수 있는 시간이 생깁니다."

　"자네 말은 이해하겠다마는 직원들 더 힘들어지겠는데."

　"직원을 신규 채용하여 힘든 부분을 분산시키면 됩니다."

　"그럼, 자네가 생각한 디자인으로 샘플 진행해 봐라. 나도 과거 생각했지만 못하고 있었네."

　"네, 알겠습니다."

　사장님 승인을 받았다. 기분이 날아갈 것만 같다. 일에 환장한 사람처럼 말이다.

여러 제작 경험이 있다. 어떻게든 설계하다 보면 그 이상의 공법이 눈에 들어온다. 실패하더라도 해야 한다. 하나도 버릴 것이 없다. 실패할 때마다 스케치한 자료는 무엇으로 실패했는지 작성한 뒤 표시한다.

여기서 끝이 아니다. 수정 보완 작업을 진행한다. 작업 공법을 신규로 만들기도 한다. 설계만 잘 한다고 되는 것이 아니다. 제품에 맞춘 후 어느 정도 완성되면 현장 작업자 환경에 맞춘다. 제조회사는 현장 작업자 근무 환경이 매출을 상승시킨다. 일하기 쉽게 만들면 최적이다.

신규 설계로 회사의 모든 것을 내려다볼 수 있다. 여기 회사는 제작한 설비 하나로 모든 공정을 기찻길 형태로 지나간다. 이 방식을 컨베이어라고 한다. 작업자는 고정되어 제품만 움직이는 것을 말한다. 신규 설계할 때 모든 제품에 맞도록 하는 것이 목표였다. 사장님도 생각만 했지. 시도 못 한 부분이다. 그만큼 어렵다. 기존 설비를 응용해 새로운 것을 만들어야 했다.

새로움은 다음을 만든다

핵심 신규 설비를 그리면서 생각에 생각을 한다. 생각 더하기 생각이다. 처음 생각은 의문을 만들며 두 번째 생각은 정답에 가깝다고 스스로 답 내리기도 한다. 어느 정도 초기 그림은 완성되었다. 거래처에 샘플 의뢰했다. 거래처 사장님과 전화 통화 후 며칠 뒤 샘플 도착했다. 기분이 얼마나 좋을까? 아무도 시도하지 못한 것이 지금 내 손에 있다고 생각하면 된다. 잘 되면 회사 미래를 바꿀 수 있다. 샘플은 작업하는 모든 제품을 만족해야 했다. 이것이 가장 핵심이다. 연속적인 작업이 주목적이다.

늘 하던 일이 아닌 새로운 일이 결과가 보일 때 마음속은 이미 예측한다. 여기서 하고 싶은 말은 1퍼센트의 긍정은 99퍼센트 부정을 이긴다. 어떤 일을 시작할 때 좋은 생각이 있으면 부단히 노력해 좋은 결과를 맛보기도 한다. 직접 경험하여 이 모든 것을 공개하는 이유도 있다. 새로운 일은 한 번에 절대로 되는 법이 없다. 여러 번 시행착오는 기본이다. 흔히 실패하지만, 속뜻은 실패가 아니다. 조금씩 전진한다.

핵심 설계는 누구나 관심 대상이지만 결과로 만들기 어렵다. 누구나 할 수 있으면 벌써 누군가는 했다. 이런 일은 귀찮다. 괜히 일만 만든다. 사람들이 시작하지 않는 이유는 여러 가지이다. 일을 가져오는 사람, 자기 업무만 하는 사람, 그리고 시켜야 일하는 사람 등 여러 사람이 사는 곳이 회사이다. 가장 힘든 일에 접근하지 않는 이유는 일로 받아들이기 때문이다.

하나 더 부정적인 성향이라면 핑계 대기 바쁘다. 회피하는 이유가 분명히 있다. 왜 내가 이런 힘든 일을 스스로 찾아서 했을까? 질문에 대한 답은 앞의 내용에 말한 것처럼 직원들을 위해서이다. 중요한 것은 직원들이 편하게 일했으면 한다. 휴식 없이 일하는 곳에서 해방된다. 기업도 성장하게 된다. 둘 중 하나를 선택하라면 작업환경이다. 현장에서 긴 시간 육체적인 노동을 해야 한다. 몸에 익숙해지면 다행이지만 집에 가면 여기저기 아픈 곳이 생긴다. 기업은 작업환경만 개선해도 매출에 집착하지 않아도 된다. 결정은 사장님 몫이다.

새로운 핵심 공법 샘플 테스트는 몇 번 수정 보완을 거쳐 완성되었다. 이제 결과 보고와 사장님 투자가 필요하다. 지출을 좋아하는 사장님은 없다. 그 이상은 담당자 몫이다. 이럴 때 사장님과 신뢰 쌓으면 좋다.

샘플 테스트 결과를 보고했다. 사장님도 과거 설계하셨다. 내가 '아' 하면 사장님은 '어' 하신다. 자료와 함께 설명했다.

"사장님, 샘플 테스트 했습니다."

"그래, 어떻게 되겠나?"

"사장님, 전 제품 사용 가능합니다."

신기하듯 나를 보셨다.

"진짜 하나의 설비로 전 제품 사용 가능하나?"

"네, 제품마다 테스트 완료했습니다."

사장님은 즉시 시작하자고 답하지 않으셨다. 사용하던 것을 버리고 내가 신규 제작한 것을 사용하는 데 걱정이 앞선다. 투자하여 결과가 좋아야 하지만 반대 값이 나오면 다시 정상 가동하려면 조심스럽다. 보고는 몇 분에 끝났지만, 결과 얻기까지 시간이 걸렸다. 미친

듯이 일했다. 고난이도 작업이며 깊숙이 파고 들어가지 않으면 새로움은 절대 경험하지 못한다. 혼자 밤샘 작업과 매일 샘플 테스트하며 여기 하나에 모든 시간을 사용했다.

하고 싶은 말은 신규 공법 진행은 내 부서 일이 아니다. 해당 부서 역할이 크다. 하지만 하지 않는다. 접근이 쉽지 않음을 알고 있다. 앞서 말한 내용이지만 왜 남의 일까지 굳이 해야 하는지 생각 차이다. 신규 공법은 처음부터 어느 누가 시킨 것도 아니고 잘 보이려고 진행한 것도 아니다. 조금 관련된 부분이 있지만 내가 하지 않아도 되는 일이다.

정답은 마음이다. 마음이 말하는 신호를 보내면 하면 된다. 추가 사항으로 상대가 힘들어하면 자연스럽게 한 발짝 내딛게 된다. 도와주고 싶은 마음이 생겨야 한다. 일이 나를 위한 것이라면 결과가 달라진다. 상대를 위한 일이라면 더더욱 큰 차이를 만든다. 뒤에 자세히 이야기하겠지만 상대를 위한 일을 할 수 있어야 한다. 좋은 결과를 만들고 싶다면 말이다.

이혼으로 난 상처를 받을 만큼 받았다. 독서를 통해 나를 믿고 사랑하는 마음이 크다. 전체적으로 포괄한 내용이지만 남을 돕는 일이 즐거운 일이다. 반대로 내 기준으로 일하면 이익을 먼저 생각한다. 이 생각으로 기업의 핵심 업무 진행은 쉽지 않다. 맡은 업무만 하면 된다는 생각이 앞선다.

인생의 전환점

기업과 직원들을 우선시하는 삶을 살게 된 것도 책 때문이다. 사람은 한 번의 인생 곡선을 크게 그린다. 최고점이 있으면 최저점이 있다. 누구나 최고점을 원하고 경험하고 싶다. 현실에서 최고점을 경험하고 유지하며 사는 것이 어렵다. 극소수만 경험한다. 여기에 어떤 신념이 필요하면 내가 낼 수 있는 에너지, 최대치가 얼마나 되는지 테스트해야 한다. 한마디로 나 자신에게 올인해야 한다. 최대치 에너지를 사용해 신규 공법에 적용했다. 나를 보며 미쳤다는 말도 들은 적 있다. 일은 미치지 않으면 좋은 경험을 할 수 없다. 중요한 것은 나는 전혀 힘들지 않다. 늘 하던 일이 아닌 새로운 일이다.

설득이 크게 필요 없었다. 사장님은 나에 대한 믿음보다 여태까지 신뢰를 많이 쌓아왔다. 첫 번째 말한 것 중 사장님을 내 편으로 만들어라. 입으로만 일하는 것이 아닌 결과가 좋으면 된다. 신규 공법에 대해 사장님은 쉽사리 결정하지 못했다. 설득이 필요했다.

"사장님, 제가 샘플 테스트 세밀하게 했습니다. 됩니다. 저를 믿으세요."

"알았네, 자네 하라는 대로 해보자. 만약에 실패하면 자네 급여에서 공제한다."

웃으면서 말씀하셨다.

"네, 알겠습니다."

사장님 승인을 받았다. 실패에 대한 말은 난 아님을 알고 있다. 서로가 신뢰하고 있기 때문이다. 어떤 일을 진행하면서 윗사람이 '되겠습니까?'하고 묻는다면 씩씩하게 대답하면 된다. 이미 어려움을 알고 있으며, 실패해도 좋으니 한번 해보라는 말이다. 용기 있는 사람을 좋아한다. 사장님 승인되었을 때 기분 정말 최고였다. 이미 벌써 다 된 것처럼 마음은 두근거리고 뛰기 시작한다. 마음속으로 잘 되겠다는 다짐이 생기지만 새로운 것은 항상 변수가 생긴다. 결과에 맞게 수정하면 된다. 샘플 테스트는 아무리 완벽해도 한 번에 깨어진 조각 맞추듯 되는 건 희박하다. 사람이 하는 일은 여러 가지 요인이 따라온다. 결과는 늘 긍정이다. 나 자신을 믿는다. 그래야 후폭풍에 밀려오는 여파에 대비할 수 있다.

 며칠 지난 뒤, 신규설비는 회사로 납품되었다. 이것이 끝이 아니다. 이제부터 시작이다. 신규 설비를 현장에 즉시 투입했다. 작업자들은 기존 방식에 습관 되어 있다. 새로움에 몸은 거부 반응한다. 이미 익숙해져 있다. 아무리 좋은 것도 밀어내는 것은 당연하다. 다시 학습해야 한다. 이럴 때 사람 성향을 알 수 있다. 긍정과 부정이 이럴 때 나타난다. 어떻게든 직원들 힘든 부분을 개선하고 싶은 게 내 생각이다. 사람마다 생각은 다르다. 서로 입장 바꿔 일하지 않는다면 모른다.

 늘 생각하던 대로 모두 된다면 얼마나 좋을까? 쉽지 않지만, 방법은 있다. 수용하는 마음가짐을 키우면 된다. 한 번에 할 수 없다. 여러 가지 경험을 해야 한다. 경험만큼 가장 빠른 것은 없다.

 신규 설비가 사용되어 다시 전체 공정을 확인했다. 직원들은 모두 만족하는 편이다. 어떤 공정은 조금 힘들다 했지만, 다른 공정은 좋아졌다. 조금 힘들다는 공정이 기억에 남아 있다. 사장님은 신규 설비를 지켜보셨다. 사장님도 시도하지 못한 것으로 궁금했다. 사장님은 이미 머릿속에서 계산하셨다. 그것은 매출이다. 초기 기획할 때 매출도 상승함을 알고 있었다.

사장님은 "사용하는데 이상 없나?"

"네, 전체적으로 사용 가능합니다. 일부 공정에서 작업할 때 보완이 필요합니다."

사장님은 "한 번에 완성되는 것은 없다. 시간 지나면 익숙해진다. 우선 지켜보자."

"네, 알겠습니다."

책상에 앉아 도면을 다시 바라보며 생각했다. 화면을 뚫어져라 바라본 뒤 다른 도면을 그리며 선 긋고 있었다.

여기서 하나의 팁을 주겠다. 신규 아이디어는 기존의 것을 변경하는 방법이 있다. 다른 하나는 새로 만드는 방법이다. 어느 것을 사용해도 상관없다. 단 새로운 것을 만들 때 180도 뒤집을 수 있어야 한다.

예를 들어 하고 있는 행동을 하지 않도록 한다. 다른 하나는 행동의 방향을 반대로 하는 방법도 있다. 가장 좋은 것은 하고 있는 행위를 하지 않도록 한다. 이 부분을 완성할 수 있으면 기업에서 인정받을 수 있다. 이런 말을 하는 이유는 경험담이다. 제조회사에서 공정 삭제 기술은 고난이도 작업이다. 항상 결과는 공정 삭제에 목적을 두고 스케치하면 좋다.

시간이 지나 신규 설비는 어느 정도 안정화되었다. 그사이 다른 신규 설비 스케치 해둔 것이 있었다. 대응책은 항상 준비하는 자세가 필요하다. 일이 터져 진행하는 것은 누구나 할 수 있다. 그때는 이미 늦었다. 욕먹고 하는 것과 예방하는 방법이 있다. 누구나 욕먹어가며 일하고 싶은 사람은 없다.

생각을 뒤집어 그림 그렸다. 완성된 그림은 아니지만 1차 디자인은 마무리되었다. 그림 그릴 때 느낌이 온다. 이것이 완성된다면 진짜 신기한 설비가 된다. 우선 첫 번째 신규 설비를 최대한 사용한 뒤 품질 수준이 도저히 안 될 경우, 보고드려 샘플 테스트를 생각했다. 한 달 지나 두 달 넘어 몇 개월이 흘렀다. 그해 겨울 연말을 가까이하고 있었다. 그 사이 신규 설비 확인 할 시간을 넘겨 머릿속에서 잊혔다.

아무리 좋은 것도 시간이 지나면 익숙해진다. 연말 되어 사장님이 나를 부르셨다.

"네, 사장님 부르셨습니까?"

"그래, 잠시 있어봐라."

사장님은 말씀과 함께 책상 서랍을 여시며 흰 봉투를 꺼내셨다. 눈에 흰 봉투가 보여 살짝 느낌이 이상했다.

"자네, 수고했다. 많이는 못 주고 식구들과 밥이라도 맛있는 것 사먹어라."

혹시 신규 설비에 대한 포상금인가 짐작했다.

“네, 사장님 감사합니다.”

이유에 대해 묻지 않았다.

입사한 지 수년이 지나도 별도 포상금은 처음이다. 다행히 사무실에 아무도 없었다. 사장님은 아무도 없는 틈을 이용해 주고 싶었다. 봉투를 품 안에 넣은 후 자리에 앉아 궁금해 손으로 계산했다. 현금 50만 원이었다. 생각도 못 한 연말 선물을 받았다. 그것도 현금이다. 사람은 돈 받을 때 기분 좋다. 신규 설비 제작은 포상을 바란 것이 아니었다. 기업을 위해 도와주고 싶은 내 진심이다. 제작할 때 힘들었지만 사장님만이 마음을 이해해 주셨는지 기분 날아갈 것 같았다. 가족들과 밥 먹으라고 했지만, 난 가족이 없다. 지금은 어머니가 가장 가까운 가족이다. 이 기쁜 소식을 어머니에게 전하고 싶었다. 좋은 소식 나눌 대상은 어머니뿐이다. 지금도 마찬가지다.

기회의 발상

봄이 지나 품질 문제로 불량이 발생하였다. 일이 조금 크게 확대되어 내가 만든 신규 설비로서는 도저히 요구조건에 맞출 수 없는 상태였다. 여기서 잘 빠져나와야 했지만, 보완할 문제점이 한둘이 아녔다. 큰 것부터 해결하기로 했다. 사용하고 있는 신규 설비의 단점 보완이 필요했다. 이미 난 알고 있었다. 사전에 다른 새로운 설비로 교체하고 싶었다. 사장님은 조금 더 사용하고 싶은 마음이셨다.

투자한 금액이 있다. 지출이 다시 발생하여 미루기로 하다가 다른 문제로 터지고 말았다.

고객사 요구조건이 신규 설비에서 도저히 만족할 수 없었다. 이때 미리 그린 두 번째 신규 설비 그림이 떠올랐다. 사장님께 초기 얼핏 보여 드린 적 있다. 첫 번째 단점을 보완한 설비다. 보완이 아닌 설계가 획기적이었다. 앞에서 말한 것처럼 생각을 뒤집어 아이디어 스케치했다. 사장님은 3차원 설비를 신기하게 보셨다. 공정별 확인은 완료한 상태이며 핵심 공정에 최적화시켰다. 매출도 더 상승한다. 작업자 근무 환경도 많이 보완했다. 중요한 것은 핵심 공정 최적으로 인원 감소까지 가능했다. 고급 기술자가 아니어도 일반 작업자가 며칠만 작업해도 빠르게 이해하도록 했다.

두 번째 설비는 최적이지만 작업자에게 업무 부하가 걸렸다. 수작업으로 장시간 근무하면 힘들었다. 만족할 수 있도록 다른 하나와 동시 개발했다. 기존 방식은 하나의 제품이 100이라는 작업 시간이 필요하면 20 정도만 사용하도록 추가 신규 개발했다. 이것 또한 무에서 유를 만들었다. 작업 행위 삭제 목적으로 초기 설계 진행했다. 실제 적용은 100에 만족하진 못했다. 시간 지난 지금 작업자 근무 환경은 과거 대비 상당히 개선되었다.

사장님 욕심은 끝이 없다. 일이 편하면 인원을 감소시키려 한다. 어쩌면 두 번째 설비와 추가 개선된 것이 최적화되어 공정 삭제도 생각 있었다. 회사 제품 특성상 완벽한 설비는 되지 못했다. 큰 불량 문제 해결로 조기 투입되었다. 두 번째 설비가 조기 투입되어 큰 문제점은 어느 정도 해결되었다. 두 번째 신규 설비는 회사에서 빛을 발하게 되었다. 생산량이 증가하여 매출은 상승하였다. 작업자 힘든 부분까지 고려해 설계했다. 두 번째 설비만 사용한다면 작업자들은 많이 힘들다. 자동화로 할 수 없는 제품을 작업자 손에 머무는 시간을 단축했다. 생산성이 오르고 작업자 근무 환경도 좋아졌다. 제품 품질 수준도 양호한 상태였다. 큰 사건은 조용해져 이제는 평상시처럼 흘러갔다.

사장님은 어느 날 나를 부르셨다.

"네, 사장님 찾으셨습니까?"

"그래, 자네 이번에 매출이 올랐더라."

책상 서랍을 열었다. 그 속에 흰 봉투가 보였다. 1년 전 기억이 생각났다. 이번에도 돈 이겠지. 사장님은 "많이 못 주니 식구들과 식사하고 해라."

봉투의 두께가 손으로 만질 때 1년 전보다 더 두툼했다.

"사장님, 감사합니다."

금액이 100만 원이었다. 기분 너무 좋았다. 어머니 생각이 가장 먼저 떠오른다. 좋은 소식만 항상 어머니께 말한다. 사장님께 좋은 경험하게 되어 감사함을 전한다. 포상금 받은 한해는 즐겁다. 두 번째 설비는 최적이었다. 회사는 생산량 상승시켜 매출 올렸으니, 사장님은 좋아했다. 사장님 호주머니 돈 채워 주는 일을 했기 때문이다.

기분 좋게 한해 마무리하고 신년이 되었다. 신년 초 새해 인사는 사장님은 늘 하신다. 갑자기 내 이름과 함께 승진 말이 귀에 들렸다.

당황한 채 앞으로 나갔다. 전 직원 앞에서 사장님께서는 나를 임원인 이사로 임명하셨다. 차장에서 부장 승진도 3년 차였다. 부장도 2년 근무했다. 승진 생각은 상상하지 못 했다. 2년 연속 포상금을 받았지만, 부장 2년 차에 이사로 승진되었다.

연초 좋은 일이 너무 크다. 직원들 앞에서 승진 소감을 말했다.

"우선 여러분께 감사드립니다. 제 혼자 할 수 없으며 여러분이 있어서 가능했습니다. 직장생활 이후 최고의 직급을 경험하게 되었습니다. 이 기쁨을 여러분과 함께 나누겠습니다. 감사합니다."

직원들의 박수와 함께 축하 인사를 받았다. 마음은 날아갈 것 같았다. 이날 내 SNS에 이사 승진이라는 게시물을 올렸다. 아주 많은 축하 인사를 받았다. 입사 후 최고의 날이었다. 이혼의 시간으로 살아오면서 힘든 상처는 모두 정리되었다. 책 읽으며 내가 정한 목표를 이루었다. 이제는 내게 쉼을 말하게 되었다. '은한아 그동안 수고 많았어. 이제는 네가 이룬 행복을 세상에 나누어야 한다.' 이런 생각들이 마음과 머릿속에 강하게 남았다.

고속 승진으로 회사에 기쁨의 떡을 돌렸다. 사장님은 "김 이사 이제 임원이니 말이나 행동을 조심해야 한다."

"네, 알겠습니다."

그 이후 경청하기 위해 입 다물고 일하고 있다. 최대한 말 아끼며 하루를 보냈다. 상대 이야기에 귀 기울이려 노력했다. 직장생활 잘하는 방법 두 번째 회사의 핵심적인 일을 하라. 실제 내 사례이다. 더 많은 이야기도 있지만 그중 대표적인 내용이다.

나를 내려놓기

마지막으로 직장생활 잘하는 방법 직원들 말에 귀 기울여라. 사람과의 소통이다. 부서 일로 작업자에게 지시를 내렸을 때 직원마다 성향이 다르다. 같은 말이라도 긍정으로 받아들이는 사람도 있고 투덜거리는 사람도 있다. 그 사람이 나쁘다고 할 수 없다.

현장 작업장 환경을 최대한 좋게 해주려 노력했다. 환경 개선이 많아 작업자는 나를 찾게 된다. 위에 말한 것처럼 작업자의 말에 귀 기울이라 했다. 작업자는 근무 환경 개선안을 담당자에게 전달 못 할 때가 많다. 그냥 입 다물고 일한다. 작업할 때 어려운 점은 좋은 제품 생산하고 싶지만, 한계점 왔다는 신호이다. 이런 부분을 귀담아들었다. 때론 힘들다 정도로 내게 말하곤 한다. 현장은 몸을 쓰기 때문에 하루가 피곤하다. 현장은 원래 힘든 곳이라는 법칙을 깨고 싶었다.

작업자가 요구사항을 말하지 못할 때 담아 두었다가 최대한 개선하려고 했다. 작은 것부터 큰 것까지 많았다. 작업자는 대부분 큰 것을 요구하지 않는다. 작은 간이 테이블 정도 지급되어도 좋아한다. 여기서 방금 말한 내용이 중요하다. 작은 것에 좋아한다고 했다. 작은 것 열 가지와 큰 것 한 가지 중 결과에 따라 감사함을 다르게 받아들인다. 작은 것부터 시작하면 된다. 작은 것 여러 개는 큰 것 하나와 크기가 같다. 큰 것부터 시작한다면 힘들게 느껴진다. 작은 것부터 시작하는 것이 진입장벽이 유리하다.

현장 작업자 요구사항을 최대한 적용해 환경을 개선했다. 이런 부분이 장기간 진행되면 현장 작업자와 친밀도를 높일 수 있다. 여기서 말하고 싶은 것은 내가 바쁘다. 시간을 내게서 빼앗아 간다. 회사에 늦게 남아 이런저런 잡다한 일을 했다.

몇 년의 시간이 지나 직원들과 관계도 좋아진다. 이런 일은 해당되는 부서가 없다. 누구나 하면 된다. 이런 일을 수용하고 도맡아 했다. 남이 볼 때는 일을 만든다고 말한다. 현장 직원을 위해 일할 때 행복 만족도가 높다. 그런 뒤 직원들에게 '감사합니다.' 말을 들었다. 어떻게든 해주고 싶었다. 직원들은 고마움을 표현한다.

세상에 행복한 일은 없다. 어떤 마음으로 일하느냐에 따라 행복이 되고 때론 싫은 일이 된다. 직장생활 하루 정도는 즐겁게 보낼 수 있다. 직장은 몇 년 또는 수십 년을 일한다. 지나온 시간보다 앞으로 남은 시간을 생각하라.

현재 내 나이도 인생 절반을 살았다. 여기 회사에 입사한 시간이 언제 그렇게 흘러갔는지 10년이라는 시간을 지났다. 현재는 앞으로 남은 시간을 생각하며 하루를 직장에서 보낸다. 직원들과 좋은 관계를 만들려고 한다. 살다 보면 이런저런 일들이 생기곤 한다. 당연히 사람으로 다툴 때도 있다. 서로가 좋게 풀어가는 일이 남은 시간을 잘 사용할 수 있다.

직원들 말에 귀를 최대한 기울이려 한다. 모두 허용되지 않을 때도 있다. 사람 관계에서 마찰은 있지만 대화로 지나간 일은 잊어버리는 게 다음이 좋다. 앞으로 계속 보아야 할 사람이라면 얼굴 붉히는 일을 줄이는 것이 좋다. 상대에게 먼저 양보하며 일하면 좋다. 한 번의 배려도 싫다면 사람 관계에서 힘들다.

사람은 손해 보려 하지 않는 습성이 있다. 직장 내 그 선을 정확히 지키려 한다. 과연 시간이 흐르면 좋을까? 결과는 좋지 않다. 상대 방도 알기 때문에 서로 내면을 다 보이지 않을 뿐. 마음은 이미 선 그어 놓는다. 직장에서 직원들 말 들어보면 여러 가지로 분류된다. 이익을 먼저 기준 삼아 말하는 사람도 있다. 또 다른 이는 혹시나 하는 마음이 앞서 입 다물 때도 있다. 상대 입장이 되면 알 수 있 다. 오죽하면 그럴까? 생각해 볼 필요가 있다.

직장은 아무래도 계급사회가 아직은 강하다. 최대한 수평 전개하 여 서로의 생각을 공유하는 것이 좋다. 한 번씩 그 선을 넘을 때 지 적당할 때도 있다. 이때 말 때문에 문제를 일으킨다. 어느 날부터 경 청하려 노력했다. 입 열지 않고 일하고 있다. 말의 수 줄이는 연습을 했다. 몸 힘들고 마음 짜증 날 때도 입 밖에 내지 않도록 노력했다. 사람은 하루 종일 입 열지 않고 살 수 있을까? 신이 아닌 이상 안 된 다. 말할 때는 상대를 위해 한 번 더 생각하고 조심해야 한다. 한두 사람이 아닌 수십 명이 있다. 각자 다른 성격을 가진 공동체 조직이 다. 상대 말에 경청한다면 실수는 줄일 수 있다. 말이 많아지면 그날 컨디션이나 업무에 따라 일이 터진다. 말하는 자기 자신은 모른다.

현장 직원들 이야기를 듣는다. 들을 때마다 웃곤 한다. 한 번씩 웃 겨 주기도 한다. 이런 관계는 부드럽게 돌아간다. 칼을 세워 일하지 않기를 바란다. 언젠가는 그 칼날이 자신에게 돌아올 때도 있다. 날 짜마다 직원들 이름을 적은 뒤 현장 직원들과 개인 면담을 했다. 대단한 내용은 없다. 우선 아픈 곳이 있는지 물어본다. 일할 때 힘든 점 있는지 묻는다. 직원들은 이런저런 이야기 한다.

대부분 사람 관계나 업무 환경으로 몸 상태가 좋지 않다. 개인 상담이지만 노트 만들어 상담 내용을 받아 적는다. 힘든 부분이나 필요한 것 있는지 기록으로 남긴다. 한 달 동안 현장 직원들 상담 내용은 컴퓨터에 다시 옮긴 후 보고 한다. 사장님은 신기한지 내용을 읽어 보셨다. 비용 작은 부분은 사장님은 별말씀하지 않으신다. 현장 직원들과 몇 개월간 상담으로 상대 입장에서 이해하려 했다. 필요한 물품을 전달해 업무 환경이 개선되면 그것만큼 좋은 것 없다.

사장님은 처음 내 의도를 좋아하지 않으셨다. 시간이 흘러 조금씩 별다른 말씀을 하지 않으셨다. 현장 한 번씩 둘러볼 때 직원들은 사장님께 '감사합니다.' 말한다. 물품은 사장님 비용에서 지출된다. 직원들은 고마워할 수밖에 없다. 사장님도 기분 좋다. 작은 것에 감사라는 마음을 얻었기 때문이다. 보기보다 쉬울 것 같아도 가장 어렵다. 기업 사장님들은 지출을 엄청나게 중요하게 생각한다. 적은 금액이라도 그냥 쉽게 사용하지 않는다. 여기 사장님과 현재 10년을 지났다. 과거 나와 여러 가지 일을 진행했다. 어쩌면 운이 좋은 편이다. 사장님은 결재하고 난 행복한 일을 했다. 업무 환경을 개선하면 직원들은 내게 감사함을 표현한다. '일 편하게 하세요.' 직원에게 이 말만 한다.

육체적으로 하루라는 시간을 보내어 한 달 급여를 받아 간다. 한 달 급여로 가족들과 작은 행복을 나눈다. 힘들게 번 돈 이지만 좀 더 쉽게 벌어가도록 관심 가진다. 아프지 않고 오랫동안 일 하는 것이 나의 행복이다. 사장님께 감사함을 말씀드리고 싶다. 앞에서 말한 내용이다. 힘들게 신용카드 받은 뒤 공장 밖에서 눈물 흘리고 들어와 사장님께 한 말이다.

"사장님, 감사합니다. 나중에 제가 잘 되면 모든 것을 말씀드리겠습니다."

"자네, 그리 말하니 궁금하네?"

이제 그 답변을 드릴 수 있다.

"사장님, 제가 이혼하고 지금 회사에 입사했습니다. 어쩌면 가장 힘든 시기였고 경제적으로도 너무 긴박했던 시간이었습니다. 일이 많아 적당히 급여 받게 되어 채무를 정리하게 되어 너무 감사합니다. 중요한 것은 제가 회사에 열심히 일한 것도 이런 아픔이 있어서 그리한 것 같습니다. 회사는 내 것이 아니지만 최대한 진행할 수 있게끔 제 옆에서 지켜봐 주셔서 너무 감사합니다. 이제 남은 시간 얼마나 될지 모르겠습니다. 제가 있는 동안까지 회사를 위해 최선을 다하겠습니다. 사장님 제가 왜 열심히 일하며 살아왔는지 이제야 그 답을 드립니다. 한 번 지나갈 수 있는 회사지만 저 자신과 싸우고 버티며 살아온 시간이 어떻게 흘렀는지 모르겠습니다. 지금 이 자리에서 다시 한번 감사함을 드립니다."

직장생활 잘하는 방법 사례와 함께 말했다. 대표적인 사항만 요약했으며 나머지 다른 것도 많지만 현실에 적용할 수 있으면 보다 나은 방향으로 나아갈 수 있다. 개개인마다 차이는 다르지만 잘 적용되어 더 나은 삶을 살길 응원한다.

3.

건강은 건강할 때 지키자

건강은 건강할 때 지켜야 한다. 이혼 후 내 몸에는 많은 변화가 생겼다. 전처와의 연애기간 동안 난 무척 건강했다. 십 대 시절부터 몸을 조금씩 움직이기 시작해 지금 나이 50세가 지나도 늘 관리하고 있다. 차이점은 젊은 시절은 아픈 곳 없어도 운동을 좋아했다. 특별히 잘하는 종목은 없다. 집에서 기본적인 운동으로 몸 관리했다.

나이를 먹으면서 자연스럽게 게을러진다. 인간의 본능 중 하나이다. 배고프면 밥 먹어야 했고 먹은 후 늘어지는 것은 당연하다. 먹는 순간 모르지만, 시간 지나면서 배 둘레가 커진다. 30대를 넘어서면 살들이 모이는 곳은 정해져 있다. 이유는 나이 먹었다고 한다. 지방들이 한곳으로 모여야 살 수 있다.

결혼 후, 살이 늘기 시작했다. 개인사업 때문에 스트레스를 먹는 것으로 풀었다. 참는 것도 곤욕이다. 인간의 본능 중 먹는 행복은 가장 좋다. 더 좋은 것도 있겠지만 먹고 싶은 것 먹을 때가 좋다. 그런 행동들이 나를 망치게 한다. 체중이 85kg까지 늘었다. 결혼 전

20대는 적당한 체중이었다. 결혼 후 엄청나게 늘어져 버린 몸이 되었다. 결혼생활 4년 만에 20㎏ 찌운 셈이다. 무릎에 통증이 생겼다. 과체중은 무릎에 영향을 준다. 오른쪽 어깨도 통증이 생겨 팔을 올릴 수가 없었다. 병원치료 하며 조심스럽게 활동했다. 이혼하기 직전 내 체중은 80㎏을 넘나들고 있었다. 관리한다는 게 유지였다.

이혼 후, 사업을 관두고 공장 이직 후 고생했다. 정신적으로 가장 힘들었고, 혼자 살다 보니 먹는 것이 부실할 수밖에 없었다. 처음 일했던 공장에서 1년 동안 10㎏ 감량했다. 남들은 어떻게 살 뺐는지 묻곤 했다. 이혼으로 어쩌고저쩌고 말하기 싫었다. 혼자 살다 보니 영양가 있게 먹지 못했다. 중요한 것은 퇴근 후 야식을 먹지 않았다. 피곤했고 맛있는 것도 혼자 먹으면 맛이 예전 같지 않았다. 정신적으로 힘들었지만 먹는 것도 챙겨 먹지 못했다. 살이 빠질 수밖에 없다. 돈도 부족했다. 그 흔한 치킨을 자주 먹지도 못했다. 아껴야 했고 몸이 힘들었다. 이것 또한 쉽지 않았다.

1년 만에 배 둘레가 눈에 띌 만큼 줄었다. 바지 입어보면 가장 먼저 알 수 있다. 남들은 살 빼겠다고 헬스장 다니며 노력해도 빠지지 않는다는데 저절로 빠진 셈이다. 친구들은 공짜로 살 빼서 돈 벌었다고 웃었다. 돈도 절약되고 시간도 번 셈이다. 운동하지 않아도 체중은 점점 내려갔다. 체중계 70 숫자를 볼 때, 20대 시절 숫자 앞자리 6으로 만들고 싶었다. 괜히 오기가 생겼다. 바지 입을 때 사이즈에 맞는 옷을 입고 싶었다.

이혼 후, 잘 챙겨 먹지 못해 체중이 젊은 시절로 돌아가는 게 느껴졌다. 옷가게에서 바지를 원하는 사이즈 입게 될 때 기분이 좋았다. 자존감 엄청나게 올라간다. 이제는 아무 옷이나 치수 맞는 옷을 입을 수 있다. 단점이라면 작은 키였다. 유전으로 물려받은 거라 어떻게 할 수 없다.

건강에 관해 말하는 이유는 지금 내 나이 50을 넘어가고 있다. 여기저기 몸 상태가 좋지 않다. 일 무리하게 한 탓인지 어깨가 너무 아팠다. 옷 입는 게 힘들 정도였다. 현재는 일상생활 정도 가능하다. 일할 때 몸을 아끼지 않는 성향이다. 열심히 한다는 게 몸에 상처를 주었다. 이제는 고장 났다. 지금 다니는 회사 입사 전 헬스장에서 멋모르고 운동하다가 허리를 다쳤다. 허리 디스크이다. 회사 입사 때 의자에 앉지도 못했고 너무 고생했다. 허리 디스크 심하면 다리 저리고 발가락까지 저린 증상이 있다.

초기에 한쪽 다리 저림 증상과 허리가 아파서 의자 앉는 것이 두려웠다. 병원치료를 엄청나게 다녔다. 아프더라도 회사를 관둘 수가 없었다. 돈이 너무 필요한 상황이라 치료하면서 버텨야 했다. 직장 이직이 쉽지 않은 나이였다. 적당히 괜찮으면 나 자신 눌러가며 참고 일했다. 회사 입사 후, 허리 디스크로 병원 신세를 져야 했고, 일을 무리했는지 어깨를 다치고 말았다. 젊을 때는 다친 곳 없이 잘 살았다. 같은 일을 해도 몸이 버텨냈다.

지금은 아프다고 신호 보낸다. 허리 디스크와 사업할 때 아팠던 어깨가 나이 들어 다른 일로 재발하여 병원을 무수히 다녔다. 일은 해야 했고 허리와 어깨에 주삿바늘을 많이 찌르며 일했다. 병원에서 일 그만두는 게 좋다고 했지만, 현실은 그럴 수 없었다. 돈이 뭐기에 몸은 망가져 마음도 아프다. 이혼으로 참고 버티며 살아온 시간이 10년을 넘기고 있다. 주변 모든 상황을 정상으로 돌려놓았지만, 몸은 엉망이 되어 버렸다.

어머니 말씀은 '남는 게 병밖에 없다.' 어머니도 가족 먹여 살린다고 앞만 보며 일만 했다. 지금은 연세 있어서 노동의 대가로 고생하고 있다. 수술했지만 정상 생활은 겨우 하신다. 열심히 일하고 사는 것도 좋지만 아프면 나만 손해다. 아무도 알아주지도 않는다. 어머니는 자식이라도 있어서 덜 서글프다. 과거 삶은 힘들게 고생하며 살아왔지만, 복이 올지 버텼다. 인생 끝이 되어도 그 복은 오지 않았다고 한다. 첫째 아들 나를 보며 살아왔다. 내 이혼으로 어머니 건강을 키우지 않은 게 다행이다. 이혼했지만 그 마음 잘 알기에 어머니에게 인생의 복 하나 만들려고 한다.

어머니는 내가 옆에서 챙겨 드리고 있다. 이혼했기 때문에 가능하다. 어머니는 '건강해야 하는데.' 나를 두고 나중에 눈 감는 것을 걱정하신다. '걱정하지 마라. 내가 알아서 한다.' 미래는 알 수 없다. 건강을 유지하며 꾸준히 관리하고 습관 지키며 살고 있다.

몸을 아껴야 한다

글 쓰고 있지만 손가락과 손목 주사를 수십 번 맞았다. 일을 무리

해서 하니 재발한다. 일할 때는 되도록 조심하고 있다. 예전에는 몸을 아끼지 않았다. 이제는 그때처럼 일을 못 한다. 한번 조금이라도 힘쓰게 되면 다음 날 손가락이나 손목이 아프다. 병원 가서 주사 맞아야 한다. 메모지에 병원 간 날 기록하고 있다. 글 완성할 때까지 매일 퇴근 후 글을 썼다. 원인 모를 통증으로 분량 한쪽을 넘기지 못한다. 한쪽만 넘겨 글 쓰면 손목이 아프다. 손목 받침대로 쿠션을 사용했지만 불편해 버리고 다른 받침대를 사용한다. 나이 들어오는 관절 문제인지 물어보았다. 아직 그 정도는 아니라고 했다.

손가락과 손목이 아파서 한 손으로 물병 잡을 때 힘쓰지 못한다. 다치기 전 작은 체격이지만 팔씨름으로 져 본 적 없을 정도로 강했다. 다 한때이다. 사람은 나이 들면 과거 어떻게 살아왔는지 알 수 있다. 벌써 나이도 젊은데 여기저기 아프니 말하기가 부끄럽다. 허리 디스크도 세 번이나 재발하여 이제는 겁난다. 수술해야 했지만 일을 계속해야 하는 상황으로 주사 맞으며 살았다. 사람은 한번 크게 아프면 두 번 다시 아프기 싫다. 조심스럽게 행동하거나 일하게 된다. 회사에서 어떤 일을 하고 싶어도 손가락과 손목이 아파 예전처럼 덥석 덤벼들지 못한다. 어쩔 수 없이 해야 하는 일이라면 최대한 조심스럽게 일한다.

글 쓰고 있는 이 시간도 장시간 의자에 앉는 게 조심스럽다. 글이 잘 써질 때 막 쓰고 싶지만, 손목과 허리 문제로 그만하라는 신호를 보낸다. 매일 퇴근 후 글을 빨리 쓰고 싶은 마음은 크다. 하지만 몸이 힘들어해 일정량만 쓰고 있다. 더 쓰게 되면 다음 날 바로 증상이 나타난다. 이제는 나이 먹었는지 내 마음대로 하고 싶지만, 몸이 안 따라 준다. 하필 의자에 앉아 글 쓰는 것이 지금 내게 가장 큰 부하이다. 건강이 이렇게 소중하다. 인간의 수명도 길어져 죽을 때까지 건강히 살아야 한다. 하루 이틀 살 것도 아닌 앞으로 살날이 꽤 남았다. 몸이 건강해야 일도 열심히 할 수 있다. 현재는 몸 건강을 위해 최대한 신경 쓰고 있다.

글 완성되는 날만 기다리고 있다. 몸 상태가 정신을 못 이기는 시간이 되면 몸이 반응한다. 동작 그만 신호 주면 쓰던 글 멈추고 저장한 뒤 컴퓨터를 끈다. 가장 무모한 도전이고 해야만 하는 것 중 하나이다. 몸이 이렇게 될지 몰랐다. 허리디스크는 재발하지 않게 조심하고 있다. 코로나 이후 어느 날 그 한 번의 일이 무리였는지 손가락과 손목이 현재 가장 고질병이다. 밥 먹을 정도의 힘만 사용할 수 있다. 무거운 것을 드는 게 사실 겁난다. 사람은 아파봐야 상대의 마음을 이해할 수 있다.

현장에 근무하는 직원들 역시 뼈마디 여기저기 모두 아프다. 말하지 않을 뿐, 아파도 참고 일하고 있다. 어머니 연세는 아니라도 자식들도 결혼했다. 그만해도 되지만 아직 참고 현장에서 일하고 계신다. 돈 때문이라 생각한다. 한 푼이라도 더 벌어야 하는 마음이 대부분이다. 옆에 지나가면 파스 냄새가 코에 들어온다. 그만하셔도 되지만 참고 일하는 모습을 보면, 나중에 그만둘 때 온몸 병 오지 싶다. 한 푼이라도 모아야지 하는 마음이 나중에 모아둔 돈 모두 나갈 수 있다. 사람 몸은 아프다고 신호를 주지만 돈이 나를 움직이게 한다.

이혼 후, 체중이 운 좋게 감소하여 나름 살만했다. 적당히 좋은 체격을 가지고 있었다. 회사에서 늦게까지 일하고도 잘 버티곤 했다. 일 하다 보면 다치는 것은 당연하다. 나이 먹어도 기억은 과거를 말한다. 이 정도쯤이야 생각이 그만 실수하게 되어 몸에 상처를 남긴다. 화물차 트럭에서 뛰어내리다가 발목을 심하게 접혔다. 발목 주변이 멍들고 심하게 부어올라 병원에서 주사 한 대 맞고 압박붕대 감싸고 일했다. 몸이 약하다는 것을 순간 잊어버리고 일할 때가 많았다. 일하면서 관절 부위는 성한 곳이 없다.

다치면 상처 회복 속도가 더디다. 예전 같으면 금 새 낳아 일할 때 별 무리가 없었다. 시간이 흐르면서 안 된다는 것을 느낀다. 한번 다친 부위는 같은 일로 다시금 재발한다. 어떤 날은 다친 기억이 없는 부위인데 아프다. 왜 그럴까? 생각해보면 과거 여기 오기 전 다친 부위다.

일하면서 많은 사용으로 과거 다친 상처가 재발하기도 한다. 일 그만둘 생각한 적도 있다. 그럴 수 없는 처지라 병원 다니며 조심스럽게 일했다. 장기간 입원할 입장도 못 된다. 어머니께 부담 드릴 것 같아 조심히 일했다.

사람의 신체는 모두 중요하지만, 현재는 허리와 어깨다. 최근 추가된 것이 손가락과 손목이다. 모두 관절 부위다. 여기 회사를 떠나 다른 곳에서 일하면 사무직 아닌 이상 현장 일한다면 몸이 못 버틴다. 그리고 다시 병원 신세가 된다. 현장 근무하는 분들은 가장 고생한다. 아파보면 알 수 있다. 시간에 이길 수 없는 것이 몸이다. 한번 다치면 관리하고 재발하기 싫어 보완한다.

몸의 소중함

이혼 후, 몸 돌보지 못한 내 잘못이 크다. 왜 내 몸은 관절이 더 아플까 생각했지만, 원인을 몰랐다. 일하다가 다친 경우도 몇 번 있다. 몸 아프면 모든 것이 힘들어진다. 혼자 사는 난 조심할 수밖에 없다. 아프면 안 된다고 말하지만, 현실은 저버릴 수 없다. 아파도 가야 하는 나 자신, 돈이 무엇인지 몸 망가지는 것 생각하면서도 일하고 있다.

현재 회사 10년을 넘겼다. 몸 상태가 어느 정도일까? 글쓰기 하는 순간 손가락과 손목이 아파 주사를 많이 맞았다. 글 쓰는 속도를 조금 줄여 매일 정해진 분량은 어떻게든 쓰고 있다. 하루 글 쓰고 나면 손가락과 손목이 아파 손으로 주무른다. 계속할 경우 다음 날에 병원 가서 주사 맞고 약 먹으면 통증이 조금 완화된다. 약 먹는 것은 좋아하지 않았다. 지금은 집에 늘 약이 있다. 글을 완성해야 하는 마음은 굴뚝같다.

몸 버티는 것도 한계에 도달했다. 글을 조금 밖에 못 쓴다. 정확히 말하면 한쪽 정도이다. 좀 더 쓰면 손목에 즉시 무리가 온다. 그다음은 손가락이다. 한쪽 손으로 주무른다. 손을 폈다 오므렸다 한다. 손가락 관절 부위가 아파도 쓴다. 일 무리하게 한 번 했지만 이렇게 오랫동안 아파본 적은 처음이다. 주사와 약은 그 순간뿐이다. 시간 지나면 다시 아파지기 시작한다. 항상 글쓰기를 조심히 하고 있다.

회사 강한 힘을 사용한 날은 더 아프다. 바로 병원으로 가야 한다. 회사에서 손 사용은 피하지만 집에 오면 글쓰기로 조심스럽다. 조금씩 좋아지고 있지만 아주 미비하다. 글쓰기가 가장 큰 부하를 걸고 있다. 손가락과 손목 그리고 허리 전부 다쳤던 부위이다. 재발도 여러 번이고 나을만하면 조금씩 상처가 남아있다. 어깨 관절 부위 주사를 많이 맞았다. 지금은 아주 양호한 편이다. 일하며 글쓰기는 어떻게든 버틸 수 있다. 선을 넘으면 어깨도 아프다고 신호 준다.

병원을 좋아하는 사람은 없다. 몸에 상처를 만들기는 쉽다. 반대로 치료가 어렵다. 치료 잘 되는 방법 있다면 누구나 원한다. 건강히 오래 살 수 있는 치료제가 있다면 대박 난다. 그만큼 인간의 몸은 시간을 이길 수 없다. 같은 시간을 살아도 좀 더 건강히 살아야 한다.

벌써 이 나이에 아파서 이런 말 나오지 않아야 한다. 일도 좋지만, 몸 챙겨가며 일해야 한다. 일에 너무 몰입하면 나 자신을 볼 수 없다. 어느 날 아프다는 신호를 준다. 갑자기 왜 이러지 한다. 절대 '갑자기'란 없다. 몸을 너무 돌보지 않은 탓이다. 운동도 매일 규칙적으로 해야 한다. 영양소 있는 식단도 중요하다. 두 가지는 내가 직접 실행하는 부분이다.

회사 현장 직원들의 건강에 귀를 기울인다고 했다. 다들 돈이 필요해서 일한다. 무리하게 버티면 중간에 어쩔 수 없이 잘 다니던 회사를 그만두어야 한다. 회사 차원에서도 손실이다. 아파도 이때까지 이 악물며 참았다. 어느 누구 하나 대단하다고 말하는 사람 없다. 아픈 사람만 손해다. 참아가며 일하는 동안 병을 키운 셈이다. 회사를 퇴사하고 이때까지 힘들게 번 돈은 병 고치느라 모두 날릴 수도 있다.

현장 근무 상황은 사무직보다 육체적인 노동을 많이 한다. 젊은 사람도 같은 장소에서 장기간 근무하면 아프다고 한다. 그런 부분을 개선해 직원들도 일하기 쉽고 장기 근무하는 것이 기업으로서도 이익이다. 당장 손해 보는 것 같아도 직원들이 전혀 아픈 곳 없이 일하는 것은 힘들지만, 병원 다니며 치료하지 않도록 하는 것이 좋다. 왜 그럴까? 지금 내 몸이 정상이 아니다. 상대를 이해할 수 있다.

한 번으로 끝나면 좋지만 일하는 장소는 제자리로 돌아온다. 힘든 일은 그래서 이직하는 경우가 많다. 아프면 스스로 퇴사할 수밖에 없다. 기업에서 개개인 조건을 수용하는 것도 한계가 있다. 이런 부분을 개선해 직원들 아픈 곳 없이 근무했으면 희망 사항이다.

아파서 병원 다녀본 사람이라면 상대 처지를 이해할 수 있다. 위치를 서로 바꾸어 보면 알 수 있다. 병원에서는 지금 돈 더 받으며 계속 일한다면 나중에는 전혀 일하지 못할 수 있다고 했다. 병원에 진료받으러 오는 사람들도 각자 사정이 있다. 아파도 일해야 하는 처지다.

이혼 후, 어떤 일 하느냐에 따라 몸에 상처를 만들지 않을 수 있다. 갈 곳도 없고 당장 발등에 불 떨어진 상황이라면 몸에 부하 많은 곳으로 갈 수밖에 없다. 몸 사용하는 일이 많다. 그때 몸 상태는 젊은 나이였고 무리하게 일했다. 글쓰기도 빨리 끝내려면 장시간 부하를 걸어야 한다. 다음날 손목과 손가락이 아파 얼마 쓰지 못하고 그만해야 한다. 돈이 진짜 뭐기에 빚 채무 정리하니 남은 것은 병뿐이다.

글쓰기 전까지 어깨와 허리는 일상생활 정도는 가능했다. 일을 떠나 글 쓰는 것도 상당히 몸에 부하 걸린다. 앞에서 말한 것처럼 손가락과 손목이 현재 가장 심각하다. 퇴근 후 스트레칭을 할 때도 아프다고 신호 보낸다. 이렇게 긴 시간이 필요할지 몰랐다. 가장 신경 쓰이는 곳이 손가락과 손목이다. 회사에서 일할 때도 예전처럼 활동적으로 할 수 없다. 그다음은 글쓰기다. 회사에서 조심히 하루를 마무리한다. 집에서 글쓰기 시간을 조절하고 있다. 마음 같아선 장시간 쓰고 싶지만, 몸에서 아픈 신호를 준다. 너무 열심히 한다는 게 그 선을 넘었다. 자신을 돌보며 해야 한다. 먹고 산다는 게 지금 몸이 이렇게 되었다.

일하는 시간은 인생 전체에서 몇십 년이다. 건강하다면 오랫동안 일하는 시대이다. 시작할 때 길게 보아야 한다. 시간을 당긴다면 몸에 부하가 걸린다. 초기에는 몰라도 어느덧 전조증상이 나타난다. 할 만하다는 생각이 조금 더 일하게 된다. 어느 날 아파서 병원 간다. 그동안 몸이 버텼다. 그 이상은 안 되어 아픈 신호를 준다. 아픈 신호가 일찍 오는 경우는 무리하게 일하면 그런 경우다.

나이 50이라는 시간을 지났다. 아직은 건강한 나이다. 몸 여기저기 통증 만든 게 아쉽다. 완치할 수 없다. 하던 일 그만두면 가능하다. 현실은 그렇지 못하다. 몰입에 빠져 아픈지도 모르게 일했다. 돈이 걸려있다. 과거보다 글 쓰는 지금이 좋다. '열심히 일 하다.'라는 말에서 지운 말이 있다. 그것은 '열심히'이다. 이제는 몸이 못 따라간다.

앞으로의 시간을 보며 지금 준비하고 있다. 몸을 조심히 돌보며 있다. 쉬는 시간을 주고 싶다. 글이 완성되면 가장 하고 싶은 것은 휴식을 주고 싶다. 일은 조절할 수 있지만 글 쓰는 동안 손가락과 손목에 주사 맞는 과정을 줄이고 싶다.

지금 현재 가장 길게 복용하는 약이 있다. 이명이다. 왼쪽 귀에 이명 증상으로 장기간 복용하고 있다. 말하기 부끄럽다. 몸 하나 정상인 곳이 없다. 독서와 글쓰기 할 때 아주 약간 소리로 음악을 틀어놓는다. 집은 혼자 살고 있어 조용하다. 병원에서 TV 소리라도 약하게 틀어놓으라고 했다. TV는 안 보며 살고 음악으로 대체했다. 이명은 내게 가장 큰 고통이라 할 수 있다. 약을 그만 먹고 싶다.

이명이 발생하기 전 허리와 어깨 정도였다. 어느 해 돈이 필요해 고민을 깊게 했다. 잠자려고 누웠다. 귀에서 강한 소리로 잠을 제대로 못 잤다. 병원에 가니 이명이라 했다. 병원에서는 완치가 어렵다고 했다. 젊은 나이에 발생하는 경우는 드물다고 했다. 아마도 스트레스인 것 같다. 그 당시 회사 일도 많았다. 한참 늦게까지 일했다. 퇴근 시간은 내겐 없었다. 일이라면 어떻게든 해결하려 했다. 일 중독자처럼 살았다. 그런 과정이 환자로 만들었다. 스트레스로 이명을 만들어 지금도 약 복용 중이다. 한 번씩 관절 아픈 약과 겹치면 약봉지가 수두룩하다. 쉬는 날이면 밥을 건너뛰고 싶어도 그럴 수 없다. 약을 먹고 유지하는 이유는 살기 위해서이다.

건강의 중요성

돈을 떠나 몸 아프지 않은 것이 가장 좋다. 무슨 일이라도 할 수 있다. 늦은 나이에 한 번 다치게 되면 완치가 어렵고 약을 늘 가까이 두고 산다. 이명약을 서서히 끊을까 생각도 했다. 왠지 겁난다. 병원에서 관리하지 않으면 청력 손실될 수 있다고 했다. 지금이라도 약을 중지하면 소리가 커진다. 잠을 제대로 못 잔다. 다음날 무척 피곤해져 일하는 데 방해가 된다. 저녁 약은 잊어버리지 않고 챙겨 먹는다. 미세한 소리는 나지만 더는 진전 되지 않고 있다.

글쓰기 때문인지 혼자 생각해보았다. 회사 일은 요즘 과거보다 스트레스가 감소한 편이다. 이명은 완치되지 않는다. 글쓰기가 많은 부하를 만든 건지 생각도 든다. 글 쓰는 동안에는 모른다. 생각나는 대로 글 쓰고 있다. 뇌를 많이 사용하면 좋다고는 하지만 생명력이 감소하게 된다고 한다. 만약 글쓰기가 내게 잘 맞는다면 이명이 없어질까? 이명약은 책이 완성될 때까지 먹기로 했다. 스트레스는 최소한 줄이는 게 좋다.

지금 어떤 행동을 한 상태에서 손 놓았을 때, 힘 빠진다면 에너지를 많이 사용하는 증거이다. 글쓰기 해 보니 쓸 때는 모른다. 하루 정해진 분량 쓴 뒤 피곤해진다. 이런 시간을 지금 몇 년 동안 보내고 있다. 이명약을 줄이고 싶어도 글쓰기 때문에 계속 복용 중이다. 여기에다 관절이 아파 약이 추가되면 약으로 배를 채운다.

일도 해야 하고 글도 써야 한다. 어느 것 하나 손에서 놓을 수 없다. 돈이 필요한 시간이고 앞으로도 필요하다. 몸이 건강해야 한다. 어느 하나 정상이 없다. 미래가 걱정된다. 다행히 아파서 입에서 소리 지를 정도는 아니다. 그 이상이라면 하던 것을 그만두어야 한다. 지금 하는 행위 때문에 몸 상처까지 만들고 있다면 한번 생각해보길 바란다.

인생의 시간은 아주 길다. 일찍 저세상으로 가길 바란다면 그리해도 되지만 오래 살아야 한다. 인간의 목숨은 소중하다. 아픈 사람은 주변에 많다. 말하지 않을 뿐이다. 너무 무리하게 하지 않았으면 한다. 아프면 본인만 손해다. 돈 많이 받길 원하지만, 세상은 공짜가 없다. 유지하려다 몸에 상처 남겨서 일을 그만둘 수도 있다.

짧은 시간에 많이 벌려다가 영원히 못 벌 수도 있다. 길게 보아야 한다. 기준을 조금 낮추어 몸에 걸리는 부하를 낮추면 좋다. 가장 좋은 것은 건강히 오랫동안 하면 좋다. 인생은 정답은 없다. 건강이 곧 자산이다. 시간이 지나 원하는 위치에 도달했을 때 주변을 둘러보길 바란다. 몸 상태를 확인해야 한다. 평상시 모르던 것이 정지되면 고통을 느낀다. 매일 일할 때는 모른다. 하지 않으면 몸이 아프다. 이것이 직업병이다.

움직여서 통증을 잠시 감소시킨다. 보통 참으며 일하지만 좋은 것은 아니다. 쉬어보면 알 수 있다. 온몸이 쑤시고 아프다. 왜 그럴까? 일하는 이유야 여러 가지겠지만 돈이 주된 원인이다. 돈이 많아도 아프면 그만이다. 사람들은 많은 돈을 벌기 위해 밤낮 모르고 일한다. 너무 과한 몰입으로 병 키우는 셈이다. 무리하지 않는다는 게 현실에서 손 놓을 줄 모른다. 정지할 수 없는 상황이 대부분이다. 일과 돈 때문에 나 역시 관절과 이명까지 만들어 버렸다.

원하는 위치에 도달했을 때 그 순간 좋았다. 얼마 후 여기저기 아파 왔다. 버티고 버틴 것이 여기까지 왔다. 현재 몸을 원상태로 돌리고 싶어도 안 된다. 현대 의학이 발달 되어도 병원에 머무는 순간 주변인에게 부담 준다. 최소한 병원 치료받으며 몸 관리하길 바란다.

건강은 건강할 때 지켜야 한다. 큰 병으로 가기 전 차단해야 한다. 순간의 고통이 나중에 악한 상황까지 만들지 않도록 해야 한다. 몸은 스스로 지켜야 한다. 상대가 몸 관리 해주지 않는다. 일하다 보면 돌볼 시간이 없다. 시간을 만들어 조금씩이라도 몸 관리하면 된다. 아무것도 하지 않으면 병과 함께 일 그만두게 된다. 가족이 있다면 더욱 자기관리 하며 일해야 한다.

현재, 난 젊은 시절 건강한 몸 하나 믿고 무리하게 일했다. 아파보니 소중하다는 생각이 절실했다. 갚아야 하는 빚과 양육비 등, 주변에 널려 있는 것을 정리하려면 관둘 수도 없었다. 단시간 일한다면 가능하지만, 장기간에 걸쳐 일해야 했다. 앞으로도 일할 시간이 남아있다. 이제 여기서 한 번 더 강하게 아프게 되면 병원 신세로 살아야 한다.

일하면서 아플 때마다 병원 다니며, 완치는 아니라도 아픈 부위를 가라앉힐 수 있다. 하나 더 추가한다면 건강식과 운동해야 한다. 결혼생활 할 때와 이혼 직후에는 운동하지 못했다. 지금 회사에서 관절을 무리하게 사용했다. 아파보니 몸 관리하게 되었다. 몸 관리에 관한 내용은 나중에 설명하겠다.

　사람은 일하며 살아야 한다. 건강 비결은 멀리 있는 것이 아니다. 가까이 있다. 다시 한번 말하지만 아프면 나만 손해다. 몸 관리하며 즐겁고 행복하게 일하길 바란다. 건강은 건강할 때 지켜야 한다.

4.

삶의 속도

사람마다 삶의 속도가 있다. 나만의 속도 제어를 통한 깨달음을 말하겠다. 현재 회사 자전거 출퇴근한다. 자전거 출퇴근 시간은 대략 8년을 지나고 있다. 자전거 타게 된 계기가 있었다.

이혼 후 돈도 늘 부족했고 통장은 현금 없는 날이 대부분이다. 이혼 초기 신용불량 문제도 있었다. 신용카드는 정지되어 어머니 신용카드를 내가 가지고 다녔다. 현 회사 입사 전 운동을 잘못해 허리디스크 진단을 받았다. 치료해 가며 일했다. 조금씩 괜찮아질 때쯤 누군가 자전거 타면 좋다고 말했다. 믿거나 말거나 자전거 구매 생각했다. 허리가 그럭저럭 좋아졌을 때 집 근처 슈퍼 갈 때와 운동 겸 사용하려고 했다.

친구와 마켓을 갔다. 건물 밖 구석에 있었다. 길가 자전거를 보고 있었다.

판매원은 "자전거 찾으세요?"

"네, 제가 탈 만한 것 찾고 있습니다."

"그럼 어른용은 이쪽에 있습니다."

"아니요. 작은 자전거 찾고 있습니다. 동네에서 탈 겁니다."

판매원은 "그럼 이것 어떠세요?"

순간 눈에 확 들어왔다. 작은 사이즈와 흰색으로 귀엽게 생겼다.

"이것은 어떤 자전거입니까?"

"미니벨로라고 합니다."

작은 사이즈와 가늘고 깔끔했다. 중요한 것은 금액이다.

"이거 얼마인가요?"

"지금 행사 기간이라 13만 원입니다."

금액 듣는 순간 멈칫했다. 통장은 잔고가 늘 바닥이라 부담되었다.

"지금 사시면 장바구니와 열쇠까지 드려요."

구매 자극이 되었다. 행사 기간에 사야 할 것 같았다.

"카드 할부 되나요?"

부끄러웠다. 13만 원 지금 같으면 현금으로 살 수 있다. 그때는 만 원도 귀했다. 카드를 드렸다.

"3개월 해주세요."

어머니 카드를 드렸다. 어머니 신용카드는 잠시 내가 사용하게 되었다. 신용불량으로 그 당시 카드 발급이 안 되었다. 결제 완료되어 매달 갚는 금액 머릿속에서 셈하고 있다. 매달 4만 원 조금 더 되는 금액이다. 절약해야 했다. 비밀 잔고를 털었다. 잔고에 몇십만 원이라도 있으면 다행이다. 옷이나 다른 무엇도 쓰지 않고 살았다. 생활에 필요한 것만 샀다. 이혼 후 자전거 금액은 최고 지출 금액이다.

매달 갚는 빚에 비하면 얼마 되지 않지만 되도록 아껴 살았다. 또 다른 빚이 생길 것 같아 늘 긴장하고 살았다. 돈 이야기하면 끝도 없다.

판매원에게 자전거를 받아 가게 앞에서 타 보았다. 어디 이상 있는지 확인하고 있다. 가게 앞 공터에서 한 바퀴 돌아본 후, 이상 없어 인사하고는 자전거 타면서 친구와 같이 걸었다.

친구에게 "자전거 네 차에 들어가겠나?"

"안 들어간다."

친구 자동차는 승용차였다. 괜히 뒷자리에 실어 차 내부를 망칠 것 같아 시도하지 않았다. 이제부터가 걱정이다. 자전거 사기 위해 마켓까지 올 때는 몰랐다. 자전거 타고 집까지 가는 길이 까마득했다. '오늘 죽었구나' 생각했다. 친구에게 내 집에서 다시 만나자고 했다. 난 지름길 코스를 잡아 출발했다. 자전거 발판에 힘주어 허벅지 힘줘가며 빠르게 달렸다. 거친 호흡과 함께 잠시 뒤 온몸에 열 내며 나를 끌어 올리는 기분이었다. 바람을 가로지르며 집으로 향해 열심히 달렸다. 가는 길이 아주 멀지 않아 다행이다.

자전거로 긴 거리는 오랜만이다. 즐거움과 힘든 마음이 동시에 생겨 그냥 달렸다. 다행히 계절이 좋은 날씨였지만 이미 등과 얼굴은 땀 흘리고 있다. 신호 대기 때 다리에 힘이 들어가 후들거리기도 했다. 아직 한참 멀었다. 오랜만에 체력 테스트하는 기분이다. 결혼생활 이후 몸 단련할 일이 없었다. 개인 사업할 때 무거운 짐 옮길 때 제외하고는 땀 흘릴 일이 없었다. 사람은 나이 들수록 게을러진다.

결혼생활 때 과체중으로 몸 가누기도 힘들었다. 작은 자전거가 나를 단련시키고 있다.

처음 출발은 몰랐지만 작은 자전거 단점이 더 힘들게 한다. 큰 자전거는 한 번에 긴 거리를 갈 수 있다. 반대로 작은 자전거는 두 배 힘이 필요했다. 큰 것을 사야 하나 이런 생각도 들었다. 작은 자전거 구매는 실내 보관과 동네 이용이다.

힘들다고 편한 것으로 바꾸는 것은 삶을 피하는 방법이다. 상황에 따라 적응할 수 있어야 한다. 자전거가 꼭 필요한 것은 아니다. 디스크 치료와 동네를 편하게 다닐 수 있는 용도로 활용하는 것이 목적이다. 좋은 것을 사고 싶어도 내게는 과소비다. 사실 돈도 없다. 다행히 미니벨로 자전거가 있어 행운인 셈이다. 지금은 오래되어 낡은 중고가 되었지만, 처음에는 흰색 깨끗함이 좋았다.

땀을 흘리며 엄청난 힘을 사용했다. 땀이란 노력으로 만들어낸 성과물이다. 집 근처 도착 후 벤치에 앉아 다리 힘이 풀려 걷는 것도 힘들었다. 허벅지를 손으로 눌러도 탄탄했다. 자동차가 이렇게 좋은 걸 새삼 느낀다. 동네에서 살 수 있지만, 소매점으로 비싸 한 푼이라도 아끼려 했다. 세상은 공평하다. 돈 아끼려니 몸이 고생한다. 여유된다면 이렇게 사서 고생하지 않는다. 어려운 상황이라 아낄 수밖에 없다. 큰 부담은 아니지만, 이혼 후의 상황은 전혀 다르다. 한 달을 정확하게 살지 않으면 다음 달 빈자리를 메울 수가 없다.

신용문제로 한번 경험하고 나니 다시는 그러고 싶지 않다. 돈에 대한 해방이 꿈이다. 돈을 모으는 것이 아닌 갚아야 하는 상황에서 벗어나고 싶다. 앞으로 기나긴 시간 동안 일해야 한다. 몸 관리가 중요했다. 허리 디스크가 완치되어 잊어버릴 정도로 편히 살고 싶다. 치료하며 일하고 있다.

자전거가 좋다고 하여 구매했지만 동네 한 바퀴 타고 다니며 서서히 재활하기로 했다. 친구와 밥 먹으러 갔다. 당연히 친구 차 타고 갔다. 더는 걷는 것도 싫었고 힘을 너무 빼서 배도 무척 고팠다. 친구가 고맙다. 이혼 후 친구들과 연락도 하지 않고 살았다. 현재 가장 가까운 친구다.

회사 출근하는 날이다. 무엇이든지 새로운 것은 잠깐 즐거움을 준다. 토요일도 매일 출근해 저녁 무렵 되어 집에 오곤 했다. 신발 신고 벗을 때 매일 보는 자전거가 처음 보는 느낌과 다르다. 회사일 때문에 자전거를 가지고 나갈 생각을 하지 않았다. 시간이 지나 점점 희미해졌다. 현관 입구 자전거를 보아도 나를 끌어당기지 않았다. 생각은 하지만 몸이 움직여지지 않는다. 이러다 그냥 전시상품이 될 것 같았다. 최소한 일요일만큼이라도 타 보자 했다. 사람은 습관 들이기 달렸다.

나를 깨워라

일요일 하루 쉬는 날이었다. 밖으로 몸 움직여 나가는 게 참 귀찮았다. 이혼 후에 구속하거나 같이 나갈 사람도 없었다. 혼자서 나를 움직여야 했다. 이혼 초기 움직이는 게 쉽지 않았다. 시간 지나면서 자전거를 조금이라도 움직여볼까? 다시 생각하게 되었다.

일요일, 자전거 타겠다고 있는 돈 없는 돈 탈탈 털어 샀다. 살 때는 계획은 좋았다. 첫 시간 흐름이 깨어져 버려 그다음은 안 보아도 뻔하다. 게으름 피우는 게 자연스럽다. 동기가 부족한 것일까? 아니면 진짜 시간 없는 걸까? 이혼으로 나 자신이 게을러져 살고 있다. 혼자일수록 몸 관리해야 한다. 자전거 타게 되면 건강에 좋다. 행동으로 옮기기가 쉽지 않다. 우선순위가 쉼이 먼저다.

큰마음 먹고 자전거 타기 위해 움직여보았다. 동네 한 바퀴 돌았다. 다시 또 돌았다. 오랫동안 살아도 그동안 볼 수 없던 것을 보았다. 아파트 주변은 나무와 공원으로 조성되어 있다. 출퇴근길만 다니고 다른 길은 다니지 않았다. 곧바로 집에 들어가기 바빴다. 일에 지쳐 쉬고 싶은 생각이 우선이다.

일요일 낮 동네를 돌아보니 좋았다. 자연과 함께 자전거 타면서 주변 시선이 눈으로 자연스럽게 간다. 영화에서나 볼 수 있는 길도 있다. 늘 일에 쫓기듯 삶을 살고 있어 쉼이 필요했다. 쉼은 하고픈 대로 하면 된다. 느린 속도로 자전거 타며 지나가는 사람들도 보았다. 가만히 서 있는 나무들도 보게 된다. 우연히 길가에 핀 꽃을 보게 되었다. 자전거를 세우고 꽃 가까이 다가가 바라보았다. 주머니에서 전화기를 꺼내어 꽃을 찍고 싶었다.

이혼 후, 자연이란 것을 모르고 살던 내게 새로운 모습을 보았다. 자연이 주는 모든 것이 내 자신을 내려놓기에 좋았다. 일요일 낮 나를 구속하는 사람 없이 시간을 가져보기에는 처음이다. 밖에 나오니 이렇게 좋은 것을 이제야 알게 되었을까? 다시 마음에 새기게 된다. 조금씩 그 영역을 넓혀 보기로 했다.

동네를 벗어나 큰 도로까지 가보았다. 차가 달리는 도로는 위험해 인도나 자전거 전용도로로 다녔다. 집 주위를 벗어나 다른 곳까지 다녔다. 처음 보이는 새로움은 좋다. 눈에 먼저 보이는 것은 나무다. 혼자 분위기에 빠져본다. 자전거를 세우고 벤치에 앉아 멍하니 지나가는 자동차를 본다. 아무 생각 하지 않으며 넋 놓고 바라보니 마음 편했다.

이런 시간이 필요했다. 일에 빠져 살 게 아니라 머릿속에 잡다한 생각을 버릴 수 있으면 좋다. 자전거를 쉬엄쉬엄 타면서 바닥에 떨어진 낙엽도 보고 길가 작은 풀들도 보게 된다. 별것 아니지만, 평상시 볼 수 없던 것을 볼 수 있다. 늘 바쁘다는 핑계로 삶을 너무 쪼일 필요는 없다. 그런다고 내일이 어떻게 변하지 않는다. 누구나 내일은 오늘보다 나은 삶을 원한다. 생각만으로 모두 된다면 좋지만, 세상은 공짜가 없다. 속도를 늦출 필요는 있다.

이혼하고 성공이라는 단어를 머리와 마음속에 넣었다. 책을 통해 다시 일어서고 싶었다. 하루아침 돈벼락 부자를 바라는 것은 너무 큰 오산이다. 내가 한 만큼만 전진한다. 중간에 쉼이 필요하다. 자전거가 주는 행복함은 이혼 후 삶에 허덕이는 내게 위안이 되었다. 밖의 세상을 보고 살아야 한다는 것을 알았다. 평일 근무 시간에는 어쩔 수 없다 하더라도 휴일만큼은 집에만 있을 것이 아니라 움직일 필요가 있다. 자전거가 새로운 길로 인도한다. 매주 일요일 오후 자전거를 타며 동네를 조금씩 구경하고 다녔다.

눈에 먼저 보이는 것은 지나가는 자동차다. 바쁘게 나를 추월하며 지나간다. 차 안에서 자전거 타는 나를 본다면 어떻게 보일까? 한 번쯤 엉뚱한 생각을 한다. 지나가는 자동차 소리에 눈이 돌아가게 된다. 자동차 업종에 근무하는 난 아무래도 관심 많은 편이다. 한 번씩 특이한 소음 내며 빠르게 지나가는 자동차를 보면 부럽기도 했다. '어떻게 하면 여유 가지며 살 수 있을까?' 하는 생각이 내 마음을 쿵 하고 친다. 지금 자전거 타고 가는 내 모습이 초라해 보이기도 했다. 기껏해야 동네를 벗어나지 못하는 신세가 서글펐다. 언젠가 나도 휴일 마음껏 달려보리라 생각하며 저 멀리 바라보았다.

휴일마다 오후는 심심해 자전거 타고 동네 여기저기 다니며 볼일 보게 되었다. 사람 습관이 무섭다. 처음에는 사다 놓고 모셔두기만 했다. 조금씩 자전거 타면서 얻지 못한 경험으로 사용하게 된다. 깨끗한 자전거를 유지하고 싶어 집에 오면 반질반질 윤기 나게 닦았다. 좋은 계절에는 자주 타고 나갔다. 밖의 좋은 시간을 모르고 살았다. 이혼이 나를 이렇게 만들었다. 여러 가지 안 좋은 상황, 회사 일에 대한 적응, 암흑 속으로 몰아넣었다.

자전거 타면서 한두 달이 지나 슬슬 더 크게 움직였다. 동네는 볼 만큼 보았고 회사 갈 때 타 보기로 마음먹었다. 출퇴근은 자동차로 다녔지만, 자전거는 처음이다. 어쩌면 내게 도전이다. 다행히 회사와 집 거리는 그리 멀지 않았다. 자동차는 금방이지만 자전거로 얼마나 걸릴지 모른다. 해보지 않았기 때문이다. 무엇이든 처음은 낯설고 생각이 많아진다. 자전거에 대한 재미와 주변을 바라보는 즐거움을 알았다. 새로운 장소에 도전하게 되었다.

자전거로 가는 길은 이미 익숙해져 인도로 천천히 가면 된다. 날씨가 좋아 나를 더욱 응원한다. 자동차로 아침 몇 시에 일어나 준비하면 회사 도착 시각이 고정되어 있다. 자전거는 처음으로 도착시간이 얼마나 걸릴지 몰라 조금 일찍 일어나기로 했다. 아침 알람 소리에 자전거 타고 출근하는 날을 문뜩 떠올리며 벌떡 일어나 출근 준비했다.

아파트를 나와 인도 위를 달렸다. 아침 공기가 이렇게 좋았던가? 새삼스럽게 알았다. 자동차를 몰고 갔으면 운전하느라 도로 위 많은 차 사이로 바쁘게 운전해야 했다. 창문을 열 수 없는 상황으로 출근 차량이 많아 가다 서기를 반복한다. 자전거 타면서 그런 걱정은 덜게 된다. 교통체증에서 벗어났다. 산책로를 타면서 아침 일찍 운동하는 사람들도 보았다. 강아지를 데리고 운동하는 사람, 혼자서 산책길을 걷는 사람도 보였다. 대부분 연세가 있는 분들이다. 건강 관리 하는 사람, 재활 치료로 하는 사람도 있다.

미래가 보인다

순간 내 미래가 보였다. 언젠가 혼자 나이 들면 저렇게 몸 관리해야 한다는 생각을 했다. 지금은 일한다는 핑계로 몸 관리하는 부분이 전혀 없다. 아침에 운동하는 사람들을 보니 좋아 보였다. 공기부터 다르고 이른 시간에 몸 관리를 위해 열심히 사는 사람들로 나 자신을 다시금 보게 한다. 신호등 앞에 멈춰 섰다. 출근하는 차들이 대부분이다. 어제까지 나도 저 사이에 있었다. 오늘은 다른 길을 가고 있다. 신호가 바뀌기 전 앞을 보니 푸른 산이 보였다. 위로는 지상철이 지나간다. 아침이 새롭다. 다행히 자전거 길은 사람들이 없다. 길옆을 보니 작은 개울가가 보였다. 개천 옆 산책하는 길을 만들어 운동하는 모습이 보였다. 대부분 걷기 운동이다.

자전거 출근 처음 하는 날, 눈에 새로운 것을 담을 수 있어 좋았다. 이때까지 볼 수 없던 것을 보았다. 그동안 자전거 길을 갈 이유가 없었다. 자동차로 가는 길은 자동차 전용도로이다. 과거 사업할 때부터 자동차를 오랫동안 운전했다. 자동차로 느낄 수 있는 기억은 이미 머릿속에 있다. 자전거가 주는 기억은 어릴 적 시간이다. 어른이 되어 다시 자전거 타게 될지 몰랐다.

사람은 시간이 흐를수록 편한 것만 찾게 된다. 게을러지는 것은 당연하다. 지금 자전거 타고 아침을 맞이하는 자체만으로 희망을 불어넣은 셈이다. 아무도 없는 인도 옆 개울가를 보며 천천히 움직였다. 별생각 없이 운동하는 사람들을 바라보았다. 인도길 끝이 보여 이제는 자동차가 다니는 큰 도로 쪽 인도 길로 타고 갔다. 큰 도로 위에는 많은 차가 쌩하고 달려간다. 어제까지 저들 속에 나도 있었다. 오늘은 다른 길을 통해 가고 있다.

각자 출근 목적지는 다르지만 가는 방법이 다르다. 빠른 것과 느린 차이다. 대부분 빠른 것을 선택한다. 이때까지 내 삶도 빠른 것에 익숙해져 있다. 자동차로 출근하면 빨리 가야지 마음이 가득하다. 왠지 그런 마음이 생긴다. 싫은 곳이 직장이다. 빨리 갈 이유도 없는데 왜 그리 살았을까?

자전거 타는 순간 눈에 새로움이 들어오기 시작했다. 생각이 달라진다. 늘 다니던 곳, 그것도 빠르게 살아왔다. 행복이 무엇인지 모른다. 돈이 행복을 측정하는 삶의 중심이 되었다. 빨리 간다고 돈 더 주는 것도 아니다. 자동차는 앞의 상황을 예측할 수 없다. 교통사고로 정체되면 은근히 등에 식은땀 나기 시작한다. 급하게 도착 후, 후다닥 뛰어가 괜히 고개 숙이며 하루를 시작한다. 자동차 출근으로 지각한 적이 없는 편이다.

이른 시간에 움직여 예측하지 못한 시간 값까지 계산해 살아온 삶이 도움 된다. 어릴 적부터 지각과 조퇴를 모를 정도로 생활했다. 자동차에서 갑자기 자전거로 바뀌어 너무 다르다. 앞으로 지각이 더 없다. 자동차는 가다 서다 반복하지만 난 정지가 없다. 정면을 주시하며 가면 된다. 아침이 주는 공기 또한 너무 좋다. 자동차에서 상상할 수 없다. 모든 것은 직접 체험해 봐야 한다. 자전거 타면서 정지된 자동차 볼 때면 이때는 내가 빠르다. 나무와 주변 보며 가는 길이 자동차보다 더 빠를 때가 있다. 출퇴근 시간에는 어디를 가더라도 밀리기 마련이다. 자전거가 더 빠르게 간다. 아주 천천히 갈 뿐인데 이 속도가 자동차를 이긴다. 살면서 모든 것이 좋을 순 없다. 자전거 타기에 좋은 계절은 봄과 가을이다. 자전거 출근 첫날은 좋은 계절이었다. 초기에는 좋은 계절부터 적용하기로 했다. 출근길

인도에는 사람도 없어 좋았다. 자동차에서 매연이 나오지만 무시하고 그냥 탄다.

자전거 타면서 바람이 적당히 시원하다. 바람이 피부와 맞닿을 때 기분이 좋다. 숨도 조금씩 차오른다. 허벅지에 힘이 들어간다. 가는 길이 대부분 평지가 많다. 간혹 경사가 있는 길은 다리에 힘이 들어간다. 호흡은 조금씩 거칠어진다. 등과 이마에 땀이 살짝 맺힌다. 다시 평지를 탈 때면 흐르던 땀들이 바람에 사라지고 없다. 자전거 타는 순간은 힘든지 모른다. 느리게 가는 이유도 회사와 집 거리가 가깝다. 거리가 적당히 맞다. 운동하기에는 부족한 거리지만 잠시 바람 쐬기에는 좋다.

자전거로 회사 출근하기 행동으로 옮기는데 꽤 걸렸다. 자전거는 사람의 몸에 부하 걸리게 한다. 한 가지 알게 된 부분이다. 부하가 살짝 걸려야 결과가 다르다는 것을 알았다. 자전거 타게 될 때 처음 몸에 부하가 걸린다. 움직이기 싫은 몸을 자전거로 향하게 한다. 자전거 타면 다리도 힘이 들어가게 된다. 호흡도 거칠어지고 땀도 난다. 당장 좋은 것이 없다. 부하가 걸리는 것뿐이다. 그러나 이런 부하가 습관이 되면 나중에는 좋은 결과를 맛보게 된다.

우선 머릿속이 시원하다. 타고 있는 순간 바람과 함께 땀범벅이 되기도 한다. 땀을 닦아도 흘러내리기 바쁘다. 심장은 빠르게 뛴다. 다리는 후들거리지만, 이 모든 것이 처음에는 상당히 싫다. 사람은 나이가 들수록 땀 흘리기 싫어한다. 움직이는 것을 별로 좋아하지 않는다. 하체에 근육이 많아야 나중에 고생 덜 한다. 누구나 알고 있지만, 몸에 체중이 증가할수록 반대의 삶을 살고 있다.

처음 자전거 타고 회사 갔을 때 다들 신기하게 바라보았다. 대수롭지 않게 난 그냥 웃기만 했다. 사람들은 자전거 타고 오는 자체만으로 대단하다고 느낀다. 더 웃긴 것은 작은 자전거였다. 직원들은 자전거 너무 귀엽다고 했다. 다른 분은 작은 것은 위험할 텐데 어른용 사는 게 좋지 않은지 묻기도 했다. 돈이 없어서 어른용 자전거 살 수 없는 이유는 나만 알고 있다. 동네에서 장보기용으로 구매한 목적이 회사 출근까지 해 버렸다. 동네에서 탈 만해 그 범위를 확장했다. 무엇이든지 처음이 어렵지 몸에 익숙해지면 거리를 모르게 된다.

좋은 계절로 처음은 무척 새로웠다. 회사까지 가는 길은 인도 위 나무 지나면 큰 다리를 건너게 된다. 다리 건너면서 강 아래를 보았다. 깊은 곳은 아니지만, 그 위 새들이 보였다. 여기 새들이 사는 걸 처음 보게 되었다. 집에서 출발할 때도 작은 시냇가를 둘러보면 새들이 보인다. 지금까지 자전거 타면서 눈에 보이는 부분을 이야기했다. 평일에 자동차로 출근하면 볼 수 없다. 자전거 타면서 보고 느낄 수 있다. 이것이 자연이 주는 힘이다. 아침 시간 산뜻한 공기와 에너지는 상당히 도움 된다. 하루를 시작할 때 에너지를 주고받는다.

새로운 길을 만들다

회사를 마치고 저녁때 자전거 퇴근했다. 오늘 하루는 자전거 출퇴근 첫날이다. 퇴근 때 역시 도로는 퇴근하는 차들로 밀렸다. 출근 때처럼 여유 있게 퇴근할 수 있다. 회사를 빠져나와 큰 다리 건널 때 다리 위 여러 가지 색상들로 만든 조명들이 너무 예뻤다. 출근할 때는 나무와 꽃을 볼 수 있다. 퇴근 시간 나무는 어둠에 숨어 있다. 도로 자동차 불빛과 가로등이 전부다. 다행히 출퇴근길에는 사람들도 없는 편이다. 다리 위 조명보고 있을 때 지상철이 지나간다. 자전거를 잠시 세우고 구경했다. 다리 조명도 한 컷 찍었다. 퇴근 때 여유 부리며 집까지 천천히 왔다. 집에 도착 후 시간을 보니 18분 정도 걸렸다. 자동차 출퇴근할 때와 크게 차이가 없다. 자동차는 밀릴 때가 대부분이다. 자전거 첫 출퇴근은 정말 최고였다. 좋은 계절 계속 타고 다닌다면 운동과 출퇴근 여유가 생긴다. 자전거 타고 다니며 사무실 출근은 1등이다. 지금까지 항상 똑같다. 첫날이 순조로웠다.

다음날도 어제와 똑같은 길 주변 구경하며 출근했다. 어제 보았던 사람들이 있었다. 부지런해 보였다. 몸 건강을 위해 나이 들어도 자기관리 하는 모습이 대단했다. 두 번째 가는 길이다. 이제는 가끔 나를 지나가는 사람들이 보였다. 자전거 타며 나를 지나갔다. 나보다 더 먼 곳에서 타고 온 것 같았다. 도착지점은 다르지만, 공단 내 어딘가에 다니는 것 같았다. 자전거는 어른용이다. 작은 자전거는 아주머니께서 가끔 타고 지나갈 때가 있다. 자전거가 유행처럼 붐이 될 때가 있었다.

사람들은 좋은 자전거 타면서 대부분 나를 추월하고 간다. 왜 이리 빨리 갈까? 각자의 속도는 알 수 없다. 자전거 출퇴근 두 번째 더 쉽게 느껴졌다. 무엇이든지 새로운 것은 생각할 때가 가장 힘들다. 처음 시작할 때 역시 힘들다. 힘든 것도 자꾸 하다 보면 모른다. 몸에 익숙해지면 더욱 모른다. 자연스럽게 몸에 스며든다. 하루가 지나 나중에는 한 달이 된다. 그다음에는 1년을 타고 다녔다. 초기 1년은 좋은 계절만 타고 다녔다. 자전거 몇 개월 타고 다녔다. 자동차 사용할 일이 없다. 자전거가 더 편했다. 주차 걱정할 필요가 없다. 출퇴근 시간에 방해가 없다. 늘 길은 열려 있다.

몸에 익숙해져 자전거 장시간 타고 다녔다. 좋은 점이 많았다. 교통비 절약과 시간 여유가 생겼다. 사무직으로 책상에 앉아 있는 시간이 많았다. 하체 운동이 필요했다. 자전거를 매일 타게 되어 건강에 도움 되었다. 허리디스크는 잘 모르겠다. 별도의 스트레칭으로 보완했다. 지출도 줄게 되었다. 많은 것을 얻었다. 자전거 장시간 타고 다니며 같은 시간을 움직인다. 아침 출근길 같은 사람을 만난다. 대부분 아저씨가 많다. 나이는 나보다 더 많아 보였다. 지금, 이 순간 자전거 타고 다니며 공장을 다닌다. 내 미래 모습이 보였다. 시간은 흐른다. 여기에서 시간이 더 흘러 저분들처럼 공장 다니며 삶을 사는 나 자신이 되고 싶지 않았다. 어떻게 해야 지금 삶에서 벗어날 수 있을지 생각했다.

아침 자전거 타고 다니는 사람들도 대단하다. 지긋한 연세에 건강히 자전거 타고 다니는 자체만으로 존경한다. 지금 난 그분들에 비해 어리지만 언젠가는 그 시간은 온다. 같은 삶을 살아갈지 다른 길을 갈지 선택은 본인 몫이다. 욕심을 조금 내고 있다. 지금 삶에서 다른 것을 선택해 가고 있다. 자전거 타며 인생 공부를 했다. 한 가지 더 있다. 도전이다. 자전거 출퇴근하면서 좋은 계절이 아닌 힘든 환경에 테스트했다. 여름과 겨울이다. 여름 중 비 오는 장마도 있다. 봄에 비가 자주 온다. 약한 비는 우산 들고 타면 된다.

어릴 적부터 자전거는 잘 타고 다녔다. 약한 비 올 때는 다른 신발이 필요했다. 일반 운동화는 빗물이 신발 속으로 들어온다. 사람은 한 번 불편하면 개선하게 된다. 처음 비 오는 날 운동화와 양말까지 홀딱 젖었다. 다음에는 빗물을 막는 신발을 신었다. 소나기 같은 큰 비가 내릴 때는 자연을 이길 수 없다. 몇 번 도전해 속옷까지 버렸다. 집에서 하나씩 벗을 때마다 다음에는 버스 이용을 생각한다. 어지간한 큰비 아닌 이상 지금도 자전거 타고 다닌다. 바지 끝 빗물 젖는 일은 기본이다. 비 오는 날이면 손으로 비의 양을 확인한다. 바닥에 떨어지는 빗방울 양에 따라 판단한다. 우산 들고 타는 나 자신을 볼 수 없다. 누군가 보고 있으면 서글프게 보일 수도 있다.

비 오는 날 자전거 타면 좋은 것 하나 있다. 약한 비 내린 후 자전거 타면 공기가 상쾌하다. 그만큼 매연으로 공기가 오염되어 있다. 비 내린 후 인도 위 가로수 나무를 지나면 코끝이 다르다. 나무 냄새가 코로 들어와 가슴을 가득 채우면 머릿속이 깨끗해진다. 비 오는 날 자전거 타는 사람은 없는 편이다. 경험한 사람만 느끼는 향기가 있다. 자동차 타고 다녔으면 비 오는 날 풍경은 좋아도 나무 냄새는 모른다.

여름날 자전거는 뜨겁다. 땀은 비 오듯 흘러내린다. 뜨거운 햇빛과 상당히 무더운 날씨다. 열대야 날씨에도 타고 다녔다. 여름 아침은 이른 시간에 출근한다. 먼저 도착할 때도 있다. 땀을 덜 흘리기 때문이다. 퇴근 때 한여름에는 어쩔 수 없다. 빠르게 달리지 않는다. 최소한의 에너지를 사용한다. 더위 먹을 수 있기 때문이다. 집에 도착하면 온몸이 땀으로 끈적거려 옷 벗기도 힘들다. 여름이라는 계절은 나와의 싸움에서 내가 이겼다. 비 오거나 열대야일 때도 타고 다녔다. 여름 계절을 정복했다. 두려울 것이 없다.

남은 계절은 겨울이다. 여름은 그나마 잘 버틴다. 체중이 감소한 후부터는 여름에도 잘 버티는 편이다. 겨울은 어릴 적부터 힘들어했다. 손과 발이 차갑다. 여름철 에어컨에 과하게 노출되면 손이 차갑다. 겨울에는 가만히 있으면 더 차갑다. 발이 시려 겨울에는 항상 고생한다. 손 장갑을 여러 개 바꾸며 테스트했다. 인터넷 뒤져 두꺼운 장갑을 사서 테스트했다. 손이 차가워 장갑 하나만으로 부족했다. 찾은 것이 자전거 토시였다. 최고의 방한 도구였다. 스키용 장갑 저렴한 것을 샀다. 스키 장갑을 낀 후 방한 토시를 사용해 회사 가는 시간까지 버틸 수 있다. 손은 아무리 방어해도 손끝은 차갑다. 꽁꽁 얼 정도 아니다. 버틸 정도는 된다.

문제는 발이다. 발도 차가운 편으로 동상 걸리기도 한다. 사무실 히터 사용은 위 공기는 따뜻하지만, 바닥 공기는 차갑다. 다른 사람 발은 얼마나 시린지 모르지만 내 발은 상당히 차갑다. 양말도 남들보다 이른 계절에 두꺼운 것을 신고 다닌다. 운동화는 여름용은 어림도 없다. 바람을 막는 방한 신발이 필요하다. 자전거 타는 동안 더더욱 대비해야 했다. 겨울 한파 때 날씨를 보며 대비한다. 문 열고 나가는 순간 사람들은 몸을 감싸며 각자 출근 교통을 선택한다. 겨울이면 자동차 안 사람들이 은근 부럽다. 비 오는 날도 마찬가지다.

두려움 극복하기

겨울을 무척 싫어하는 난 한겨울에 자전거 탄다. 여름처럼 기온 높은 현상과 같다. 영하의 온도가 예보될 때는 한번 도전해보자고 한다. 추워 덜덜 떨며 자전거 타고 처음 출발할 때는 하체가 차갑다. 청바지도 안감에 털이 있는 두꺼운 것을 입고 다닌다. 집을 나와 처음 몇 분 동안 몸은 움츠러든다. 몸에 아직 열이 없다. 몇 분 더 지나면 온몸에 열이 나기 시작한다. 상체는 두꺼운 옷으로 방어를 했다. 열이 밖으로 빠지지 않아 몸에 열이 남게 된다. 하체는 차가운 정도로 못 버틸 정도는 아니다. 가장 힘든 것은 코가 차갑다. 한겨울 자전거 타고 회사 도착하면 다른 곳은 모르지만, 콧물만 나온다.

겨울철 자전거 속도는 계절 중 가장 빠르다. 추워서 자연적으로 페달을 빠르게 밟고 간다. 목적지에 일찍 도착하고 싶은 마음이 가장 크다. 일 년을 자전거 타 보며 나와 싸움해 보았다. 인간의 한계가 궁금하긴 했다. 체력이 뒷받침되어야 무슨 일이라도 할 수 있다. 일 년 동안 사계절을 자전거 타고 다녔다. 처음 일 년은 힘들었다. 가장 힘든 것이 계절이다. 자연을 이길 수 없지만 끌어 올릴 수 있다. 상황에 맞게 개선하면 된다.

처음 말한 것처럼 자전거 타면서 장점이 많았다. 좋은 것을 얻기 위해 내 것을 내어 줄 수 있어야 한다. 때론 쉽게 가는 길도 있지만, 평상시 긴급 상황 대비를 위해 몸 상태를 만들어 놓는 것이 좋다. 지금까지 자전거를 8년째 타고 다니고 있다. 자전거 상태는 거지꼴이다. 더러운 것은 당연하고 타이어 교체와 내부 고무도 몇 번 바꾸었다. 새 자전거로 바꿀 수도 있지만 처음 구매한 낡은 것이 좋다. 시간이 묻어 있다. 이혼 후, 힘든 시간 이기는 법을 가르쳐준 친구다. 대화할 수 없지만 내게 힘을 주어 세상을 만들었다.

자전거는 같은 길을 가고 있다. 생각하는 시간을 만들어 준다. 초기에는 귀에 이어폰 착용해 자전거 탔다. 혹시 모를 사고 대비해 음악 소리는 약하게 했다. 시간이 흘러 이명이라는 병 진단 후, 음악은 듣지 않고 다닌다. 귀에 아무것도 들리지 않아 마음의 소리에 기울이게 된다. 아침 출근은 앞만 보며 달린다. 일을 생각하게 된다. 아무래도 아침 업무를 시작하는 직장인 마음이다. 퇴근 때는 완전히 다르다. 여유 있게 자전거 타고 온다. 밤에 보이는 길거리 조명과 집에 아무도 없지만, 나만의 쉼터가 있음에 좋다.

사무직으로 하루 걷는 시간이 부족하다. 퇴근 때 15분의 시간이 필요했다. 퇴근 때 절반은 자전거 타고 오며 나머지는 자전거 끌고 온다. 아무도 없는 인도길에서 자전거 끌면서 눈은 나무를 보거나 지나가는 자동차만 바라본다. 귀에 들리는 소리는 지나가는 자동차 소음뿐이다. 걷는 동안 명상하게 되었다. 마음의 소리에 귀 기울이는 시간은 자전거 끌며 생각한다. 명상은 집에서 별도 하지 않는다.

혼자 살지만 나 자신 통제가 가장 힘들다.

퇴근 때 걷는 이 시간이 가장 좋다. 7분 정도 되는 짧은 시간이지만 생각하지 않고 뇌를 멍하니 비운다. 회사 있었던 일이나 미래에 대한 생각이다. 생각을 떠올리려 하지 않는다. 멍 때리기라 한다. 이것이 정답이다. 아무 생각하지 않는다. 마음을 비운다. 지나가는 소리에 귀 기울이면 자동차 소리뿐 아무 생각하지 않는다. 시선은 자동차와 나무뿐이다. 자연이 주는 이 시간이 좋다. 사람은 시간이 흐르면 자연 속으로 자연스럽게 찾아간다. 자전거 끌며 걷는 이 시간이 몇 분밖에 되지 않지만, 마음 비우기에는 가장 좋다. 핸드폰도 만지지 않는다. 그냥 걸을 뿐이다. 조금이라도 걷게 되면 허리에 도움이 될 거라 생각한다. 하지 않는 것보단 좋다. 조금씩 작게 매일 할 수 있으면 좋다.

명상은 습관 되어 사계절 하고 있다. 한여름과 한겨울에도 한다. 약한 비가와도 걷는다. 몸에 익숙하면 스스로 약속이 생긴다. 왠지 하지 않으면 찜찜함이 마음에 은근히 남는다. 약속이고 나와의 다짐으로 하지 않아도 되지만 더욱 지키려 한다. 사계절 자전거 타며 많은 것을 바꾸었다. 건강은 기본이며 마음가짐도 강하게 만들었다. 추위를 유난히 싫어하지만, 나와의 싸움에서 내가 이겼다. 자동차로 빠르게 살아왔다. 지금은 자전거로 느리게 살고 있다. 삶의 속도를 늦추어 보길 바란다.

자기계발에는 여러 가지가 있다. 시간을 따로 만들어서 하는 것도 있다. 하루라는 시간 속에 집에 오기 전 밖에서 할 수 있으면 가장 좋다. 시간을 번 셈이다. 시간은 삶에서 가장 중요하다. 시간 관리 잘하는 사람은 하루가 다르다. 무리하게 시간에 얽매여 살지 않기를 바란다. 시간의 여유를 가질 수 있도록 환경을 만들면 좋다. 시간이 없어서 못 한다는 말을 자주 할수록 좋지 않은 결과만 경험한다. 자전거를 통해 새로운 경험을 했다. 이혼 후, 마음을 바로잡을 수 있어 도움 되었다. 친구도 없이 살았을 정도다. 자전거 벗 삼아 출퇴근하며 마음 내려놓는 연습을 했다. 사계절 타고 다닌다는 게 쉽지 않다. 자연의 힘은 강하다. 강인함 속에 살아남는 법을 배웠다.

가끔은 퇴근할 때 걸어온 적도 있다. 반 정도는 걸어 다니는 습관 되어 쉽게 한다. 걸어서 오면 35분 정도 걸린다. 집에 도착하면 다리에 뻐근함이 느껴진다. 자전거의 고마움을 알게 된다. 다음날 자전거 타고 갈 때면 하루를 신나게 시작한다.

주말에 자동차 몰고 나갈 때 정말 기분 좋다. 사람은 매일 사용하는 것에 익숙해지면 행복함을 모른다. 자전거로 일주일 시간이 흐르면 자동차가 주말이라는 시간을 기다리고 있다. 다시 월요일이면 자전거 타야 한다. 앞으로도 자전거는 삶에 일부가 되어 나와 함께 한다. 여러분도 일상생활에 별도의 시간을 사용하지 않아도 되는 환경을 만들어 사용해 보길 추천한다. 자전거는 내 삶에 맞춤 되어있다. 여러분도 건강관리 하며 삶을 보내길 바란다.

제3장
삶의 연속성

1.

열정 속에 살다

열정이 무엇이기에 나를 끌어당길까? 열정을 가지고 살다. 글은 이해가 되지만 현실에 왜 열정이 없을까? 주변에서 열정 없다는 말을 하곤 한다. 어떤 의미에서 그런 말 하는지 결과만 인정하는 세상이다. 좋은 결과를 만들면 열정이 대단하다고 말한다. 열정이 없으면 실패한 인생인가? 인생은 답이 없다. 삶에 정답이 있다면 잘 살 것 같지만 절대 아니다. 하나씩 알아가는 과정으로 살아야 한다.

열심히 살아가는 사람은 열정이 있다. 대화해 보면 알 수 있다. 생각과 말하는 방법이 다르다. 열정이 불타오른다고 표현한다. 새로운 일을 시작할 때 열정이 있으면 좋다. 열정은 즉시 만들 수 있을까? 오늘 지나 내일이 시작되면 열정은 자연스럽게 생길 수 없다. 하루를 열심히 살아가는 사람들은 열정이 흘러넘친다. 자기만의 열정 기준이 있다.

돈이 되지 않는 삶을 사는 사람도 열정이 있다. 그들만의 방식이다. 몸 사용을 많이 하는 직업도 열정이 있다. 그들에게는 흘리는 땀이 열정이다. 흐르는 땀 속에 모든 것이 담겨 있다. 남들이 보기에는 고생하며 힘들 것 같아도 마음속을 들여다보면 열정이 가득하다. 머리를 사용하는 사람의 열정은 결과를 만들기까지 열정 속에 있다.

열정은 언제 가장 크게 필요할까? 상대를 위해 일할 때 나 자신은 열정 속에 있다. 일하는 동안 힘든지 모른다. 남들이 보기에도 열정이 많아 보인다. 사람의 행동과 얼굴에 열정이 보인다. 일하면서 열정을 만들 수 있다면 최고이다. 그에 따르는 좋은 결과도 있다. 좋은 일 하며 열정이 없다면 시작도 힘들다. 본인의 이익을 우선시하는 삶은 하루가 힘들다. 상대를 위해 일할 때 열정은 끝이 없다.

회사에서 작은 일부터 시작해 여러 가지 일을 했다. 어떤 것이든 열정이 없다면 과연 내가 회사에서 좋은 경험을 했을까? 스스로 선택한 일을 열정과 함께한다면 결과는 좋을 수밖에 없다. 오기로 열정을 죽일 필요는 없다. 열정도 즐거움을 동반해야 한다. 기업을 위해 밤새워가며 일했다. 매번 하는 일이 즐거울 수 없다. 인간이기 때문이다. 열정을 올리기 위해서는 직원을 위해 일하면 좋다. 그런 과정에 파묻혀 일하면 열정이 복잡한 생각을 지워버린다. 작은 성취감이 다음 열정을 만든다. 어쩌면 나는 미친 듯이 일했다. 내 것인 것처럼 꼭 해야 하는 일은 미루지 않는다.

큰 열정이 필요할 때는 천천히 한다. 열정도 스트레스 되어 식어버린다. 열정의 리듬을 평온하게 유지하는 게 좋다. 과한 열정이 때론 중도 포기하기도 한다. 열정은 좋은 사람을 찾아간다. 좋은 사람의 기준은 모호하다. 마음이 따뜻한 사람은 열정 온도를 유지한다.

큰 결과를 만들겠다고 열정으로 시작하지만 과한 열정은 자존감만 잃게 만든다. 무엇이든지 작은 것부터 시작해야 한다.

다음으로 즐겨야 한다. 자연스럽게 열정이 생긴다. 나를 위한 일이 있을까? 이것은 하루 대충 살아가는 것을 말한다. 지금 회사 입사 후 잘하겠다는 마음이 시작이었다. 돈이 가장 필요했던 시기였다. 사업할 때 어설프게 꼬인 부채와 양육비 등 그 외의 잡다한 대출이다. 몇 년이 흘러도 정리할 수 없는 시간이다. 이미 마음은 갈기갈기 찢어져 하루를 살아가는 힘도 없다. 이혼 하나만으로 기죽은 사람이 되었다. 삶에서 살아가는 이유도 없고 미래가 없었다. 거기다 빚까지 더해져 오갈 데도 없는 사람이다.

지금 회사에서 나를 찾는 데 도움이 컸다. 독서는 하겠다고 시작했지만, 집에 책만 있는 상황이었다. 회사를 출근해도 힘없는 하루를 살았다. 퇴근 후 집에 와서도 마찬가지다. 바닥에 놓인 책을 보고도 그냥 지나쳐 살았다. 열정이라곤 눈곱만큼도 없었다. 힘을 다시 낼 수 있었던 것도 책이다. 책으로 나의 삶을 찾고 싶었다. 책 속의 글들은 꼭 내게 하는 말이다. 독서량이 조금씩 늘어날 때마다 마음은 안정되었다.

회사에서 열심히 살아 보겠다고 발버둥 쳐보았다. 책처럼 위대한 일을 내게 일어나지 않았다. 하루가 멀다 하고 하늘만 바라보는 날만 늘었다. 여러 회사를 거치며 일에 대한 열정은 강했다. 인생의 첫 책이 나를 다시 만든 것도 있다. 그만큼 책의 힘은 위대하다. 인생의 목표를 정하고 어떤 일이든 열심히 했다.

머리가 복잡할 때 몸을 움직이면 고민이 사라진다. 땀 흘리며 일하는 동안 나 자신을 잊고 살았다. 열정이 얼마나 나를 끌어당기는지 알 수 없지만, 순간은 좋았다. 몸이 정지되면 스멀스멀 머릿속이 복잡해진다. 열정이 어디로 갔는지 조용히 숨어버리고 없다. 언제 열정이 유지되고 내가 움직이기 싫어하는지 알았다. 회사 일은 대부분 어쩔 수 없는 경우다. 이런 일은 반복적이고 결과가 없는 일이다.

직장생활은 반복적인 일이 대부분이다. 솔직히 재미없다. 여기에서 열정을 찾으려면 어렵다. 결과가 만족스럽지 않다. 하루 마감했다면 내일도 똑같은 일이 시작된다. 열정을 가지고 일한다? 1년 동안 매일 똑같이 일한다면 즐거움이 얼마나 될까? 숫자로 표현한다면 50%를 넘길 수 있을까? 시간이 길면 길수록 낮아진다. 권태기와 무기력감이 몰려온다. 열정이 없어서 못 한 것일까? 아니다. 틀에 갇혀 벗어나지 못했다. 업무가 나와 맞지 않은 영향도 있다.

직장생활하는 사람 중 몇 명이 긍정적인지 물어보고 싶다. 답은 뻔하다. 지금 이 책을 읽고 있는 독자도 자신에게 질문해 보면 알 수 있다. 직장생활 만족도가 얼마나 되는지? 오히려 입사 초기 때 열정이 더 높다. 기대를 하고 일하는 사람은 더욱 높다. 그냥 한번 해 볼까? 시작한 사람도 시간이 지남에 따라 서서히 식는다.

사랑도 처음에는 열정이 불탄다. 내 것을 다 줄 것 같아도 시간이 지나면 서서히 변한다. 같은 환경과 매일 하는 일이 똑같다면 익숙함에 열정이 죽어버린다. 잃어버린 열정을 끌어 올리려면 틀에서 벗어나야 한다. 열심히 하겠다는 마음가짐을 가진 사람이 일은 잘한

다. 아무 생각 없이 돈이 필요해서 일하는 사람은 하루를 그냥 보낸
다. 열정은 움직이는 사람에게 간다. 하루를 시간의 노예가 되면 열
정도 식어 버린다.

현실에서 나를 찾기

지금 회사에 오기 전 몇 곳에서 조금씩 근무했다. 독서하며 어떻
게든 나 자신을 찾기 위해 현실에 열정을 불어 넣었다. 현실은 현
실이다. 혼자 아무리 발버둥 쳐보아도 아무 답이 없다. 모든 회사
와 맞는 것은 아니었다. 이혼 후 아무 일이라도 잘하겠다고 다짐하
며 나를 가두기도 했다. 첫 출근 후 그만둘 생각만 한다. 책 읽었으
면 조금씩 변화가 필요하지만, 현실의 나는 다른 생각을 한다. 열정
은 어디로 갔는지 사라지고 없다. 이혼의 충격으로 회사에 적응 못
하기도 했다. 마음 회복은 시간이 꽤 흐른 뒤 정리되었다. 잘해야지
생각이 오히려 미완성 되었다.

새로움이 상승시킬 수 있다. 왜냐면 결과가 나오기 때문이다. 매
일 새로운 것을 만들 수 있을까? 그런 일은 없다. 열정을 마음속에
오랫동안 간직하려면 좋은 추억을 만들면 된다. 사람들에게 행복을
나누는 일이다. 열정에 열정을 불러올 수 있다. 사람의 눈과 귀는
그냥 있는 것이 아니다. 사람을 대상으로 좋은 것을 선택한다. 열정
이 식을 수가 없다.

여러 경험 중 직장에서 열정은 기업을 위해 일할 때이다. 지금 회사가 고마운 것은 열정을 불태울 정도로 경험했다. 미칠 정도로 했다. 한계점 테스트까지 했다. 네가 이기나 내가 이기나 내기할 정도로 일에 열정을 불어 넣었다.

나 스스로 쓰러지지 않게 주문도 걸었다. 미치지 않고서는 일에 빠질 수 없다. 지금 회사가 무척 고맙다. 이혼 후 문제점을 여기에서 모든 것을 해결했다. 정신 못 차릴 때 일이 많아 잡생각 할 생각이 없다. 온종일 일에 매여 살다 보니 이혼으로 연결되던 것이 하나둘씩 정리되었다. 맡은 일은 어떻게든 처리해야 한다. 될 때까지 혼자 남아 긴 세월을 살았다. 오히려 이런 시간이 이혼을 잊어버리게 했다.

잃은 만큼 다시 내 것을 찾겠다고 다짐했다. 마음가짐 하나는 어떻게든 지키려 했다. 지금 회사에서 가장 잘 먹혔다. 기회를 내게 많이 주었다. 사장님께 너무 감사드린다. 일 진행에 있어 웬만하면 승인해준 것이 가장 컸다. 작은 것부터 큰 것까지 경험했다. 사람들의 마음마저 얻기도 했다. 이런 일들이 열정을 끌어 올리고 유지하며 살아왔다.

일을 스스로 찾아 만들어서 했다. 일을 일이라 생각하면 진행하기 싫어진다. 일이 아니라 상대의 필요한 부분을 도와준다고 생각하면 된다. 시간과 노력이 필요하다. 열정이 얼마나 나를 밀어붙일지 때를 잘 만났다.

이혼으로 혼자 살다 보니 집 없이 생각하고 살았다. 퇴근 후 텅 빈 집은 잠만 자는 곳이다. 긴 시간 이런 반복 생활이 일 진행하면서 잘 맞아떨어졌다. 가족이 있다면 미안함이 생긴다. 돈도 중요하지만, 가족은 소중하다. 소중함을 잊은 나는 일로서 승부를 보았다. 기회라고 여겼다. 이혼이 자랑은 아니지만, 입 다물고 일만 했다.

'일을 즐겨라.' 이 말을 좋아한다. 현실에서 어떤 일을 하더라도 웃으며 즐기는 사람을 좋아한다. 이런 사람들은 말도 긍정적으로 한다. 사람은 모든 것을 만족하며 살 순 없다. 그중 하나라도 만족하면 된다. 열정은 여기서 나온다. 대단한 곳에서 나오기도 하지만 앞에서 말한 것처럼 작은 것 여러 가지를 늘 가지고 있어야 한다. 돈 되는 큰 것 하나 잡겠다고 쓸데없는 고집 부리지 말아야 한다. 괜한 고집은 열정으로 착각하게 한다.

현장에 근무하는 직원들은 몸으로 일한다. 적응되기까지 여기저기 아프기 시작한다. 열심히 하겠다고 각오하는 사람들도 있다. 각자 살아가는 길은 다르다. 그중 즐겁게 일하는 사람이 있다. 반대로 투덜거리며 일하는 사람도 있다. 마음의 문을 좋게 열지 못하면 일하는 자리가 늘 가시방석이다.

직원들을 관찰하며 대화를 들어보면 재밌다. 가족들 이야기가 대다수이다. 즐거워하며 웃은 모습들이 보기 좋다. 일하고 싶어 하는 사람은 극소수이다. 대부분 한 푼이라도 벌 수 있을 때 일하는 사람이 많다. 아무래도 나이에 따라 생각 차이는 있다. 나이가 후반부로 갈수록 열정이 좋은 쪽으로 간다. 젊은 나이는 열정을 찾지 못해 하루를 허덕이며 살아가는 이가 많다. 이직이 높은 쪽은 젊은 쪽이다. 생각이 앞서 뜻대로 되지 않아 미리 행동한다. 포기하는 삶을 살면 열정은 저 멀리 날아간다. 참고 버티며 작은 즐거움 한 개라도 찾는다면 그 뒤 삶은 즐겁다.

열정이 나를 춤추게 한다. 출근해 지겨운 것을 잊고 기업을 위해 최선을 다한다. 이렇게라도 하면 충분하다. 열정은 쉽고 간단한 것에서 시작하고 찾아야 한다. 즐기는 것은 주변에 존재한다. 일하는 동안 주변을 열정으로 만들어 버리면 된다.

일하다 보면 부하가 걸릴 때 있다. 이런 상황도 위기를 잘 넘길 수 있다. 지금까지 즐기며 열정으로 잘 살아왔기 때문이다. 하루를 멀다 하고 퇴근 시간만 기다리는 사람은 조금 걸림돌이 생기면 투덜거리기 바쁘다. 부정적인 말은 할수록 마음만 괴롭다.

열정은 마음이 즐겁다. 기업을 위해 좋은 성과를 만들 때도 있다. 욕심을 낼 수 있으면 하면 된다. 우선 나 자신 열정의 양을 확인하기 바란다. 의욕이 앞선 것인지 자신에게 질문하면 된다. 시작은 즐거움이며 그 속에 열정을 끼워 넣으면 된다. 진행하는 동안 포기하지 않으며 살아있는 열정은 어떻게든 결과를 만들어낸다. 기업을 위해 신규 공법을 만들 때 그냥 해볼까? 생각이었다면 성공 못 했다. 열정이 나를 불렀다.

꾸준함이 답이다

시작은 나를 위한 것이 아닌 상대를 위할 때이다. 기업과 직원들을 위한 것이 나의 열정을 부른다. 멈추지 않고 전진했다. 주변의 누구도 신경 쓰지 않았다. 좋은 시작으로 내 마음은 이미 열정으로 가득했다. 하겠다는 다짐이 곧 열정이 되었다. 조금씩 진행하며 결과가 보일 때 열정 에너지는 최대치이다. 결과는 진행하는 만큼 만들어진다. 더 나은 결과를 원한다면 열정 에너지를 오래 유지하기 바란다. 방금 말했듯이 오랫동안 유지라고 했다. 시작은 좋지만, 열정은 금세 죽어버린다.

열정은 꾸준함과 동반한다. 무엇이든지 짧은 시간에 얻은 결과는 내 것이 아니다. 남의 것을 가져와 맞지도 않은 것에 강제성을 부여하지 마라. 열정은 물 흐르듯 자연스럽게 진행되어야 한다. 혹시 잘되지 않는다면 스스로 맞는지 점검해야 한다. 열정도 진행 과정에서 작은 결과는 있어야 한다. 너무 긴 시간은 열정이 사라진다. 일 진행 중 몇 가지 계획이 있으면 좋다. 중 단기 계획을 만들어라.

일하다 보면 머릿속에 분명히 짧은 시간에 하고 싶은 것이 있다. 메모한 것을 일정에 맞게 진행하면 된다. 시간이 많이 필요할 때는 장기계획을 다시 펼쳐 조금씩 진행하면 좋다. 시간이 다소 부족하다면 단기 계획을 실행하면 된다. 사라진 열정을 다시 조금씩 찾는 방법은 사람들이 필요한 작은 일을 하면 된다. 회사 현장을 둘러보면 열정이 필요한 것이 많다. 업무로 부하가 걸릴 때는 한 번씩 머리 식히는 게 좋다.

생각만으로 모든 업무가 잘 진행되지 않는다. 비록 작은 것이라도 내 손길이 필요한 것이 있다. 우연히 지나가다 눈에 띈 것이나 아니면 직원들이 한 번씩 말한 내용 기준으로 시작하면 된다. 처음 입사 후 시간이 지나면서 일이 터질 때마다 개선이 필요했다. 좋은 제품을 만드는 것은 제조회사의 기본이다. 혼자 할 때도 있었고 직원과 함께할 때도 있었다. 상황에 따라 팀 운영이 잘될 때도 있지만 안 될 경우도 많다.

앞서 말한 내용에서 사람들 마음이 내 마음 같지 않다. 직장 조직에서 '내가 왜' 생각이 앞을 막는다. 그럼 하지 않는 사람들은 열정이 부족해서 그럴까? 여러 가지 생각들로 말할 수 있다. 부정적으로 생각하면 끝도 없다. 결과는 진행하지 않는다.

시간이 지나 다른 이의 지시로 어쩔 수 없이 해야 하는 경우도 생긴다. 이런 과정이 반복된다면 열정은 만들어지지 않는다. 남들 시선에서 바라볼 때 몸 사용 많이 하면 열정이 넘쳐 보일까? 사람 눈은 움직이는 물체를 따라간다. 처음에는 그리 볼 수 있지만, 결과 없는 행동이라면 답은 뻔하다. 단순한 행동에 그친다. 단순하며 시간만 허비하는 일은 열정을 끌어올리기에는 부족하다.

머리를 사용해 상대를 위한 일이 가장 좋다. 중요한 것은 스스로 진행하면 열정은 벌써 생긴다. 다시 말하지만 스스로 하고 싶은 일과 상대를 위한 일은 다르다. 일은 나를 위한 것이 있고, 상대를 위한 일이 있다. 어느 것이 좋은 결과를 받을지 생각해보기 바란다. 자신을 위한 일은 시간이 흐르면 무기력함이 몰려온다. 다른 하나는 상대를 위해 도와주려고 하는 일은 시간 가는 줄도 모른다. 여기에 하나 더 추가하면 힘든지 모른다. 열정이 마음속에서 안전하게 받쳐주고 있다.

현장을 개선할 때 여러 가지 이야기가 내 귀에 들렸다. 웃자고 한 이야기지만 내가 그 정도로 일에 빠져 있었다. 좋게 표현하면 회사를 위해 몸과 마음을 다 바쳐 일했다. 현장 직원은 "그렇게 머리 사용하면 머리 안 아파요?" 내게 말한 적 있었다. 지금 이런 말 하는 이유는 머리 사용하면 좋다. 사람마다 머리 사용을 싫어하는 사람도 있고 즐기는 사람도 있다. 활용 기준으로 사람 머리가 좋다 나쁘다 판정은 잘못된 습관이다.

사람은 완벽하지 않다. 어느 하나 부족하다. 머리 사용을 잘하는 사람은 몸이 못 따라 줄 때도 있다. 반대로 몸으로 하는 일은 잘하지만, 머리 사용이 잘 안 되는 사람도 있다. 신은 공평하다. 머리가 좋지 않아 공부도 못했다. 반대로 손 재능과 공감각적 창의력은 적절히 조화를 이룬다. 장점이 현장에서 발휘될 때가 있다. 잘하는 것은 보이는 물체와 공간 계산이 내 장점이다. 손으로 결과를 만들 때 열정이 최고이다. 성취감은 해본 사람은 알 수 있다. 대단한 것이 아니라도 다른 사람에게는 고맙게 느껴질 때가 있다. 여기서 하고 싶은 말은 비록 작은 것이라도 다른 이에게 무척 귀한 것이 된다.

현장 개선을 위해 퇴근을 미루고 늦은 시간 혼자 남아 일을 즐긴다. 이럴 때 열정이 최고이다. 덩그러니 혼자 남아 현장에서 개선 일을 했다. 낮에는 현장에서 할 수 있는 일이 없을 때도 있다. 남들 퇴근 후 혼자 일 많이 하는 척 티 내는 것처럼 보일 수 있지만, 낮에 못 했기 때문이다. 개선해 놓으면 다음 날 직원들이 알아차린다. 사장님은 내가 무엇을 하더라고 상관하지 않았다. 오로지 현장 환경을 좋게 만들 때 열정이 남아돈다.

다른 일로 스트레스 생길 때 있다. 이런 날은 현장에서 혼자 간단한 것 수리하곤 한다. 사람 뇌는 손으로 딴짓하거나 다른 것에 집중하면 좀 전의 복잡한 생각은 순식간에 사라진다. 이것도 안 될 때 퇴근 후 독서하며 마음을 안정시킨다. 다음날 일어나 출근하면 열정 에너지는 대기하고 있다.

열정도 게으르고 귀찮으면 발휘하기 힘들다. 사람 몸은 뇌의 통제를 받는다. 뇌는 몸에 지시한다. 몸 움직이는 게 힘들다. 뇌와 몸은 서로 싸우기 바쁘다. 좋은 방법은 뇌를 사용해 손이나 행동으로 결과를 만들면 좋다. 느낌이 좋으면 시작의 선을 그어보길 바란다. 열정이 나를 끌어당긴다. 작은 열정이 늘 몸에 저장되어 있으면 큰 열정을 만들 수 있다. 아무래도 작고 큰 결과 만들 때 열정 에너지양은 다르다. 큰 것은 시간과 노력이 많이 필요하다. 이것을 뒷받침해 주는 것이 작은 열정이다.

정리하면 큰 것은 별도로 진행한다. 연속적인 업무 진행이 힘들다. 부하가 걸릴 수밖에 없다. 큰 것을 얻기 위해선 큰 것을 내주어야 한다. 작은 것 여러 개는 큰 것 진행할 때 뒤처지는 부분을 보완해 준다. 작은 열정은 언제든지 쉽게 만들 수 있는 것이 좋다. 한번 자리에 앉아 가만히 있게 되면 점점 하기 싫어진다. 쉬어야지 하는 생각이 뇌가 나를 무기력하게 만든다. 누군가 시키지 않은 이상 스스로 찾아서 진행하는 게 쉽지 않다. 능동적이면 열정은 양호하다.

컴퓨터 자료 메모한 것을 다시 화면으로 불러온다. 생각나는 대로 메모한 내용이다. 남들에게 보여주어도 관심 없다. 자료를 보고 있으면 뇌는 할 건 해야지 내게 말한다. 움직이기 싫지만, 과거의 작은 기억들이 다시 열정을 만든다. 작은 것부터 하다 보면 열정은 점점 오른다. 작은 열정이 뇌를 자극해 다음 단계를 만든다. 지금 회사에서 이런 과정을 얼마나 했는지 셀 수 없다. 컴퓨터 자료 한 번씩 볼 때면 진행했던 과거를 생각하기도 한다.

새로운 일을 진행할 때는 두려움을 모른다. 처음은 누구나 힘들고 방향 잡기도 어렵다. 한 가지 방법으로 나온 결과로 결정하면 안 된다. 최소한 할 수 있는 만큼은 해야 한다. 세부적으로 천천히 진행하면 열정과 함께 길을 만들 수 있다. 왜 안 될까? 자신에게 물어보면 된다. 왜를 많이 외칠수록 답에 가까워진다. 답이 보일 것 같은 느낌을 알게 될 때 열정은 나를 끌어당긴다. 스스로 답을 찾는 순간 열정이 가장 크게 작용한다.

여러 가지 개선안이 그것이 큰 것이든 작든 상관없다. 모든 결과물은 열정이 포함되어 있다. 좋은 결과물은 마음속에 다음 열정을 만든다. 아무래도 결과가 좋으면 동반 상승하게 된다. 강제적인 사항은 거부반응만 보인다. 다시 말해 부정적인 요소는 열정을 가로막는다. 긍정적인 마음가짐이 열정 만들기에 가장 좋다. 열정으로 시작해 좋은 결과를 몸소 체험하고 느낄 때 최고이다. 그에 따르는 보상은 당연히 감사하다. 감사함은 또 다른 감사를 만든다. 열정이 식을 줄 모른다.

자존감 유지하기

사람마다 지속성은 다르다. 늘 펄펄 끓는 용광로처럼 열정이 넘치면 좋겠지만 어렵다. 사람이기 때문이다. 주변 환경에 반응하도록 만들어진 인격체이다. 주변에서 호응해주면 좋아한다. 반대로 비난받게 되면 숨고 싶다. 어떤 이는 열정에 불타올라 승진도 빠르게, 많은 돈 받으며 부러움의 대상으로 사는 이도 있다. 노력해도 안 되는 사람도 있다. 자존감이 무너진 상태라면 더더욱 한 달이 괴롭다.

직장생활 근속 20년 한다고 가정했을 때, 열정이 가장 높은 날은 언제이며 서서히 식어가는 날은 언제인가? 자신에게 한번 물어보면 된다. 삶은 한 번뿐이다. 초기 입사 후 운이 좋아 술술 잘 풀리면 그만큼 좋은 것 없다. 열정이 불타올라 일하는 내내 신난다. 일의 성과도 높다. 이런 사람들은 일을 일이라 생각하지 않는다. 그냥 즐긴다는 표현이 맞다.

다르게 말하면 일 중독자다. 열정이 과하면 일 중독자가 된다. 어떤 것이든 할 수 있다고 스스로 만들어 버린다. 실제로 일이 그럭저럭 잘 넘어가는 경우도 있다. 한 번씩 높은 점을 넘기지 못해 자기 자신에게 엄청난 에너지를 사용하게 된다. 열정이 맞을까? 일 중독자다. 열정은 늘 내 몸속에 따뜻하게 잘 보관하고 있다. 하고 싶은 일하는 것이 가장 좋다. 그런 일은 항상 메모장에 있다. 열람하여 보면 된다. 자료를 보는 순간 열정이 조금씩 생긴다.

다음은 행동으로 옮긴다. 현장을 들락거리며 이것저것 한다. 그 순간 좋지 않던 것은 사라지고 좋은 것만 생각한다. 마음과 머릿속에 좋은 열정으로 가득하다. 수십 번도 아니 수백 번은 했다. 학습하고 반복되는 시간으로 살아왔다. 어차피 직장은 오늘과 내일도 같다. 다르게 살고 싶으면 하루를 다르게 살아 보면 된다. 그냥 하겠다는 마음은 버려라. 마음은 진심이 있어야 한다. 열정도 사람 보는 눈이 있다. 아무나 쉽게 마음속에 들어가지 않는다. 열정의 마음가짐을 늘 가지고 있는 사람만이 느낄 수 있다.

열정은 돈으로 살 수도 없다. 판매하는 것이라면 얼마나 좋을까? 슈퍼 가서 구매하도록 만든다면 대박 나지 싶다. 마음은 돈으로 살 수 있는 것이 아니다. 순간적으로 가능할 수 있어도 오랜 시간 지닐 수 없다. 그것이 사람 마음이다. 열정도 마찬가지다. 쉽게 얻고 구할 수 있으면 좋겠지만 눈에 보이는 것이 아니다.

하루는 병원 진료 갔다. 원장님은 "김은한 씨는 어디서 그런 열정이 나오는지 궁금합니다." 오랜 시간 진료하며 나와 친분이 조금 있다. 혼자만의 생각이다. 원장님도 책을 엄청 좋아한다. 집에서 독서만 한다고 들었다. 공부를 잘해서 의사가 되셨다고 했다. 병원 진료하는 시간 서로 책 이야기하며 즐겁게 상담을 했다. 원장님은 내게 상위 5% 내 들어간다며 이야기도 했지만, 칭찬은 즐겁다. 열정이 하늘을 찌른다.

책으로 내 마음 다스리며 상대를 위하는 마음가짐이 나 자신을 열정으로 인도한다. 내가 하고 싶은 말이다. 사람들이 간혹 내게 열정 에너지를 묻곤 한다. 정답은 없지만, 책이 나를 살렸다고 말한다.

잘살고 있어 이제는 그것을 나누겠다고 생각했다. 열정이 안 생길 수가 없다.

이혼으로 인생 밑바닥까지 내려가 지금까지 오게 된 것이 신기할 뿐이다. 죽지 않고 살아가는 삶은 여러 가지이다. 성공을 다짐하며 살아온 것이 가장 크게 작용했다. 그중 책이 나를 다시 만들었다. 다른 사람에게 책은 다르게 해석될지 몰라도 내게는 생명과도 같다.

책의 힘은 무한영역이다. 실패한 삶에서 성공하는 삶까지 이끈 주인공이다. 힘든 삶에서 어떤 것이든 잡아야 했던 시간, 마음속에 깊게 뿌리 내렸다. 수년이 지나 결과를 만들었다. 열정은 그 과정에서 자연스럽게 몸속에 들어와 마음을 따뜻하게 만들었다.

꼭 인생이 실패해야 좋은 것을 만들고 경험하는 것이 신기하다. 평범하게 살았다면 분명 열정이 무엇인지 알 수 없다. 성공은 열정 속에 있다. 시작은 열정을 가지고 한다. 차이는 다르겠지만 끝까지 가봐야 한다. 스스로 선택한 것을 이룰 때까지 진행한다. 언제까지 해야 하죠? 묻는다면 다시 생각해보아야 한다. 원하는 것이 맞는지 다시 물어보면 된다.

열정도 진짜와 가짜를 구분할 수 있다. 진정한 열정은 즐기면서 지금도 진행하고 있다. 가짜 열정은 하다말다 스스로 고민에 빠지게 한다. 좋은 것을 얻기 위해선 시간과 노력으로 경험한 실패이다. 인생 실패가 아닌 목표를 만들어 자연스럽게 실패를 경험한다. 열정은 이것을 뒷받침해 준다.

시간의 기차에 탑승했다. 중간에 내리는 사람은 최종 도착점에 도착할 수 없다. 열정이 있는 사람은 기차 여행 자체를 즐긴다. 주변의 모든 것을 즐긴다. 늘 싱글벙글하다. 열정 기차 여행은 아주 길다. 긴 시간 동안 의자에 가만히 앉아 있을 것인가? 열정을 경험하면 좋은 결과를 만든다. 좋은 경험도 한다. 다시 나눈다면 더 좋은 열정을 만들 수 있다. 인생은 더하기, 곱하기도 아닌 나누기이다. 나눌수록 내 마음은 행복한 열정으로 가득하다. 하루는 아주 짧은 시간이다. 인생 전체보다 무척 짧은 시간이다.

남의 인생을 사느라 열정이 작아진다. 열정은 내 삶의 중심이 되어야 한다. 삶의 주인공은 누군지 알고 있다. 왜 힘없이 하루를 살고 있는지 자신에게 질문하면 된다. 열정이 없다면 만들어 보길 바란다. 혼자 사는 삶이 주어질 때 잘사는 방법은 열정이 가득해야 한다. 인생 끝은 혼자 살아야 한다. 미리 연습해 보는 것도 나쁘지 않다. 하루라는 시간 속에 혼자서 모든 것을 한다. 스스로 생각하고 그에 맞게 행동한다.

시간의 중요성

이혼으로 혼자 살고 있고 현재 직장이 유일하게 하루를 보내는 곳이다. 이런 시간도 언젠가는 끝이 있다. 할 수 있을 때까지 하고 싶지만, 현실은 알 수 없다. 의지와 다르게 안 될 때도 있다. 그 시간이 되면 내 주변에는 아무도 없다. 지금은 부모님이 계시지만 그 시간에는 갈 곳이 없다. 인생 계획을 어떻게 살아갈지 미리 준비하면 좋다. 아무 생각 없이 살면 현실도 재미없고 그때 되면 힘들다. 생각만으로 지금은 가능하다. 미래를 갔다 올 수 없는 것이 현실이다. 그 시간이 되면 진짜 힘들다. 열정을 가지고 살아가는 사람은 그 시간이 와도 걱정할 필요 없다.

일본은 장수의 나라이다. 우리나라도 장수하는 사람은 조금씩 늘어나고 있다. 노인이 되어 홀로서기를 해야 한다면 열정이 필요하다. 일본의 장수비결은 음식도 있지만, 상대에게 즐거움을 나누어 준다고 한다. 선물을 전달하는 순간보다는 준비하는 시간이 최고의 열정을 경험한다. 열정은 일이 아니라도 일상에서도 몸속에 저장되어 있다.

열정은 현실과 미래 두 가지다. 더 좋은 것은 미래의 열정이다. 미래 준비하는 시간은 지금이다. 열정 속에 모든 것을 경험하고 살 수 있다. 현실에 최선을 다하는 삶은 미래를 미리 당겨 사용하는 시간이다. 현실에 최선을 다하라. 이 말은 미래 준비를 잘하라는 말이다. 현실에 열정이 없으면 미래의 시간에 도착해도 열정은 없다. 열정은 즉시 만들 수 있는 것이 아니다.

현실에 나는 열정을 늘 가지고 산다. 책 출간 준비하며 출간 기념회나 두 번째 책은 어떤 내용으로 하겠다는 생각이 지금, 이 순간 열정으로 가득하다. 몇 년을 준비하고 있다. 그때 이후 시간이 될 때 새로운 사람으로 태어난다. 걸림돌이 모두 해지가 된다. 마음껏 나의 열정을 쏟아 부을 수 있다. 그런 생각들이 지금 삶에 상당히 큰 힘을 만든다. 에너지는 열정을 만든다.

현재 하루를 시작해 살아가지만 늘 같은 일상이다. 여기서 안정을 찾아 가만히 있을 것이 아니라, 미래 5년 뒤 또는 죽기 전 후회하지 않도록 하는 것이 좋다. 열정 속에 하루가 즐겁다. 어떤 일이 생겨도 그때를 생각하며 하루라는 삶을 가뿐히 넘길 수 있다. 중간중간 쉼이 필요할 때 다른 것으로 열정을 유지하면 된다. 좋은 취미를 가져 보는 것도 좋다. 음악과 영화는 내게서 삶의 중심이다. 쉬는 날에는 하루를 두 가지로 보낼 때가 대부분이다.

평일과 주말의 경계선은 정확하다. 이런 날이 필요하다. 마음에도 여유가 필요하다. 평일에 하는 열정은 별도 있다. 열정도 주말은 쉬어야 한다. 쉼이 중요하다. 평일이 시작될 때 열정을 다시 불러와야 한다. 은퇴하면 달력의 숫자는 무의미해진다. 그때는 다른 열정으로 인생을 준비해야 한다. 이미 나는 계획해 두었다. 멋진 강사로 지내는 삶을 중심에 두며 나의 행복을 나누는 것이 마지막 노후계획이다. 계획대로 살기 위해 지금 준비를 조금씩 하고 있다. 아무것도 하지 않으면 저절로 되는 것은 없다. 마음 같아선 몇 년 뒤 시간이 내일이었으면 생각도 한다. 그럴 때 가슴이 뛰고 설렌다. 매일 설레는 삶을 살고 싶지만 어려운 건 나도 마찬가지다. 단 미래의 좋은 것들이 지금 힘든 시간을 살게 한다.

시간은 느릴 때도 있고 때론 빠르게 흐르기도 한다. 열정이 가득하면 시간이 빠르고 하루가 즐겁다. 은퇴만 생각한다면 하루가 힘들다. 일을 손에 놓은 순간 해방되어 자유로울 것 같지만 오히려 반대이다. 삶은 길다고 말했다. 은퇴 후 죽음까지 사람마다 다르지만, 기대수명이 연장되고 있다. 열정으로 삶을 미리 준비 한 사람은 은퇴 후 삶은 싱글벙글하다. 모든 것은 인생 끝에 가보면 알 수 있다. 지금은 개개인 삶의 격차는 미비하다. 은퇴 후 행동이 불편한 시간이 되기까지 그 중간값이 중요하다. 중간값이 잘 만들어진 사람은 끝도 행복하다.

　열정은 인생 전체에 놓여 있지만 지금, 이 순간에도 가지고 있어야 한다. 어느 누군가 묻는다면 즉시 답할 수 있는 사람은 열정이 잘 습득되어 있다. 열정은 누구라도 알고 있는 말이다. 알고 있으면서 열정을 잘 활용하지 못하는 차이일 뿐이다.

　현재 일하는 상황이라면 앞에서 말한 것처럼 열정으로 누릴 수 있는 것을 경험하면 좋다. 일하지 않는 경우도 열정의 활용은 비슷하다. 현재를 즐겁게 살고 싶다면 미래를 잘 그려야 한다. 행복한 열정을 그린 후 현실의 물감을 묻히면 된다. 자연스럽게 미래는 선명하다. 열정은 지금 이 순간이며, 좋은 미래를 찾길 바라며 서로 응원하는 삶을 살길 바란다.

2.

글쓰기의 매력

글쓰기를 통해 새로운 삶을 살아가고 있다. 처음부터 글 쓰겠다는 생각도 없었다. 이혼 후 지인으로부터 독서 권유로 인생 첫 책이 시작이다. 자기계발 책들을 읽으며 책 속의 주인공이 부러웠다. 사업으로 성공해 부의 내용을 보면서 목표를 세우게 되었다. 일반인이 쓴 책을 보면서 내 책이 있었으면 생각이 전부였다.

이혼 후 정신 놓은 듯 하루를 겨우 숨 고르듯 살았다. 책을 손에서 놓지 않았다. 마음과 정신이 힘들면 사람은 무척 괴롭다. 아파서 오는 고통도 힘들지만, 정신적인 고통은 두말할 것 없다. 한쪽 귀에 이명이라는 병과 함께 지금 하루를 살아간다. 글 쓸 때도 폰의 작은 음악을 들으며 쓴다. 화이트 노이즈를 만들어야 내면에 접속할 수 있다. 삶이 완전히 무너지면 지푸라기라도 잡고 싶은 상황이다. 너무 절실하면 무엇이든 한다. 이야기는 내 경험담이다.

독서한 시간은 10년이 넘는다. 이혼한 시간과 비슷하다. 독서하며 내 책이 있었으면 한 것이 지금 내 글을 쓰고 있다. 공부도 싫어했고 글이라면 질색했다. 쓰는 것은 더욱 강하게 밀어내던 사람이었다. 글쓰기를 시작한 시기도 딱 좋았다. 코로나로 삶이 변했다. 죽는 상황이라도 사람은 하루 해오던 일은 해야 한다. 이유는 돈이다. 별다른 이유 없다.

밤늦게 퇴근해 매일 한 것은 스트레칭과 독서이다. 스트레칭은 여기저기 아픈 곳이 생겨 돈 벌기 위한 최선의 방법이다. 빚도 갚아야 했고 내 몸은 지켜야 했다. 독서는 그전부터 조금씩 습관 만들어 피곤해도 1장은 보았다. 때마침 코로나로 퇴근이 당겨졌다. 재택 근무하는 곳이 많았다. 나는 출근해야 했다. 좋은 것은 일찍 퇴근했다.

그때 유행하는 프로그램을 폰에 하나씩 설치했다. 대부분 글쓰기 관련 프로그램이다. 코로나 이전부터 사용했던 사람도 있었다. 일에 빠져 나만 모르고 앞만 보고 달렸다. 퇴근 후 글쓰기에 관심이 생겼다. 인터넷을 뒤지거나 사람들 따라 했다. 하나씩 프로그램 설치하면서 조금씩 익숙해졌다. 코로나 때 책을 중심으로 한 프로그램이 인기가 높았다. 인스타그램이다. 내 폰에는 인스타그램, 블로그, 브런치 세 가지를 설치했다. 글쓰기를 시작하기 위해 준비했다.

그중 브런치를 선택했다. 이유는 내 이름으로 작성하지 않아도 된다. 브런치 글 대부분 이름을 밝히지 않은 글이 많다. 힘든 마음을 글로 표현하는 곳이다. 나 역시 이혼을 공개하지 않고 쓰고 싶었다. 나중에 책 출간 뒤 공개가 되더라도 우선은 비밀로 하고 싶었다. 그런데 브런치 작가를 신청했는데, 합격이 되어야 글쓰기를 할 수 있었다. 처음 쉽게 생각한 부분이 불합격했다. 글쓰기는 처음이다. 그동안 독서만 했고 글쓰기 기초도 없다. 독서 몇 분 정도가 전부였다. 큰마음 먹고 글쓰기 시작했다. 제목과 내용은 결정했다. 이혼과 성공에 관한 글을 쓰고 싶었다.

브런치 작가는 두 번째도 불합격했다. 이유를 몰랐다. 세 번째는 간략히 정리해 기본적인 것만 작성해 신청했다. 생각도 하지 않았으며 일하느라 제대로 확인도 못 했다. 행운은 생각하지 않을 때 온다는 말이 이럴 때이다. 기대를 버린 마음이 합격 메시지를 보는 순간 너무 기뻤다. 기쁠 수밖에 없다. 도전하는 게 쉽지 않지만, 손 놓지 않고 몇 번이고 도전했다.

인터넷 작가 다른 직업이 생겼다. 독서하며 내 책이 있었으면 한 것이 조금씩 그 선을 그어 가고 있다. 글쓰기 관심도 없던 내가 글을 쓰다니 제정신이 아니다. 시간이 없었다면 이럴 시간도 없다. 다행히 코로나로 생긴 빈틈을 활용했다. 독서를 더 하겠다는 생각은 없었다. 퇴근 후 여유가 생겨 독서를 좀 더 해도 되지만 집중력은 한계였다. 하루 20분이 내겐 맞다. 그 외의 나머지 시간에 글쓰기를 했다.

글을 써야 했지만, 첫 시작을 못 했다. 시작을 못 해 흘려보낸 시간이 몇 개월이 되었다. 인스타그램을 매일 보며 많은 사람이 책 읽는 사진을 올리곤 했다. 스마트폰에 인스타그램을 설치하고도 사용하지 않았다. 회사 사람들이 혹시 내 모습을 볼까 싶어 조용히 있었다. 나중에 알게 되었지만, 인스타그램을 하지 않았다. 한 번 해보자 다짐하며 인스타그램을 시작했다.

프로필은 하루글로 만들었다. 책 읽은 부분을 사진 찍어 올렸다.

이혼 글을 쓰고 싶지만, 인스타그램에서는 도저히 자신이 없었다. 시간이 흘러 인스타그램에서 책 출간 글을 보았다. 여기저기 사진들을 보니 책 출간이 궁금했다. 그중 몇 개월 동안 소통하며 지낸 지인에게 디엠으로 질문했다. "책을 어떻게 하면 낼 수 있나요?" 돌아온 답은 "은한님, 쓰기라도 하세요." 쓰기라도 하라는 말이 나를 조금 움직이게 했다.

어디에 쓰는지 몰랐다. 그 뒤 다른 몇 명에게 질문해 워드나 한글에 쓰면 되는 것을 알았다. 프로그램을 열어 첫 페이지를 시작할 수 없었다. 하얀 백지 위 첫 줄을 어떻게 써야 하는지 몰랐다. 한 줄씩 쓰면 되는지, 책처럼 줄 바꾸며 써야 하는지 전혀 몰랐다. 마음 가는 대로 쓰기로 했다.

우선 제목을 정해야 했다. 혼자 이것저것 깊게 생각하지 않았고 표지 제목은 정했다. 어디서 들은 기억은 있어 책 제목이 중요하다는 말이 기억났다. 다음은 순번을 정해 이혼 직후 내용부터 쓰기 시작했다. 쓰고 싶은 제목을 결정한 뒤 열심히 쓰기 시작했다. 가장 먼저 쓴 글쓰기는 브런치이다. 글쓰기 방법 기초도 없이 시작했다. 쓰고 싶은 내용은 많았다. 이혼 직후부터 일어난 사건은 많았다. 경험을 글로 옮기면 된다. 문법이나 책 출간 기초 틀도 없었다. 무작정 쓰기로 했다.

첫 글은 이혼의 시작이었다. 간단한 내용으로 쓴 후 올렸다. 사람들이 글을 보았다. 기초 없는 글을 보는 사람들도 있구나. 혼자 기분이 묘했다. 브런치 글쓰기 기준을 정했다. 토요일 오전 발행 계획을 정했다. 초기에는 글 쓰는 것을 몰라 토요일 오전에 쓴 후 올렸다. 몇 줄 안 되는 글이라도 쓰려니 시간이 걸렸다. 브런치를 먼저 시작한 이유는 인터넷에 내 글을 먼저 쓰고 싶었다. 글 반응을 보고 싶었다.

그 뒤로는 생각나는 글 소재가 있으면 미리 써두었다. 토요일 오전에 미리 쓴 글을 올리기만 한다. 이렇게 이혼 글은 브런치에 편히 쓰고 올렸다. 나중에 정식으로 출간되면 공개할 생각이다. 브런치에 이혼 글을 올리면 반응이 즉시 나타나 재밌었다. 어떤 글에는 댓글까지 있었다. 내 글이 다른 이와 소통되는 것이 신기했다.

우선순위 설정

글을 조금씩 쓰고 있을 때 집 컴퓨터에 정식으로 출간 글을 쓰기로 했다. 순서를 정해 적합한 제목을 결정한 후 브런치에 쓴 내용보다 상세히 썼다. 평일 퇴근 후 조금씩 몇 줄이라도 쓰기 시작했다. 퇴근 후 독서 먼저 한 뒤 글쓰기를 이어서 했다. 글쓰기가 가장 중요했다. 독서를 그만둘 수 없었다. 수년을 고생해 겨우 만든 습관이다.

사람은 무너지는 것은 한순간이다. 편안함과 익숙함에 젖어 버리면 벗어나기 힘들다. 순서를 정한 것이 독서 후 글쓰기였다. 퇴근이 늦어 글쓰기 시간이 부족하면 독서 시간을 줄이고 몇 줄이라도 매일 썼다. 좋은 결과를 경험하려면 나와 약속해야 한다.

본인에게 잘 맞는 환경이 있다. 긴 시간을 사용할 수 있으면 좋지만 매일 해야 한다면 달라진다. 일정량을 지키는 것이 가장 길게 갈 수 있다.

글쓰기 중 가장 답답한 부분이 키보드 자판 두드리기다. 어릴 적부터 키보드 보며 쓰는 습관이 되어 독수리 타법이다. 글쓰기 할 때 잘 두드리는 사람보다 몇 배 이상 시간이 걸린다. 진작에 제대로 배워 놓을 걸 후회가 되었다. 이런 일이 생길 줄 누가 알았겠는가? 날마다 퇴근 후 조금씩 써 내려갔다. 진도가 팍팍 나갔으면 했다. 머릿속에서는 쓸 내용은 많지만, 손이 늦어 꽤 고생했다. 한 페이지 쓰는 시간이 대략 40분 이상 걸린다. 맞춤법과 띄어쓰기에 맞게 독수리 타법으로 한 줄을 한 번에 넘긴 적이 없다. 몇 단어가 아닌 몇 글자 쓰고 틀려 지우기 버튼을 수시로 누른다. 독수리는 하늘은 잘 날아다니지만 내게는 날개를 만들어 주지 않았다.

처음 글은 생각나는 대로 자유 양식이 좋다. 나중에 정리하면 된다. 퇴근 후 일정량 채우기 처음에는 고생했다. 부하가 엄청나게 걸린다는 것을 그 엄청남을 경험했다. 독서보다 글쓰기가 더 어려운 단계이다.

일주일 기준 글쓰기는 집 컴퓨터와 브런치이다. 블로그는 책을 3번 읽은 후 느낀 점을 쓴다. 블로그는 책에 관한 내용 시작으로 저자 강연을 추가했다. 그다음은 학교 기업 강의하는 날 간단히 블로그에 남긴다.

다시 정리하면 평일은 집 컴퓨터에 매일 글쓰기를 했다. 브런치는 주말 아침 8시에 알람 설정 후 올린다. 글쓰기 하지 않는 날은 주말과 휴일이다. 마음껏 쉬고 싶었다. 집 정리한 후 음악을 틀고 늘어진다. 글쓰기 시작해서 초고 완성될 때까지 평일은 무조건 썼다. 쉬는 날은 쉬었다. 이런 규칙은 필요하다.

글쓰기 속도에 따라 단시간에 쓸 수 없음을 알게 되었다. 워드 속도였다. 다른 하나는 몇 시간을 붙들고 쓸 수 없었다. 글 쓰고 몇 개월 지나니 작가님 존경한다는 말이 저절로 나온다. 뇌를 상당히 사용한다. 흰 바탕에 글만 써야 했다. 솔직히 재미없다. 책 한 권 분량이 되어야 한다. 독수리 타법과 내 집중력으로는 긴 시간이 필요했다. 처음에는 1년 정도 계산했다. 몇 개월 지나 어림없었다.

지금 글은 다시 쓴 두 번째 글이다. 최초 글쓰기는 6개월에 걸쳐 썼다. 평일 매일 조금씩 독수리 타법으로 써 내려갔다. 수개월 지나도 글쓰기는 여전히 힘들었다. 월요일부터 금요일까지 글쓰기 했다. 그중 가장 쓰기 힘든 날이 있다. 바로 월요일이다. 일요일이면 직장인 월요병이 온다. 글쓰기 시작하는 날이다. 머릿속에서 가장 싫어하는 것 중 하나였다. 의자에 나를 앉게 하는 것이 이렇게 힘든지 몰랐다.

그래도 몇 번 두드리다 보면 좀 전까지 싫었던 마음이 사라진다. 마무리 짓고 하룻밤 지나면 화요일이다. 책상 앉는 게 조금 나아졌다. 몸은 조금씩 적응된다. 화요일을 마무리하면 수요일이 온다. 참아보자며 퇴근 후 나를 의자에 앉힌다. 목요일도 똑같은 일상이지만 마음이 살짝 가볍다. 좋은 기분으로 하루를 마무리하면 금요일이 온다. 금요일 퇴근 후 글쓰기를 한다. 마음은 어떨까? 오히려 더하기 싫다.

기준은 사람마다 다르다. 초고 완성될 때까지 평일은 사람들과 만남을 거부했다. 금요일 글쓰기 부담은 월요일만큼 강하다. 금요일까지 하루도 빠짐없이 글쓰기 끝내면 기분이 너무 좋다. 나와의 약속을 지켰다. 이런 생활을 1년을 넘겨 몇 년을 했다. 가장 길며 부하를 만드는 자기계발이다.

최초 처음 글은 지금의 주기와 비슷하게 진행했다. 그때는 요리학원 마친 후 집에 오면 10시가 넘는다. 독서 시간을 줄이고 글쓰기 양을 조절하며 매일 조금씩 썼다. 수개월에 걸쳐 양식에 따르지 않고 혼자 제목 만들어 80페이지 정도의 글을 쓴 후 출판사에 보내고 싶었다. 제목은 열 가지 정도로 완성 안 된 글이었다. 프롤로그와 에필로그도 없이 마무리도 안 된 엉성한 글을 보내겠다고 진행했다.

인터넷 뒤져 출판사 이 메일 주소를 모았다. 10개 정도 찾은 후, 출판사에 원고를 보냈다. 보내는 날 심장이 살짝 두근거렸다. 글 평가받는 날이다. 원고 보낸 뒤, 메일 수신확인을 했다. 출판사 수신확인은 되었다. 그러나 답은 없었다. 솔직히 기대하지 않았다. 글에 대한 자신감은 없었다. 그래도 한번 테스트해 보고 싶었다.

가슴 뛰는 날

시간이 좀 더 흘러 두 곳에서 답변이 왔다. 한 곳에서 정중히 답변이 왔다. 글 내용이 좋다고 했다. 소재도 좋고 부드럽게 수정하면 괜찮다는 내용을 보는 순간 가슴이 막 뛰었다. 다른 곳에서는 아무런 답도 없었다. 중요한 것은 양식에 부족한 글이다. 좋다는 말을 보는 순간 너무 좋았다. 여태까지 하지 않던 것이고, 가장 긴 시간 노력이 들어갔다. 좋은 결과 받을 때 가장 기쁘다. 노력한 만큼 결과가 나온다.

다른 한 곳에서 전화가 왔다. 담당자는 책을 왜 내고 싶은지 내게 질문했다. 이유는 항상 정확하다.

"이혼이 많은 세상이지만 힘들게 살아가는 사람들이 많습니다. 그런 사람들에게 저의 행복한 에너지를 나누어 다시금 일어서게 하고 싶습니다. 저도 이혼 후 힘들었지만, 책을 통해 나 자신을 다시 일어서게 했습니다. 목표를 세웠습니다. 이혼으로 큰 것을 잃은 만큼 다시 큰 것을 만들겠다고 다짐했습니다. 두 가지 목표로 한 가지는 한 번 더 사업의 기회가 있다면 최선을 다해 성공할 것이며, 다른 한 가지는 직장생활을 해야 한다면 회사 규모 상관없이 서열 두 번째는 하겠습니다. 지금 직장에서 임원 자리까지 왔습니다. 목표에 대한 성공을 이루었기에 힘들어하는 사람들에게 강사가 되어 다시금 열심히 살 수 있도록 나의 에너지를 나누는 것이 목적입니다."

담당자는 "성공하셨네요. 이 책은 자기계발서입니다. 나중에 책 나오면 저도 사서 보겠습니다."

심장이 두근거렸다.

"내용을 보니 전체적으로 좋습니다. 지적 사항 몇 가지 말씀드리겠습니다."

"네 알겠습니다."

메모지에 쓸 준비를 했다.

"첫 번째는 기획서가 없습니다."

"기획서가 무엇입니까?"

담당자는 "기획서, 검색이라도 해보았습니까?"

당연히 "아니요."

순간 한 방 맞은 기분이었다.

"두 번째는 분량이 부족합니다. 두 배 이상 필요합니다. 다음으로는 저자 명확화와 글을 구체화해서 써야 합니다."

메모하기 바빴다. 지적 사항이지만 오히려 좋았다. 다음을 진행할 수 있었다.

"너무 감사합니다. 좋은 지적 사항 말씀해주셔서 고맙습니다."

전화를 끊는 순간 심장이 터질 것 같았다. 경험해 본 사람은 알 수 있다. 기초도 없는 내 글이 좋다고? 이건 하늘을 나는 기분이다. 심장이 얼마나 뛰는지 의자에 잠시 앉아 호흡도 힘들었다. 마음을 가다듬고 메모한 것을 보았다. 저자 명확화와 구체화가 무슨 말인지 이해가 되지 않았다. 인터넷으로 검색해 어느 정도 이해가 되었다. 두 곳에서 내 글이 좋다고 했다. 책 나오면 사서 보겠다고 하니 나를 더욱 끌어당겼다. 중요한 것은 구체화는 이해했지만 부드럽게 다듬으면 좋다고 했다. 부드럽게 쓰는 것이 이해되지 않았다. 부드럽게 단어가 글쓰기 진도를 막아 몇 개월 뒤, 겨우 다시 쓰기 시작했다. 지금 쓰고 있는 글이 새로 쓴 글이다. 구어체와 부드럽게 의미는 어쩌면 비슷한 말이다. 대화체를 쓰면 글이 부드러워진다는 것을 이해하는 데 수개월이 걸렸다. 책 분류는 자기계발서로 쓰고 싶다. 저자 명확화의 의미로 '인 것 같다.' 글은 삭제했다. 수개월 써보니 약간 이해가 되었다.

출간 일정이 더 늦어지게 되었다. 마음 같아서 이야기를 빨리 흘리고 싶지만 힘들더라도 천천히 가기로 했다. 빨리 쓰게 되면 글의 흐름을 독자들도 느낀다. 어차피 속도는 천천히 갈 수밖에 없다. 독수리 타법이 가로막는다.

머릿속은 무대 위 서있는 것을 상상했다. 코로나 시기 지역 도서관 책 저자 강연 내용을 보았다. 코로나 이전부터 도서관은 한 달에 두 번 갔었다. 코로나 때 글쓰기 관심을 두었다. 책 주인공 강의를 직접 듣고 싶었다. 처음으로 강의 신청해 작은 수첩을 사서 강당에 들어갔다. 무대 위 작가님을 보니 내 눈에 무대가 먼저 보였다. 강사를 하고 싶은 의지가 강해 나타나는 현상이다.

글쓰기 기초도 모르는 상태였고 수년 동안 독서만 했고 겨우 습관 만들기 정도였다. 작가님 강연 내용을 노트에 기록하며 무대 위 모습이 탐났다. 강연이 끝난 후 질문하는 시간이다. 손들면 작가님께서 그중 한 명을 지목해 마이크를 넘긴다. 질문할 내용은 미리 써오기도 한다. 강의 내용을 들으며 노트 한 곳에 메모한다. 마이크가 내게 오는 날 글쓰기 관련 습관이나 방법을 자주 질문했다. 작가님 답변할 때 항상 노트에 기록한다. 질문 한 사람은 작가님이 사인한 책을 받을 수 있다. 재미난 일은 책을 받고도 작가님 인기를 몰랐다.

도서관 강연은 수요일 저녁이나 토요일 오후에 한다. 일 년 동안은 빠짐없이 강의 들으러 갔다. 책까지 받아 오니 지출도 줄이고 사인된 책을 받으니 기분이 남달랐다. 강의 들을수록 무대 위가 더욱 욕심났다. 집에 온 후 책 제목이나 작가님 이름을 인터넷으로 검색한다. 이렇게 유명한 분을 뒤늦게 알았다.

강사를 꿈꾸기에 강연하는 방법도 궁금했다. 도서관을 내 집 들락거리듯 다녔다. 도서관 관계자분과 서로 인사할 정도로 알게 되었다.

도서관 담당자에게 "저 무대 위에 서고 싶습니다."

황당했는지 "혹시 작가님이세요?"

"아니요."

"행사는 작가 초청 강연으로 책을 내셔야 합니다."

"책을 어디 가면 낼 수 있습니까?"

"출판사를 통해 낼 수 있으며 요즘은 독립출판도 있습니다."

내 책 필요함을 알았다. 이런 경험이 책을 내고 싶은 이유가 되었다. 성공 이야기에 대해 할 말은 많다. 이 모든 것을 담은 내 책이 필요했다.

코로나 때 글쓰기의 절실함은 가득했다. 글쓰기라도 하세요. 이 한마디가 글을 쓰기 시작했다. 무식하게 쓴 글을 출판사 투고까지 했다. 답을 받고 싶어 한 행동 했었다. 해야 하는 이유가 확고했다. 작가보다는 강사가 되고 싶다. 지금도 글을 쓰고 있지만, 책 내는 것이 끝이 아니다. 강사가 되어 무대 위에서 내 이야기를 하고 싶다.

절실함은 나를 끌어 당긴다

학교 강의 제의 받아 경험했다. 작은 첫 경험이지만 그 기억은 잊히지 않는다. 강사가 꿈이다. 사람들 앞에서 긴장되었다. 여러 번 해 보니 이제는 여유 있다. 글쓰기 하며 강의까지 했다. 내 책 필요성을 절실히 느꼈다.

이혼으로 살면서 지금까지 모든 내용을 속 시원히 말할 수 없었다. 늘 답답함을 가지며 강의했다. 여러 생각과 현실의 경험들이 글쓰기에 많은 도움이 되었다. 강사님 소리 들을 때 마음에서는 강사 꿈이 강했다. 이런 마음가짐이 글쓰기가 힘들어도 끝을 생각하며 쓰고 있다. 책 나오는 순간 속 시원하게 숨겼던 부분까지 모두 말할 수 있다. 이 하나만으로 나는 충분했다.

글 쓰는 시간이 더디다. 오죽했으면 입으로 말해 자동으로 글을 써주는 게 있을까? 검색까지 했다. 뒤지다 보면 있을지 몰라도 찾고 익히는 시간에 열심히 쓰겠다고 결론 내렸다. 왜 찾았을까? 생각하겠지만 어설픈 독수리 타법으로 손목, 손가락 주사를 너무 열심히 맞아 힘들었다. 남들보다 타자도 느리고 글쓰기 분량이 너무 늘어났다. 나중에 퇴고 때 고생하겠다는 느낌이 온다. 초기에는 멋모르고 열심히 썼다. 진도가 더디어 언제 끝날지 눈앞이 캄캄했다. 제목 순번을 보니 아직 멀었다. 처음 원고를 두 번 반복 읽은 후 수정할까? 생각도 했었다. 내용을 보니 읽어 보라는 말을 이해했다. 정말 내가 쓴 글인가? 의심될 정도로 부끄러웠다. 수정이 아니라 새로 쓰는 게 좋았다. 처음 몇십 페이지를 써본 경험이 있어 같은 제목이라도 조금 다르게 쓸 수 있었다. 경험의 대단함을 알았다. 글은 쓰면 쓸수록 실력이 는다는 말이 이해가 된다.

글쓰기 시간에 일을 무리하게 했다. 손목과 손가락에 심한 통증을 만들었다. 그때 주사를 자주 맞았다. 어느 정도로 아팠는지 말한다면 오른손 젓가락 사용이 힘들었다. 젓가락으로 반찬 집는 게 어려웠다. 밥도 숟가락으로 겨우 먹었다. 그런 상황에 글 한 줄이라도 썼다. 조심히 두드리며 작은 양이라도 썼다. 지금 생각하면 제정신 아니다.

글쓰기 하면 사람 성격 나온다. 책 한 권이 버튼 누르면 자판기에서 뚝 떨어지는 것이 아니다. 짧은 시간에 한 권 분량을 쓸 수 없다. 수개월은 기본이고 완성되려면 최소 1년 정도 걸린다. 지금은 1년이 아니라 2년을 채우고 있다. 마음 같아선 몇 개월에 끝내고 싶었다. 주변에 몇 개월에 초고 쓴 분도 있었다. 이야기 들어보면 퇴근 후 밤늦게까지 글을 썼다고 했다. 주말에는 온종일 글쓰기 했다고 한다. 워드 속도가 얼마나 빠른지 대단하다. 빨리 해치우고 싶어도 내 뜻대로 안 되는 것이 글쓰기이다. 온종일 글쓰기를 한다? 상상이 안 된다. 거북이를 선택한 나는 천천히 가야 한다. 워드 속도도 느리고 손가락과 손목도 아프다. 허리 디스크도 조심해야 한다. 의자에 1시간 앉아 있는 것도 조금 힘들다.

생각나는 대로 막 쓰고 싶지만 희망 사항이다. 머리는 되지만 손가락이 안 된다. 유일하게 안 되는 것이 글쓰기이다. 책 낼 때마다 다들 손뼉 치며 응원을 이해한다. 그만큼 글쓰기는 기나긴 싸움이다. 공부와 거리가 먼 삶을 살아온 지금 무슨 짓인지 제정신 아닌 것 맞다. 강사를 해보겠다고 내 책이 필요한 시점 가장 힘든 과정을 지나고 있다. 이혼 직후에도 힘들었지만 글쓰기 고통은 또 다른 고통이다. 글을 2년 가까이 썼다. 성격 조절하는 방법도 익혔다. 좋은 것은 항상 끝에 온다. 처음부터 좋은 것은 없다. 노력한 끝에 좋은 것이 기다리고 있다. 힘들어도 상상이 나를 끌어당기고 있다. 오랫동안 한 것 중 하나이다.

삶에서 나의 자기계발은 여러 가지가 있지만, 그중 운동과 독서이다. 두 가지는 글쓰기 시간보다 길다. 이유는 짧게 한다. 글쓰기가 가장 길다. 머리를 가장 많이 쓴다. 운동은 몸으로 한다. 독서는 머리를 사용한다. 글쓰기 끝나면 피곤하다. 그만큼 글쓰기가 집중력 필요로 하는 이유 중 하나이다. 매일 평일 정해진 분량을 쓰느라 뇌도 고생한다.

글쓰기를 오랫동안 하며 느낀 부분이 있다. 독서와 비교하면 결과는 완전히 다르다. 글쓰기는 오로지 내 이야기다. 계속 끊임없이 내 이야기로 과거, 현재, 미래가 보인다. 이제 글쓰기를 통해 말하고 싶은 이야기가 있다. 왜 내가 글을 쓰게 되었는지 앞에서도 말했다. 이혼 직후 지인의 권유로 책을 처음 알게 되었고 내 책이 있었으면 이 정도였다. 매일 책을 읽으면서 스스로 목표 두 가지를 정했다. 조금씩 책 내용을 현실에 적용하며 살았다. 성공한 사람들은 쉽게 된 것이 아니었다. 그중 나도 한 사람이 되고 싶어 큰마음 먹고 앞만 보며 달렸다.

　어느 날 생각도 못 한 경험을 했다. 그것도 빠른 속도로 계획한 목표에 성공했다. 더는 오르고 싶지 않았다. 인생에서 실패, 성공 두 가지는 해보았다. 실패도 모든 것을 다 잃은 상태였다. 성공이 내 손에 들어오는 순간 다시 놓아 주고 싶었다. 다시 말해 성공의 길을 나누고 싶었다. 마지막 하나가 나눔이 되었다. 나눔은 여러 가지이다. 현실적인 것과 눈에 보이지 않는 것이 있다. 선택은 본인이 정한다. 후자를 선택했다. 눈에 보이지 않고 마음으로 소통하고 싶었다. 단순한 성공 이야기보다 다른 세상을 전달하고 싶었다. 나눔도 성공의 일부이다. 나눔은 성공 이상의 마음가짐이 필요하다. 다르게 말하면 마음 부자라고 할 수 있다.

　마음가짐을 넓게 생각하면 하루를 살아가는 시간이 남다르다. 동기부여가 된다. 많은 자기계발서가 있다. 현실 부자 관련 책과 마음을 다룬 통찰 책들이 있다. 한 권의 책이 완성되려면 성공 다음 단계를 경험하고 좋은 내용이 반영된 책을 좋아한다. 단순히 돈 많이 벌기보다는 이유 있는 것이 좋다. 몇 번의 경험들이 나를 확 끌어당겼다. 힘든 사람들에게 나의 성공 길을 나누는 것이 목표이다.

　새로운 목표가 생겼다. 나누는 삶을 선택했지만, 그에 따른 여러 가지가 필요했다. 작가가 우선순위다. 지금 힘들게 글 쓰는 이유도 삶을 나누고 있다. 누군가는 내 힘이 필요하다. 사람은 살다 보면 내리막이 있다. 그에 반해 오르막도 있다. 욕심을 내면 늘 오르막만 살고 싶다. 그런 것은 절대 없다. 내리막이 있어야 오르막이 생긴다.

내리막을 내려가 다시 올라올 수 있어야 한다. 올라가는 방법도 여러 가지이다. 이유는 알고 있으면서 진행하지 못한 것이 안타깝다. 인생 실패한 나도 했기 때문이다. 실패한 인생이라고 스스로 낙인 찍지 말아야 한다.

매일 글을 쓰면서 무대 위에 있는 모습 하나만 생각하며 쓰고 있다. 다른 부수적인 것도 있다. 그건 배움이다. 뒤늦게 학업을 하고 있다. 강의 범위를 넓히고 싶었다. 학력에서 걸림돌 된 적도 있다. 글 쓰고 있는 시간에도 학업을 동시 병행하고 있다. 계획하며 조금씩 진행하고 있다. 모든 것이 미래의 내 모습이다. 지금까지 동기와 이유에 관해 말했다. 강사를 왜 하고 싶은지? 적성에 잘 맞는지? 무엇이 필요한지? 끊임없는 질문을 했다. 질문을 잘해야 한다. 누구에게? 정답은 본인이다. 마음속 답은 본인만 알고 있다.

변화된 내 모습

글쓰기는 나에 관해 모든 것을 쓴다. 처음은 과거 모습이 대부분이다. 그다음 현실 경험 이야기가 많다. 그런 과정들이 미래를 만든다. 지금 하는 것과 하고 싶은 것은 미래를 위한 일이다. 미래를 선명하게 만들려면 현실이 나와야 한다. 현실에 적용해 좋은 경험도 했다. 그런 과정들이 미래의 모습을 만든다. 만약에 내가 책을 읽은 후 삶이 바뀌지 않았다면 글을 쓸 이유도 없다. 목표만 만든 후 그냥 살게 된다. 많은 사람이 그렇게 살고 있다. 목표라도 자세히 세워져 있으면 그나마 다행이다. 아무 생각 없이 현실에 갇혀 사는 사람들이 많다. 삶의 행복 기준은 없다. 각자의 기준으로 살면 된다.

글쓰기 시간이 더 길어져 다른 무언가가 만들어진다. 또 다른 나를 만든다. 사람이 변했다. 옆에 있는 사람은 어머니뿐이다. 어머니는 "네가 변했어." 나 자신이 미래에 대한 상상을 즐기게 되었다. 책만 읽을 때 책 속 내용을 현실에 적용한 이야기가 전부였다. 글쓰기한 뒤론 책 이야기가 아닌 온전히 내 이야기뿐이다. 글쓰기 한다고 삶이 바뀌지 않는다. 무엇을 하고 싶은지 조금씩 적어보면 된다. 어떤 것이 결정되면 무엇이 필요한지 알 수 있다. 꿈이 선명하면 행동으로 옮기고 싶다. 절실함이 담겨 있으면 된다. 이혼 후 살겠다는 절실함이 지금 나를 여기까지 오게 했다. 글 쓰며 과거 내용 중 잘못한 부분은 반성하고 상대를 용서한다. 미워한 마음도 사라진다. 예를 들어 감사 일기나 필사 등은 마음의 말을 밖으로 끄집어낸다. 사람은 마음속에 담아둔 생각들을 말하고 싶어 한다. 좋지 않은 이야기를 더 많이 말할 때도 있다. 그럴 때마다 말하는 순간 편할지 몰라도 돌아서면 똑같다. 가장 좋은 것은 마음속 나 자신을 용서해야 한다.

독서도 한계가 있다. 가장 좋은 것은 글쓰기이다. 모든 것을 이야기할 수 있다. 시간과 공간에 제약받지 않는다. 상대도 필요 없다. 이런 과정을 오래 하면 글쓰기에 자신감이 생긴다. 책 한번 써볼까? 나중에 진짜 쓰게 된다. 처음은 힘들지만, 그동안의 과정을 경험했기 때문에 잘 버티며 쓰게 된다. 글쓰기를 즐기면 가장 좋다. 어떤 것이든 즐기는 사람을 이길 수 없다. 나 자신은 아직 그 정도 단계는 아니다. 끝을 생각하며 손 아파도 지금도 쓰고 있다.

글쓰기 관련 시중에 많은 책과 인터넷 자료는 넘쳐난다. 한 번도 사서 본 적 없다. 책 내용은 직접 경험하고 미래를 그린 현실적인 부분을 쓰고 있다. 이렇게 살아 보니 좋았던 내용이 대부분이다. 사람들은 공감하길 원한다. 현실에 직접 경험한 내용이 글쓰기에 가장 좋다. 직접 경험한 것을 생각 단계를 거쳐 다시 글로 다듬어졌다. 말로 한다면 엄청난 분량이 되지만 글로 써서 흐름을 정리한다. 글을 통해 또 다른 나 자신을 발견하고 무대 앞에서 남의 이야기가 아닌 내가 주인공이 된다.

강의할 때 솔직한 경험 이야기를 한다. 말 못 할 사정으로 결과만 본다면 상대는 공감이 떨어질 수밖에 없다. 좀 더 공감되는 동기부여 내용이 필요했다. 한 권의 책을 완성하기 위해 과거부터 미래까지 서로 연결해 글 쓰고 있다. 왜 나는 이렇게 살아야 하는지? 글쓰기는 나 자신을 보는 거울이다. 마음은 나쁜 생각이 많을 것 같지만 오랫동안 글 쓰면 마음이 변한다. 나쁜 말도 더는 쓸 게 없어진다. 남은 것은 좋은 것뿐이다. 좋은 글을 쓰면 마음은 점점 맑아진다. 마음도 부드럽고 유연해진다.

나눔으로 인생의 마지막을 생각하며 지금 살고 있다. 글로 쓰고 있다. 마음이 어떻겠는가? 좋아질 수밖에 없다. 좋은 생각을 계속 써보면 된다. 글은 사람 마음을 나타낸다. 좋은 글을 쓰고 싶다면 현실에 좋은 경험을 그대로 옮기면 된다. 전국을 돌며 강의로 만날 수 없지만, 책으로 사람 마음을 조금이라도 변화시킬 수 있다면 그걸로 만족한다. 가장 원하는 것은 내 힘을 필요로 하는 곳에 내 것을 나누는 게 목표다. 이혼으로 살아온 삶을 책으로 출간한다. 현실 속 감춘 것을 공개하는 날이다. 과거 시절 이혼은 주변 눈치를 봐야 했다. 지금은 이혼으로 새 출발 하기도 한다. 시대가 많이 변했다. 이혼 책을 스스로 만들어 보겠다고 행동으로 옮긴 것도 큰 도전이다. 현재 원하는 것을 만들어 놓은 상태이다. 이혼의 고통에서 벗어나지 않았다면 이 글은 전부 어두운 이야기뿐이다. 그런 내용을 쓰고 싶지 않다. 과거 독서를 시작해 마음속에 가볍게 담아둔 것이 현실이 되고 있다.

인생의 마지막은 이미 그려 놓았다. 글 내용은 행복으로 마치고 싶다. 책 뒷부분 내용은 대부분 미래 이야기이다. 아직 가보지 못한 시간이다. 그 시간을 미리 살아 보고 있다. 언제일까? 지금 글 쓰며 생각한다. 현실에서 미래의 생각을 적용했다. 여기에서 성공 방향을 돌렸다. 아직 물질의 유혹만 쫓아간다면 책을 쓰지 못했다. 스스로 성공 선을 그어 버렸다. 그 순간 세상 모든 것이 다르게 보였다. 코로 숨 쉬며 눈에 보이는 것, 귀로 듣는 것까지 다르다. 무거운 몸이 가볍다. 몸에서 힘을 살짝 빼보면 알 수 있다. 딱딱하게 굳어 있다면 몸이 상한다. 항상 강조하지만 몸을 부드럽게 만들어야 한다. 성공을 좇지 않는 삶이 성공이 나를 좇는다.

고통은 결과를 만든다

글쓰기를 통해 신념 하나씩 써내려가고 있다. 머릿속에 있는 것을 글로 옮기는 중이다. 글 쓸 때 나를 홀딱 벗기라고 했다. 최대한 내 마음을 쓰고 있다. 나쁜 내용도 있을 수 있다. 사람이 살면서 항상 좋을 수 없다. 직장인으로 사는 나 역시 힘들 때도 있다.

지금은 과거보다 엄청난 발전을 했다. 마음과 물질이다. 현실 부자는 아니다. 항상 마음 부자라고 한다. 글쓰기를 통해 나를 알아가는 시간이다. 글 쓰고 있는 나 역시 안 하던 짓이다. 그것도 가장 힘든 글쓰기이다. 큰 도전을 느껴보기 바란다.

주변에서 한 번씩 "글쓰기 원래 좋아하세요?"

"아니요."

"독서를 좋아하세요?"

"아니요."

독서는 지금도 좋아하지 않는다. 오히려 음악 듣거나 영화 보는 게 더 좋다. 상대를 위해 요리할 때가 더 좋다. 독서도 좋아하지 않는다. 글쓰기는 오죽할까? 정상인이라면 이렇게 많은 분량을 쓰지도 못했다. 평일 매일 퇴근 후 1시간씩 글쓰기 하고 있다. 2년을 했다. 이게 할 짓인가? 해본 사람은 알 것이다. 남의 글을 보는 것과 내 글을 쓰는 것은 차원이 다르다.

글쓰기 요령도 없다.

"국어를 잘하나 봐요?"

"아니요."

정말 싫어한다. 한글 하나만으로 머리에 부하가 엄청나다. 글쓰기 매력을 알게 된 후 쓰는 순간 집중한다. 글을 쓰면 쓸수록 스스로 요령도 생긴다. 나중에 글쓰기에 대해 누군가 묻는다면 전문적인 기법은 몰라도 나만의 방식으로 가르치게 된다. 이것도 용기다. 지금 이렇게 글 쓰는 것도 용기이며 도전이다. 막연히 쓰는 것은 아니다. 계획을 두며 쓰고 있다. 처음에는 만만했던 시간이 아주 더딤을 알게 되었다. 이럴 때 수정단계를 거쳤다. 제목 수, 글 분량과 시간을 계산해 보았다. 1년이 아닌 몇 년의 답이 나왔다. 너무나 긴 시간이었다. 하루가 힘들지만 매일 같은 양을 쓰고 있다.

제목마다 글 쓰는 양도 다르다. 글 쓰면서 알게 되었다. 어떤 제목은 몇십 쪽을 썼다. 마음속 과거 기억을 가져온다. 나누던 대화 하나까지 글로 옮겼다. 한 번씩 글 쓰며 울컥할 때도 있다. 눈가에 눈물이 고여 얼굴을 타고 내린다. 스스로 내면 치료가 된다. 그때 당시 말하지 못했던 말을 글로써 다시 써보면 알 수 있다.

악한 마음보다는 미안한 마음이 더욱 커진다. 이미 이혼으로 갈라서 돌이킬 수 없는 관계로 되었다. 말하지 못한 마음의 말을 글로 남겼다. 반성하는 기분이다. 마음 한구석 묻어둔 것까지 다 끄집어 냈다. 과거 기억을 좋게 승화시켜 훌훌 털어낼 때 마음이 차분해진다. 글쓰기를 통해 나 자신을 다시 바라본다. 매일 일에 치여 살다가도 잠시 글 쓸 때 오로지 나를 위한 시간이다. 이런 시간이 현실에서 필요하다. 지금 이 순간 '왜' 이다. 독서도 마찬가지이다.

글쓰기는 나를 바라보는 방법 중 가장 상위이다. 글 쓰지 않았다면 머릿속 생각만으로 삶을 살아간다. 마음으로 살아가는 방법 중 글쓰기를 권한다. 깊은 내면을 볼 수 있다. 일기라도 상관없다. 어떤 글이라도 쓰는 순간 나와 접속한다. 독서는 머리로 입력된다. 글쓰기는 머리와 마음이 연결된다. 무슨 대단한 사람이라도 된 듯 마음속 이야기를 하고 있다. 진정 나를 알고 있다는 증거이다.

앞으로 글쓰기를 계속할 것인가? 답변은 긍정적이다. 이미 이혼 글 쓸 때 몇 권 제목까지 계획했다. 이번 글 마무리로 잠시 쉬고 싶다. 두 번째 글을 써야 한다. 이어서 하고 싶지만, 몸이 괜찮을지 모르겠다. 무척 하기 싫은 것 중 글쓰기를 하고 있다. 한 권도 모자라 두 번째 책까지 꼭 해야 하는 이유가 있다. 뒤에서 두 번째 책 이유를 설명하겠다.

지금은 첫 번째 책 완성이 먼저이다. 시간이 다소 걸려 막연히 쓰고 있다. 포기하지 않으며 중간 시간을 넘겼다. 책 한 권이 이렇게 힘든지 실감하고 있다. 첫 책이 소중하다는 말을 이해한다. 글쓰기를 매일 하지만 마지막 제목에 언제 도착할지 궁금하다. 지금이 제목 끝번이라면 생각을 수백 번도 했다. 글쓰기 가장 긴 시간은 중간 코스이다. 진도가 언제 넘어갈지 뜻대로 되지 않았다.

잘 써지는 글과 안 써지는 글을 이해할 수 있다. 경험한 내용은 잘 써진다. 쓰는 기법에 따라 다르고 사람마다 차이가 있다. 가상적인 글은 공감 사기에는 부족하다. 경험한 내용을 마음에 와닿도록 쓰면 된다. 솔직한 마음을 그대로 옮기면 된다. 이것이 정답이다. 마음을 옮기다. 어디로? 글로 옮긴다. 글쓰기 하면서 경험했다.

글쓰기 할 때 독서도 꾸준히 한다. 쓰고 싶은 종류와 비슷한 책을 대다수 읽고 있다. 글쓰기 과정 시, 소설, 에세이 책을 볼 때도 있다. 글이 술술 잘 풀릴 때도 있다. 글쓰기 방법은 정해진 틀이 없다. 과거에는 책 종류에 따라 글쓰기 기법이 정해져 있다. 시대에 따라 서로 좋은 부분을 섞어 쓰는 것도 좋다. 어떤 부분을 묘사하고 싶을 때 적절히 혼합하는 것도 좋다.

지금도 글쓰기 위해 의자에 앉아 모니터 보며 독수리 타법으로 두드리고 있다. 폰에서 아주 약한 음악을 틀어놓으며 쓰고 있다. 독서할 때도 같다. 집에 혼자 있으면 조용해서 좋긴 하다. 나 자신 바라보기 좋다. 이명 소리가 귀에 거슬린다. 독서와 글쓰기 할 때 음악 들으며 한다. 귀에서 나는 '삐' 소리를 스스로 의식하지 못한다. 글쓰기 집중할 때 처음부터 만든 습관이다.

글쓰기를 통해 너무 좋은 것을 얻었다. 스스로 정한 목표까지 가는 길이 쉽지 않다. 그중 글쓰기가 가장 중요하고 고난도 작업이다. 꼭 이것을 해야 하는 이유는 앞에서 수십 번도 말했다. 남의 이야기가 아닌 내 이야기를 하고 싶다. 글쓰기를 통해 나 자신과 많은 대화를 했다. 글 쓰며 내게 질문을 한다. 책 내고 싶은 마음은 아주 크다. 글은 속이지 않는다. 솔직한 마음을 모두 옮겼다. 얼마나 나를 홀딱 벗겨야 할지 모르지만, 최선을 다했다.

여러분도 나 자신을 찾고 싶다면 글쓰기를 추천한다. 독서도 같이 해야 한다. 이혼으로 살면서 저 밑바닥으로 내려갔다. 나 같은 사람도 글쓰기 하고 있다. 삶의 주인공이 되고 싶고 나를 찾고 싶거나 세상에 알리고 싶다면 글쓰기를 추천한다.

　책 출간되면 더욱 좋다. 꼭 뛰어난 글솜씨가 아니어도 된다. 일반적인 삶과 다르게 살았다면 세상에 알려라. 가장 좋은 것이 글쓰기이다. 글은 하찮은 것 같아도 누군가에게 큰 힘이 된다. 글쓰기 못해도 쓰는 순간 글이 된다. 힘든 사람에게 마음을 전하는 길은 글이 최고이다. 사람 마음을 움직일 수 있는 도구 중 유일한 하나이다. 완성된 글은 없다. 쓰다 보면 조금씩 쌓아 올라간다.

　글쓰기는 나를 완전히 바꾸었다. 새로 태어난 기분이다. 미래를 내다보는 눈과 귀를 가졌다. 내면의 소리에 귀를 기울이고 싶다면 글쓰기를 권한다. 생각만으로 절대 이해할 수 없는 영역이다. 새로운 미래를 경험하고 만들고 싶다면 글을 써라. 미래는 기다리는 것이 아니다. 희미한 색보다는 진한 색을 만들기 바란다. 언제 써야 할지 묻는다면 늘 지금 이 순간이다. 쓰는 순간 이해한다. 그날을 기다리며 지금도 글쓰기 한다. 여러분도 지금, 이 순간 인생의 길을 써 내려가길 바란다.

SNS 소통의 삶

　세상은 SNS 시대이다. 삶의 중심이 변했다. 누군가에게는 힘이 되기도 한다. 그 주인공은 글 쓰는 저자이다.

　이혼 후, 삶의 모든 것을 손 놓고 살았다. 사업과 연결된 모든 것이 싫었다. 사람 자체가 싫었다. 그 사람들은 아무 죄 없다. 세상과 단절하고 싶었다. 혼자 있고 싶어도 그럴 수 없는 것이 현실이다. 일만 하고 살았다. 회사와 집밖에 몰랐다. 코로나로 삶이 변했다. 하나는 시간이다. 다른 하나는 SNS 시작이다. 코로나 때 글쓰기 시작하며 삶의 중심을 조금씩 옮겼다. 우선 글쓰기 프로그램부터 시작했다. 혼자 묵묵히 스스로 조금씩 배워가며 진행했다.

　코로나로 사람들과 만남도 힘들었다. 인스타그램으로 소통했다. 메신저는 카카오톡뿐이다. 상대가 뭐 하는지 모른다. 반면 인스타그램은 자기소개하듯 많은 홍보를 했다. 그 당시 책이 가장 크게 작용했다. 다행히 나와 잘 맞았다. 혼자 독서하며 모임을 만들어 보겠다며 인터넷을 들락거리곤 했다. 책 읽고 좋은 부분을 홍보하거나 공유한다. 소통으로 공감대를 만들었다. 좋은 내용이 보이면 열심히 댓글 작성했다. 인스타그램을 통해 한 사람씩 알게 되었다. 사람은 대화가 필요하다. 귀에 들리면 가장 좋지만 혼자 살고 있어 한계가 있다. 집에서 유일하게 할 수 있는 것이 SNS 활용이다.

인스타그램 매일 올리는 내용은 달랐다. 책을 홍보하는 사람, 글을 직접 써서 홍보하는 사람, 여행과 음식, 운동 여러 가지였다. 그중 책과 관련 있는 사람과 친구 만들어 소통했다. 친구가 생긴 기분이다. 혼자 사는 내게 최고였다. 주변에 친구도 몇 명뿐이었다. 독서하는 사람과 소통하는 것을 좋아했다. 지금 글쓰기도 인스타그램 덕분이다. SNS를 하지 않았다면 카카오톡 하나가 전부이다. 시간이 흘러 지금은 카카오톡으로 나를 찾는 이도 줄었다.

코로나로 나는 많이 변했다. 정확히 말하면 성장이 맞다. 글쓰기를 시작해 SNS를 알았다. 깊이 빠지지 않을 만큼 조절하고 있다. 가장 좋은 것은 새로운 경험과 사람이다. 책이란 공통된 주제로 직접 만나기도 했다. 처음에는 신기했다. 너무 일만 하고 지낸 내게는 필요한 시간이다. 주변에 좋은 사람을 만들고 싶었다. 책으로 시작해 인스타그램 독서 모임 활동 중이다.

코로나 때 주말이면 전국 어디든 갔다. 과거 주말은 늦게 일만 하고 살았다. 돈에 환장한 사람처럼 말이다. 빚 갚기 위해 늦게 퇴근한 적도 있지만 할 일도 많았다. 일이란 게 시작하면 끝도 없는 것이 일이다. 이런 과정에 주말이 생겼을 때 무엇을 하고 싶은가? SNS는 고마운 존재다.

정해진 시간에 글 쓰고 책 보며 살았다. 모든 것을 SNS에 기록했다. 가장 많이 사용했던 것이 인스타그램이다. 세상에 신기한 것을 다 볼 수 있는 곳이다. 좋은 책을 홍보하면 생각나는 대로 댓글을 썼다. 몰입하면 길어질 때도 있었다. 그만큼 말하고 싶은 말이 많았다. 독서만 한다고 되는 것은 아니다. 현실도 중요하다. SNS도 활용 잘하면 좋다. 긴 시간 인스타그램 사람들과 꾸준히 소통했다. 지금 시간 조금 아쉬운 부분이 있다. 이혼 글을 인스타그램에 처음부터 썼으면 지금쯤 어떻게 되었을까? 시간이 아깝다. 목표를 만든 후 행동하면 후회가 생긴다.

긍정적이라면 책이 완성될 수도 있었다. 그 당시 이혼을 숨기고 살아왔다. 회사 사람들은 내 이혼을 모른다. 인스타그램에 이혼 글을 쓰기 싫었다. 혹시 들통날까 봐 조바심이 컸다. 1년이 지난 시간 지역 차이로 아무도 인스타그램을 하지 않았다. 용기 내어 써볼까 했지만 그중 브런치에 이혼 글을 쓰기 시작했다. 책 출간되면 공개하려고 한다.

선택은 매 순간이다. 어느 것이 정답인지 모른다. 일단 시작한다. 하나를 끝내면 다음 선택을 한다. 처음부터 공개했다면 알 수 없는 일이다. 그 길은 가보지 않아 모른다.

이혼으로 별 취미 없이 일만 했다면 서울 갈 일이 없었다. SNS로 소통 공간을 만들어 숨통 트이게 했다. 과한 사용은 하지 않는 게 좋다. 위에서 말했듯이 현실이 우선이다. 그것을 SNS로 가져오면 좋다. 주변에 SNS 하는 사람이 없다. 많은 데이터를 입력하고 싶지만, 나만의 규칙을 만들었다. 속도를 천천히 진행하기로 했다. 오랜 시간이 필요했다. 단 사람들과 진실한 소통을 하자.

좋은 사람들과 소통으로 에너지를 나눈다. 가장 활발히 사용하는 것은 인스타그램이다. 원하는 것을 직접 할 수 있다. 좋은 모임이 있으면 가입해 활동하면 된다. 반대로 직접 만들어 운영하는 방법도 있다. 현실에서 못하는 것을 SNS에서는 할 수 있다. 인스타그램에서 영향력은 현실과 다르다. 책이 나올 때 변화를 줄 생각이다. 현실 삶을 SNS 기록으로 남기면 된다. 좋은 경험을 원한다면 시간을 엄청나게 투자해야 한다. 결과를 빠르게 만들고 싶지만 그에 맞게 내리막도 빨리 생긴다. 조금 느리게 가는 것이 좋다. 처음 시작은 느리고 중간 속도로 유지하는 게 좋다.

현재 인스타그램은 매일 활용하고 있다. 한 번씩 새로운 것이 올라왔는지 확인한다. 이런 과정을 수년째 하고 있다. 날마다 새로운 인증도 힘들다. 퇴근 후, 인스타그램 인증시간은 2분 내외이다. 여기가 끝이 아니다. 친구 맺은 사람들의 피드 글을 확인한다. 과하게 했다면 지금도 온종일 인스타그램에 매달리게 된다. 회사 일이 우선이다 보니 사용시간은 구분되어 있다. 출근 후, 아침에 인스타그램에 접속해 밤사이 어떤 댓글이 있는지 확인한다. 확인시간은 짧다. 작은 수의 사람들과 자주 소통하는 정도이다. 업무 방해만 되지 않을 정도이다.

독서는 혼자 하지만 책을 좋아하는 사람들과 소통하는 공간이 유일하게 SNS이다. 시대는 많이 변했다. SNS 사용 빈도는 서울이 높

다. 남쪽으로 내려올수록 낮다. 한 번씩 모임으로 서울 가면 마음부
터 들뜬다. 사람들 모임을 좋아하지만 같은 생각을 나누는 관계이
다. 공통점을 공유하고 이야기할 수 있는 것이 좋다.

어머니께 SNS 관련된 이야기를 전해 드린다. 한 번씩 어머니와 관
련된 사진이나 필사한 노트를 인스타그램에 올리는 날은 많은 댓글
이 있다. 사람들은 새로운 것을 원하지만 지금은 현 상태를 유지 중
이다. 간혹 새로운 경험 사진을 올리는 날에는 인스타그램이 재밌
다. 사람들 응원이 좋다.

삶을 끌어 올리다

SNS 활동하며 가장 많이 사용하는 말은 '감사합니다.' 현실에서는
모르고 살았다. 대충 흘려버린다. 기억에 남는 것은 SNS에 직접 쓸
때이다. 감사의 말이 그렇게 좋은지 몰랐다. 직접 듣지 못하지만, 이
단어를 볼 때면 마음 한구석 웃음이 나온다. "감사합니다." 말하거
나 들으면 기분 좋다. 아무래도 말하는 것보다 듣는 것이 더 좋다.
사람 귀는 들을 때 얼굴에 미소가 생긴다. 누구나 좋은 말은 듣고
싶다. 듣고 싶다면 행동을 해야 한다.

SNS를 통해 배웠다. SNS를 하지 않았다면 지금도 온종일 일만
하거나 퇴근 후에 할 짓 없는 시간으로 보내고 있다. SNS에서 책
좋아하는 사람들과 만나는 것 자체가 좋다. 신나게 떠들고 다시 돌

아오면 원점이 된다. SNS가 삶의 질을 끌어올린 셈이다. 내겐 중요한 존재이다.

사람 관계에 대해 알았다. 언제 좋은 사람을 만날 수 있을까? 각자 사는 지역도 다르고 삶을 살아가는 시간도 다르다. 거리를 걷다 보면 많은 사람이 다닌다. 그중 나와 잘 맞는 사람은 누구일까? 지나가는 사람을 붙잡고 말 걸어본다? 이상한 사람 취급받는다. 모르는 사람에게 말 걸 용기도 없지만 그럴 이유가 없다.

주변에 좋은 사람 만드는 방법은 SNS이다. 가장 효율적이다. 책 속의 주인공도 만날 수 있다. 기회는 늘 있는 것이 아니다. 인스타그램을 중심으로 열심히는 아니라도 SNS에서 소통했다. 그 당시 글쓰기에 관심이 있었다. 공통 관심사를 가지면 몰입한다. 구경할 수 없는 책들을 볼 수 있었다. 이렇게 많은 사람의 독서로 새삼 놀랐다.

책 중에서도 내가 좋아하는 분야는 자기계발서이다. 관심 있는 책을 SNS에서 구경하는 것이 신기했다. 좋은 글로 간략하게 소개까지 되어있다. 인스타그램에서 좋은 글이 보일 때 나도 모르게 긴 글을 남기곤 했다. 책 내고 싶은 마음이 강해 그런 생각들이 상대 피드에 있는 그대로 남기곤 했다. 좋은 것에는 칭찬도 아끼지 않았다.

인스타그램에서 절대 상대에게 나쁜 말은 하지 않았다. 항상 응원하고 감사하는 내용으로 남겼다. 이렇게 몇 년 해보니 나 자신도 변한다. 글쓰기에 조금 도움 되었다. 좋은 말하는 순간 다음 좋은 말이 준비되어 있다. 인스타그램에서 사용하는 말을 현실에서 할 수 있을지 모르지만 가능하다.

SNS에서 좋은 소통하며 실제 만나면 이야기가 잘된다. 흔히 알고 있는 평범함 사람이다. 관심이 비슷한 사람과 이야기 나누면 좋은 에너지가 올라간다. 좋은 용도로 사용하면 현실에서 좋은 관계도 가능하다. 쉼터 같은 공간이 형성된다. 사람은 대화를 해야 한다. 일반 모임보다 좋은 영향력을 나누는 곳이 좋다. 서로 행복을 나누기 때문이다. 현실은 어쩔 수 없이 살아가는 경우가 대다수다.

이혼 후, SNS가 나를 좋은 곳으로 데려갔다. 지금 생각하면 나 자신이 우습다. 코로나 때 내 눈을 혹하게 당겼기 때문이다. 한번 해볼까? 한 것이 현재 여러 개 운영하고 있다. 지금은 코로나도 조용해져 일상생활에 집중하고 있다. 코로나 전 삶을 살고 있다. 달라진 것이라면 SNS 사용 빈도가 높아졌다. 현실이 안정되면 SNS 중심이 조금씩 낮아지기도 한다. 코로나 때 관심 없는 사람은 지금도 관심 없다.

모임 활동도 좀 더 적극적으로 해보았다. 혼자 멀리 갈 이유가 없었던 나 자신이었다. 지금은 모임으로 전국 어디든 가는 편이다. 이유는 좋은 에너지를 나눈다. 책과 함께 이야기 나누기를 좋아한다. SNS를 한 뒤 내 삶도 좀 더 폭넓게 변했다. 그전에는 대구 지역에서만 갇혀 지냈다. 서울로 움직이는 시간이 더 많다. 아무것도 모르고 살았지만, 서울은 딴 세상이다. 서울도 분명 사람 사는 도시이다. 많은 문화생활을 접할 수 있다. 지방 촌놈이 여기저기 돌아다니는 기분이다. 혼자서 여행을 못 간다. 목적 없는 여행을 못 했다. 지금은 서울 가는 길이 좋다. 좋은 사람들이 있다. 마음은 이미 알고 있기 때문이다.

SNS를 꾸준히 해 온 나였다. 혼자 사는 사람에게 더욱 좋다. 때론 자기 성장에 도움 된다. 사람들은 성장을 바란다. 현실에서 잘 찾으면 좋지만 그렇지 못한 사람도 많다. 성장하도록 발판을 만들어 주기도 한다. SNS 사용으로 미래를 그리기 시작했다. 그동안 SNS 내 사람들 사는 모습을 보았다. 다들 무엇이든 열심히 한다. 꾸준함을 볼 수 있다. 어떤 사람은 SNS로 돈도 벌어들인다. 하나의 직업이 생겼다. 세상이 어떻게 돌아가는지 알고 싶다면 SNS를 들여다보면 빠르다. 어떤 것이 궁금하고 호기심 있다면 SNS에 접속하면 된다. 아주 많은 사람이 다양하게 활동한다.

앞으로 세상은 구독 시대이다. 필요한 것에 돈 쓰는 세상이다. 현실과 공존하는 세상이다. 현실에서 답을 찾으면 좋겠지만 더디다. 매일 하루가 다른 세상이다. SNS 내용을 보면 놀란다. 인터넷이 일상화되면서 이제는 필요하다. 아무 생각 없이 사는 것을 보면 조금 아쉽다. SNS에 조금 발을 들인다면 삶의 재미를 가질 수 있다.

간혹 사람들에게 SNS 하는지 물어보면 주변에 아무도 없다. 폰을 들여다보는 일상이 된다. 만약 SNS로 큰 수익이 있으면 쳐다본다. 현실은 이렇게 돌아간다. 남이 해 놓은 것에 웃고 즐길 것이 아니라 나도 SNS 주인공이 되어야 한다. 현실이 바빠서 못 하는 사람도 있지만, 시간 활용하면 된다.

SNS는 장거리이다. 짧은 시간에 답 받으려 하지 않아야 한다. 그런 생각이 지치게 한다. 추가로 돈이 되지 않아야 한다. 우연히 좋은 결과를 만들 수 있다. 현실 삶을 확 바꾸거나 재미를 만들 수 있다면 최고이다. 삶의 재미를 가지다? 직장에서 온종일 재미있다? 과연 몇 명이 손을 들까? 없다고 보면 된다. 현재 하는 일 재미있다? 대부분 어쩔 수 없이 한다.

시간이 조금 허락되면 SNS에서 활동하면 좋다. 당장 보이지 않을 뿐 좋은 영향력을 나눌 수 있다. 현실이 바빠도 집에 가면 TV와 유튜브로 잠들기 전까지 몰입한다. 책이라도 매일 조금씩 본다면 모를까? 독서도 하지 않는다. 글쓰기는 더욱 못한다. 더 힘들기 때문이다. SNS 하나를 선택해 나 자신 그대로 보이면 된다. 꼭 유튜브 하지 않아도 된다. SNS는 여러 가지가 있다. 지금 나도 여러 개를 진행하고 있다. 대부분 글쓰기 관련이다. 글쓰기를 좋아할 정도는 아니다. 노트에 직접 쓰는 것보다 SNS 기록이 좋겠다고 생각했다.

SNS로 내가 무엇을 했을까? 서울에서 음악 콘서트 기획까지 진행했다. 글쓰기 하는 동안 추가되었다. 글쓰기 시간이 다소 길어지게 되어 좋은 것을 공유한다. SNS를 하지 않았다면 현실에서는 상상도 못 한다. 알고 지내는 사람들이 서울권이다. 왜 이런 지역 차이를 느끼는지 주변 사람들은 모른다. 현실은 남들과 같은 공간에서 근무한다. 머릿속 생각은 좀 전에 말한 음악 콘서트나 책 출간 기획 등 즐거운 상상을 한다. SNS를 하지 않았다면 나 역시 주변 사람들과 비슷하게 살아간다. 차이점은 독서와 글쓰기이다. SNS를 전혀 하지 않았다면 나를 알고 있는 사람은 몇 명이나 될까? 미래 꿈이 있다면 SNS에 공유하는 것도 좋다. 앞으로의 삶은 SNS가 일상이다. 하지 않는다고 바보 취급하지 않겠지만 진행하는 사람과 삶의 속도가 다르다.

서울 모임에 참여하면 작가와 여러 분류의 사람들을 만난다. 현실에서 접할 수 없는 세상을 SNS로 만나게 된다. 이혼으로 혼자 사는 내게는 좋은 경험이다. 꿈을 가지고 사는 사람들은 SNS를 하고 있다. 과연 이 사람들이 바보일까? 오히려 칭찬해주고 싶다. SNS가 돈이 된다면 하겠는가? 관심 가진다. 아주 쉽게 직장을 관두어도 될 정도로 벌어들인다면 하겠는가? 대부분 한다. 돈이 중심이기 때문이다. SNS로 수익을 만드는 사람도 있다. 과정을 상세히 설명하지만, 며칠 내 포기하게 된다. 남이 하니깐 쉽게 보일지 몰라도 막상 해보면 다르다. 시간을 상당히 잡아먹는다.

무엇이든 똑같다. 좋은 결과 만드는 방법이 쉬우면 아무나 한다. 즐거운 삶을 살아가는 사람도 돈은 필요하다. 삶이 매일 같을 수는 없다. 어떤 날은 쉽게 살다가, 어떤 날은 힘들고, 또 어떤 날은 때려치우고 싶은 것이 현실이다. 현실에서 행복은 여러 가지이다. 일만 열심히 한다고 행복하지 않다.

인생은 정답이 없다

SNS가 꼭 정답은 아니지만, 삶의 활력소를 만들 수 있다. SNS 접하기 전 일만 죽도록 했다. 지금도 그렇게 했다간 병원 신세 된다.

SNS 활용 잘한 사람은 지금 다른 삶을 사는 예도 있다. 현실에서 내가 잘하는 것을 세상에 공유하면 된다. 현실에서 아무리 돈이 많은 사람도 SNS를 한다. 세계적인 부자들도 SNS를 한다. 그 사람들은 평범히 사는 사람보다 더 바쁘다. SNS에 일상만 공유한다. 그 하나에 사람들은 환호성을 지른다. 유명할수록 SNS가 더더욱 삶이 재밌다. 앞으로의 시대는 SNS 속에 살며 삶의 중심이 되기도 한다.

현실에서 내 것을 만들려면 너무 많은 자원이 필요하다. SNS는 다르다. 시간 활용을 잘하면 된다. 그것이 소통이다. SNS에서도 소통이 중심이다. 현실에서도 소통이 필수적이다. SNS도 같다. 소통 잘 되면 재밌다. 현실이 즐겁다. 운이 좋으면 돈까지 따라온다. 행복한 돈이라면 더욱 좋다. SNS 공통된 관심을 가진 모임에서 돈을 좀 더 사용한다. 돈이 남아서 사용하는 것이 아니다. 마음이 말하는 대로 한다.

현실이 즐거운 이유는 SNS에서 좋은 사람들에게 돈을 사용했다. 내 마음이 즐겁다. 기분이 어떨까? 현실에서 돈을 사용하고 싶어도 가족과 친구뿐이다. 가족은 당연히 사용한다. 돈을 부모님과 나 자신에게 사용했을 때 어느 곳이 좋을까? 일반적으로 나 자신이다. 시간이 조금 더 흐른다면 기억 속에 사라지고 없다. 반대로 SNS 좋은 모임에 사용하면 확연히 다르다. 현실은 주변 사람들과 보이지 않는 선이 있다. SNS는 어떨까? 관심 있는 모임이라면 소통이 잘된다. 사람 마음은 어떨까? 한마디로 즐겁다.

과거 기억이 다시 나를 불러온다. SNS에서 활동 영역을 점점 확장한다. 삶의 만족도가 더욱 상승한다. 현실이 즐겁다. SNS는 내가 주인공이 될 수 있다. 삶은 누구나 똑같을 수 없다. 이혼으로 홀로 살아가는 나와 가정 있는 사람과 분명히 다르다. 혼자 사는 사람은 점점 많아진다. 시대 흐름에 따라 사람들의 성향도 변한다. 여러 가지 이유가 있지만, 생각을 좋게 했으면 좋겠다.

삶의 주인공은 나 자신이다. 현실에서 항상 나 자신으로 살 수 있을까? 걸림돌이 많다. 반대로 SNS는 다르다. 생각하는 만큼, 하고 싶은 만큼, 얼마든지 움직일 수 있다. 보이지 않는 세상이지만 현실과 연결할 수 있다. 현실에 변화를 주고 싶다면 삶의 활력소를 찾으면 좋다.

주변에 사람은 항상 있다. 사람마다 성향이 다르다. 혼자 모임 참여가 쉽지 않다. 시간이 흐르면서 주변 사람들이 변한다. 항상 내 옆에 있을 것 같은 사람도 하나둘씩 사라진다. 어느 날 돌아보니 외톨이 되거나 몇 명만 남아있다.

이혼으로 혼자되어 버린 나는 처음부터 이런 성향이 아니었다. 사업으로 주변 인맥은 어린 나이에 비해 다양했다. 이혼으로 모든 것이 사라졌다. 사람 만드는 게 쉽지 않다. 현실에서 이혼을 당당히 말하는 사람도 있다. 개인마다 다르다. 경제적인 여유가 많다면 가능할까? 스스로 생각해 본 적 있다. 여유 있다면 나도 주변 사람들을 버리지 않았을까? 생각뿐이지 살아 본 적 없어 모른다. 나 자신이 싫어졌고 경제적인 것까지 몰락되어 수용이 쉽지 않았다. 그 과정에 SNS를 시작해 엉뚱하고 새로운 경험을 한다.

SNS에 내 존재를 다 드러내기도 쉽지 않다. 지금도 감추며 살고 있다. 책 출간되면 SNS에 공개할 생각이다. 이혼을 숨겼으면 생각이 글쓰기 전까지 유지하고 있었다. SNS 활동하며 여러 번 생각했다. 출간 글 쓰는 순간 큰 선택을 했다. SNS를 하며 조금씩 용기를 얻기도 했다. SNS를 하지 않았다면 지금 나는 어느 삶을 살고 있을까? 웃으며 살고 있을까? 정답은 아니오이다.

현실에서 아무리 팔을 넓게 뻗어도 한계는 있다. 이것을 보정해주는 것이 SNS이다. 수많은 소통으로 마음을 표현할 수 있다. 비슷한 반복 같지만, SNS에서 하루는 현실과 반대이다. 현실은 하루가 매일 같다. 직장 다니며 집도 달라질 것 없다. SNS는 하루가 매일 다르다. 관심사가 같아도 매일 다른 것을 보게 된다.

좋은 이야기를 마음껏 할 수 있다. 현실은 마음속 이야기는 할 수 없다. 관심사가 다르기 때문이다. SNS는 서로 공통된 언어를 주고받는다. 몇 년 동안 손가락으로 댓글 쓰는 순간 내 마음도 즐겁다. 그 순간 얼굴에 미소를 만든다. 손가락으로 글 쓰는 순간 웃는 것이 신기한가? SNS를 경험한 사람은 이해할 수 있다. 현실에서 관심사는 일상 대화정도이다. 글자 입력하는 동안 머리와 마음은 즐거움으로 가득하다.

SNS는 내게 좋은 에너지를 주기도 한다. 어떤 이는 내 에너지를 받기도 한다. 끊임없는 소통을 한다. 너무 과하면 현실 업무에 방해된다. 조절하면서 해야 한다. 아무래도 현실 삶을 피할 수는 없다. SNS를 아무 생각 없이 하는 사람은 없겠지만 솔직한 마음을 쓰면 된다. 글은 여러 가지로 해석된다. 긍정적인 생각이 좋다. SNS에서 내가 영향력을 끼친다면 어떨 것 같은가? 은근히 재미를 느낀다. 마음속 생각을 글로 남긴다. 상대에게 좋은 영향력이 된다. 이 상황을 반복적으로 하고 있다. 시간이 흐를수록 존재 가치를 알게 된다.

인스타그램에서 여러 가지 별명을 가지고 있다. 현인, 진정한 자기계발, 마음 부자, 진정성 등 글을 보았다. 신기한 세상이다. 현실에서는 상상도 못 한다. SNS에서 내가 정말 그런가? 신념을 가지고 있으며 그에 따른 생각을 글로 남긴다. 한 번씩 현실적인 글을 남길 때 상대도 놀랄 때 있다. 상대도 내 마음을 알고 있다. 글은 이렇게 사람을 기분 좋게 한다.

SNS의 별명처럼 현실에서 노력하고 있다. 그것이 나눔이다. 여러 가지가 있지만 그중 마음을 나눈다. 상대에게 영향력 미칠 때가 있다. 현실에서는 어림도 없다. 마음가짐은 SNS와 동일하게 가지려 노력한다. 오랫동안 나를 알게 된 사람들은 이제 의도를 파악한다. 그중 이해인 수녀님을 직접 만나 새로운 세상을 알게 된 것이 가장 크다. 진정성을 느끼게 되었다. 현실 모든 세상이 즐겁다. SNS는 보이지 않는 세상이지만 현실과 연결할 수 있다. 이 부분을 말하고 싶다. SNS에서 영향력을 나누는 삶이 곧 현실이다. 이혼으로 나는 SNS 때문에 잘 살아왔다. 현실은 보여주기 위한 것이 아닌 진실한 마음을 전했다. SNS에 마음으로 글을 남겼다. 가장 좋은 것은 상대로부터 전달된 감사한 말이다.

하나의 시작이 앞으로 SNS는 현실과 공존하게 된다. 현실과 SNS

경계선 없는 날이 오게 된다. 그날은 내 책이 나오는 날이다. 지금도 그날을 생각하며 책 완성을 기다리며 글을 쓰고 있다. 그 시간이 가까워질수록 SNS와 현실은 동일하다. 지금 가장 즐겁다. 그런 생각들이 내 머릿속을 가득 채우기 때문이다. 마음이 시키는 대로 살아가는 것이 현실 즐거움을 만든다. 그것이 곧 SNS이다. 삶은 현실이 중요하다. 정말 힘들면 SNS에서 즐거움을 찾아 현실과 연결하는 것도 좋다. 이것도 하나의 방법이다. 현실은 어떻게든 나아간다. SNS 영향력을 잘 활용해 행복을 느끼며 여러분도 살아가길 바란다.

4.

요리는 사랑이다

요리는 사랑이다. 과거부터 생각했던 말은 아니다. 코로나 때 SNS도 했지만, 요리학원도 다녔다. 퇴근 시간이 당겨져 새로 시작한 것이 요리였다. 코로나 때 SNS와 글쓰기, 요리 세 가지를 동시에 했다.

"요리를 원래 좋아했나요?"

어릴 적부터 요리하는 것을 좋아했다. 10대 시절 꿈은 세 가지다. 요리사, 클럽 DJ, 미용사였다. 간접적으로 경험한 것은 요리뿐이다. 그 외의 두 가지는 구경하는 정도였다. 제목은 코로나 때 요리 배우는 과정으로 알게 되었다. 생각 없이 요리 글 쓸 이유가 없다. 경험하며 느낀 것을 그대로 옮겼다. 좀 더 과거로 돌아가자.

어릴 적부터 요리를 했다. 요리라고 말하기가 부끄럽다. 10대 시절 동생들을 챙겨야 하는 위치였다. 중학교 때부터 부엌에 들어가 이것저것 했다. 어린 나이에 할 수 있는 것은 뻔하다. 계란프라이, 볶은밥 두 가지는 엄청나게 했다. 계란프라이는 바삭하게 구워 밥과 함께 비벼 먹었다. 그때는 가장 좋은 음식이었다.

　그다음으로 김치 볶은 밥이다. 김치 볶다가 어느 정도 되었다 싶을 때 밥을 넣어 볶았다. 나중에 계란도 넣어 같이 볶았다. 동생들과 같이 먹는 시간이 많아 늘 넉넉하게 한다. 음식 하는 동안 힘든 것도 몰랐다. 볶은 밥은 김치로 시작해 시간이 지나면서 재료가 추가된다. 냉장고 반찬을 하나씩 추가했다. 밑반찬과 함께 짬뽕으로 볶았다. 어린 나이에 무엇을 알고 하는 것도 아니다. 달달하고 입에 감칠맛 나면 그 이상 바랄 것 없다. 여기서 끝이 아니다. 밀가루와 계란을 섞어 프라이팬에 얇게 구워 먹었다. 처음 어머니께 한번 물어본 것이 전부였다. 그 뒤 스스로 조금씩 요리하는 방법도 변했다. 동생은 요리 맛보는 날이 많았다.

　성인이 되어 사회생활 하면서 부엌에 들어가는 일도 줄었다. 어머니께서 차려주는 밥 먹는 것이 좋았다. 내게 다시 돌아가라면 무엇을 선택하겠는가? 세 가지 골고루 하고 싶다. 좀 더 관심 가는 것이 요리이다. 왜? 상대가 있기 때문이다. 결혼생활 할 때 가끔 주말에 요리를 했다. 결혼생활 4년째 이혼했지만 그 사이 여러 가지를 했다. 전 배우자와 연애할 때 그때는 여자 친구였다. 여자 친구 집 가는 길에 돼지고기를 사서 김치와 함께 볶아 어른들과 같이 먹었다.

　결혼생활 할 때 김치 볶음은 기초가 되었다. 여러 가지를 직접 했다. 어머니와 같이 살 때 맛을 기억하고 있다. 결혼생활 할 때 한 가지씩 도전했다. 닭요리를 좋아해서 가장 먼저 했다. 전 배우자는 요리하는 나를 보고 있다. 신혼이라 무엇이든 재밌는 시간이다. 딸아이와 함께 요리하는 모습을 보고 있다. 생닭을 직접 만지며 한순간 어머니가 생각났다. 수십 년 동안 손으로 직접 요리를 했고 별것 다 만지셨다. 생닭 손질한 뒤 큰 솥에 닭을 넣었다. 요리책을 한 번도 본 적 없다. 어머니 기억과 느낌이 전부였다.

우선 잡내 제거로 양파와 마늘을 넣었다. 아는 것도 없이 진행한다. 잠시 뒤 끓는 소리가 들려 뚜껑을 열어 내부를 보았다. 뿌연 국물에 삶기는 닭이 보였다. 고기가 익었는지 알 수 없었다. 젓가락으로 살코기 부위를 찔렀다. 부드럽게 들어가면 익은 것으로 스스로 판단했다. 가족은 시식하는 대상이다. 불 끄고 큰 접시에 닭을 꺼내 담았다. 우선 고기보다 국물을 맛보았다. 삼계탕을 생각하며 입속에 한 숟가락 넣었다. 완전히 다른 맛이었다. 간도 안 된 멀건 국물이었다. 닭 특유 냄새 제거를 위해 넣은 양파와 마늘은 효과 없었다.

국물은 포기하고 삶은 닭만 먹기로 했다. 닭에서 이상한 냄새가 올라왔다. 닭 냄새를 잡을 수 있을까? 도전은 실패했다. 삶은 닭고기는 간이 되어있지 않아 소금에 찍어 먹었다. 이것마저도 느끼해 김치와 함께 먹었다. 삶은 닭고기 냄새로 먹는 것이 불편했지만 잘 먹었다.

전 배우자와 둘이서 어떤 음식이라도 맛있다. 요리는 하는 사람과 먹는 사람은 다르다. 요리하는 동안 냄새를 맡게 되어 음식의 맛을 떠나 배고픔이 사라진다. 멀리서 음식 냄새 맡는 사람은 배고픔을 느낀다.

요리는 닭 삶기로 시작해 나중에는 양념을 넣은 닭요리를 했다. 할 때마다 양념을 다르게 한다. 입맛에 합격할 때까지 했다. 초기에는 매번 실패했다. 식구들에게 요리한 음식을 내어주기까지 먼저 간을 본다. 국물만 먹어도 요리 전체를 알 수 있다. 어머니가 해준 그 맛이 나지 않았다. 왜 그럴까? 음식을 먹어도 입맛을 당기지 못했다. 결혼 생활 4년 동안 요리를 했다. 일에 시달려 힘들 때는 못 했다. 조금 체력이 남아있고 심심할 때 가족을 위해 요리를 했다. 닭요리부터 볶는 음식까지 여러 요리를 하며 시간을 보냈다. 가족을 위한 것도 있지만 요리가 좋아서 했다. 요리는 같은 재료라도 맛은 다르다. 이유는 사랑하기 때문이다. 요리는 상대를 위해 할 때 행복하다.

아직 인생 전체를 살진 않았다. 최근 어머니는 밥하는 것도 싫다고 하신다. 아직 그 마음을 이해할 수 없다. 결혼생활 4년 동안 이것저것 한 것이 전부였다. 주부들은 남이 해준 밥이 최고라고 한다. 결혼 초기에는 사랑하는 사람에게 맛있는 요리해주는 것도 사랑이다. 시간이 지나 그 사랑이 어떻게 변했는지 요리가 싫어진다. 요리해 본 사람은 알 것이다. 준비 과정이 한둘이 아니다.

과거에는 남성이 일하는 시간이 좀 더 높았다. 시간이 흐르면서 서로 일하는 시간이 되었다. 같이 일하고 모든 것을 같이 해야 한다. 아직 남자는 일만 하면 된다는 생각을 가진다면 다시 생각하기 바란다. 요리하는 남자가 인기 있다. 왜 그럴까? 여성들도 사랑하는 사람에게 요리를 받고 싶어 한다. 맞벌이하지 않으면 살기 힘든 세상이다. 여성들도 사회 진출을 선호한다. 아이 키우며 집안일까지 한다. 요리도 매일 한다. 멀티플레이는 여성만 가능하다.

지금 시대는 남녀 둘 다 일한다. 서로 요리하기 싫어한다. 퇴근 후 밥 준비하는 시대는 옛날이다. 지금은 어떻게 살지라도 미래는 알수 없다. 훗날 시간이 흘러 여성의 손이 귀하다는 걸 알게 된다. 여성들도 일만 하고 싶어 한다. 퇴근 후 음식이 차려져 있길 바란다.

이혼 후, 혼자 살아 보니 먹는 것과 집안일이 쉽지 않다는 것을 알았다. 퇴근 후 대문을 열었을 때 가족도 없지만 밥하는 소리나 음식 냄새가 없다. 10년 훌쩍 지나 그러려니 살고 있지만, 마음은 다르다. 밥 차려진 음식도 먹고 싶고 상대를 위해 요리도 하고 싶다. 현재 반찬만 어머니께 부탁드려 받고 있다. 나머지 밥만 내가 한다.

출근 전 밥은 늘 먹고 다녔다. 죽지 않으려 먹는다. 이혼 후 제대로 챙겨 먹지 않는 탓으로 체중이 많이 내려갔다. 저녁은 회사에서 먹는 편이다. 차려진 음식 있는 것만으로 소중함을 느낀다. 집에서 먹는 반찬보다 회사서 먹는 반찬이 좋다. 매번 다르게 나오기 때문이다. 현재는 퇴근 시간이 당겨져 아침, 저녁을 집에서 먹는다. 아침에 먹던 반찬으로 저녁까지 동일하게 먹는다. 일주일 동안 같은 반찬을 먹는다. 어머니께 2주 정도의 반찬을 받고 있다. 다음 시간이 오기까지 같은 반찬을 먹으며 살고 있다.

배움이 주는 행복

이혼 초기에는 혼자 살아 보겠다고 겨우 먹고 다녔다. 영양 부실로 살이 빠지게 되었다. 혼자 살면 대부분 먹는 게 쉽지 않다. 배달 음식을 좋아하지 않는다. 밖 음식도 내 마음대로 사 먹지 못했다. 웬만하면 집에서 먹는 것을 선호한다. 빚 갚아야 했다. 이혼 초기에는 한 달에 한 번 치킨 먹는 것도 여러 번 생각했다. 지금은 여유가 되어도 밖 음식을 잘 먹지 않는다.

이제는 어머니도 연세가 있어 내 반찬 준비도 힘들어하신다. 아버지 밥상을 하루 세 번 차려야 한다. 다행히 반찬만 해 놓으면 아버지께서 직접 차려 드신다. 어머니는 밥 준비가 귀찮다고 한다. 혼자 살아 보니 이해는 간다. 가족 밥상을 차리는 것도 죽을 때까지 해야 하는 여성들도 힘들다. 어머니 말씀을 들을 때 이런 시간도 얼마 남지 않음을 나는 안다.

요리를 그나마 할 수 있고 학원에 다녀 조금 더 난이도를 올렸다. 요리학원도 나라에서 지원해주어 학원비 부담을 덜었다. 요리학원의 시작은 이랬다. 훗날 어머니도 요리를 못하는 시간이 온다. 돈이 많아 도움받을 수 있으면 좋지만 내가 해야 한다. 어머니의 뒤 시간 준비까지 해야 한다. 중요한 것은 사랑하는 사람 앞에서 요리하는 것이 소원이다. 제목도 그렇게 만들어졌다. 요리학원 다니며 다시 미래를 보았다. 여성들의 마음을 알았다. 요리는 그냥이라고 하지만 내가 생각하기엔 아니다. 요리에는 사랑이 필요하다.

늦은 나이에 남자가 요리학원 오는 경우는 드물다. 한식과 중식까지 배웠다. 양식은 책 출간 후에 하려고 뒤로 미루었다. 코로나로 소수 인원만 수업이 가능했다. 대부분 여성이 많다. 나이는 나보다 위였다. 요리를 제대로 해보고 싶어 학원에 다녔다. 요리학원 준비물은 몇 가지 정도였다. 생활용품점을 찾아다니며 준비했다.

배우는 것도 부지런해야 가능하다는 것을 알았다. 요리 칼을 잡아보니 몸은 자동으로 반응한다. 사람 몸은 신기하다. 좋은 기억은 몸도 기억한다. 볶는 요리와 채썰기 등을 좋아하는 편이다. 대부분 자격증 코스로 오신 분이다. 혼자 취미반으로 할 수 없었다. 처음에는 한식부터 시작했다. 한식을 좋아한다.

강사님께서 먼저 요리 시범 보여주신다. 하루에 두 가지 음식을 한다. 요리 제목으로 전혀 느낌이 오지 않았다. 요리 방법 노트가 있다. 두 가지 음식을 정해진 시간에 하는 것이 중요하다. 강사님이 시범할 때 나는 요리 노트에 순번을 표기했다. 요리 과정 중 시간 나는 대로 다른 요리를 한다. 이것이 가장 힘들었다. 주부들은 노트에 메모하지 않았다. 나는 요리책 넘기기 바빴다. 한 시간 정도면 강사님은 두 가지 요리를 완성한다. 각자 재료 가지고 자기 자리로 간다. 강사님의 말씀 뒤 모두 도마 칼질하는 소리가 들리기 시작한다. 나는 요리 노트 번호를 찾는다. 처음 1번을 찾아야 했다. 주변은 프로급처럼 요리한다. 놀란 것은 주부들의 속도는 따라갈 수 없다. 수십 년을 살아온 분들로 자격증 취득으로 미래 준비하는 분이 다수이다. 요리 노트를 옆에 두고 번호 한 가지 완료하면 다음 순번으로 옮겼다.

중요한 것은 시간 내 두 가지 요리를 강사님께 보여야 한다. 난 재료 손질 중이면 다른 분들은 요리 중이다. 요리 중이면 다른 분은 한 가지 요리를 끝낸다. 고수인지 아니면 주부 생활 오래 하면 속도가 빠른 건지 알 수 없다. 이혼으로 여성이 요리하는 모습이 기억 속에 희미하다.

마지막 요리를 끝낼 때쯤 강사님은 다른 분 요리를 평가하고 있다. 요리 완료 후 나는 예쁘게 사진 찍는다. 추억이며 사진으로 남기고 싶었다. 개인 블로그에 요리한 사진도 있다. 코로나로 인스타그램이 유행할 때 요리 사진을 올렸다. 요리 사진 올리는 시간이 밤 10시쯤 된다. 지인들은 요리 사진을 보며 늦은 시간에 배고픔을 만들게 했다. 책 사진으로 유행할 때 요리 사진은 반전이 되었다. 한식 과정 마지막 날 인스타그램 라이브 방송도 했다. 요리할 때는 힘들지만 내가 원하는 것은 재밌다.

한식 과정 중반 될 때쯤 강사님은 "자격증 도전해보세요?"

"저는 그냥 취미만으로 만족합니다."

처음 내게 요리한 적 있는지 물었을 때 경험 없다고 말했다. 전혀 없는 것은 아니지만 결혼생활 4년 동안 많이 한 것도 아니었다. 어설픈 요리는 부끄러웠다.

강사님은 "요리 좀 하신 것 같은데요?"

채썰기를 보셨다.

"요리 잘하는 남자분들이 더 많습니다."

"그래요."

그 당시 요리하는 남자가 인기가 좋았다. 일 속에 파묻혀 사는 내게 요리 배우는 시간도 감사할 일이다. 퇴근 후, 다른 일 생기기 전 요리학원으로 가기 바빴다. 요리학원 다닐 때 글쓰기를 시작했다.

요리학원 가는 날은 집에 오는 시간도 늦다. 요리속도를 따라 가질 못했다. 하루에 두 가지 요리를 섞어가면서 진행한다. 정신없었고 내게는 무리였다. 기껏해야 한다고 한 것이 채썰기 아니면 재료 손질이나 고기 칼집 내는 정도였다.

요리는 응용이다. 같은 재료라도 양념이 다르면 맛이 달라진다. 같은 사람이 매일 하는 요리도 어느 날 맛이 변할 수 있다. 사람이 요리하기 때문이다. 매일 같은 맛 내는 것도 대단하다. 요리학원에서 배울 때 양념 비율은 정확하다. 집에서는 대충 눈으로 가늠하지만, 맛은 비슷하다.

한식을 배울 때는 늘 시간에 쫓겼다. 겨우 한 가지 마친 후 다른 한 가지를 만들어 강사님께 보였다. 처음 남자가 한 것 치곤 잘했다고 한다. 본인 요리는 집에 가져가도 된다. 요리를 맛본다고 했을 때 자신 없었다. 집에 가져가도 늦은 시간 먹을 시간도 없다. 학원에서 맛보자 한 것이 요리할 때마다 매일 먹었다. 맛보는 순간 '이게 되는구나.' 신기했다. 요리 노트 순서대로 요리했다. 조금 다른 점은 불의 속도 차이뿐이다.

요리하며 다른 사람들의 모습을 한 번씩 보았다. 속도는 엄청 빠르다. 주부들의 요리 결과를 보았다. 요리를 다 잘하는 것이 아니었다. 요리의 맛도 중요하지만 그릇 위에 올려진 모양도 중요하다. 시각과 손동작 차이를 알았다. 이혼 후 요리를 못한 시간이 10년이 넘는다. 손재주는 아직 살아있음을 알았다. 칼로 재료 손질하는 사이즈는 정확했다. 완성된 요리를 보면 치수는 대부분 비슷했다. 주부들의 요리를 보니 치수가 다르다. 음식을 가지런히 담는 것도 모두 다르다. 요리는 사람 성향이 보인다. 대충 요리하는 사람도 있다. 반대로 차분한 사람도 있다. 주부들의 요리를 보며 환상이 깨졌다. 결혼생활 4년뿐이라 그 뒤 내 눈으로 요리 모습을 볼 수 없었다.

남자가 생각하는 여성 이미지가 있다. 요리도 빠르며 완성된 결과가 엄청나게 좋을 거라 생각했다. 생각과 다르게 좋은 기억은 순식간에 사라지고 다름을 알았다. 나중에 강사님께 문의한 적 있다. 남자도 요리하면 잘하는 이유를 알았다. 같은 남자라도 손재주가 같지 않다. 한식은 손이 많이 간다. 요리 과정은 좋지만, 재료 손질 시간이 꽤 소요된다. 남자들은 아내가 해주는 밥을 고맙게 생각하고 먹어야 한다. 직접 해보면 알 수 있다. 반찬 투정하며 맛있는 요리를 기대하지만, 막상 해보면 쉽지 않다. 식구를 위해 요리하는 여성을 존경하게 되었다. 결혼생활은 짧게 마감했지만 요리로 새로움을 느꼈다. 오랫동안 하면 숙련도는 올라간다. 매일 하는 것도 쉬운 게 아니다.

배려하는 자세

지금 시대는 남녀 서로 사회생활을 한다. 결혼 초기 여성이 요리하는 비중이 크다. 조금씩 지나면서 아이가 태어난다. 이때 가장 힘든 시기이다. 남자들이 도와주면 좋다. 요리를 배울 때 내 미래가 보였다. 혼자 계속 살아간다면 스스로 챙겨 먹어야 한다는 생각이 머리를 스쳤다. 미래는 모르지만 진정 내가 바라는 사람이 생길 수도 있다. 노후 여성을 위해 요리하는 것도 좋다.

부부가 서로 동시에 죽을 수 없다. 한 사람은 혼자 살아야 한다. 남자 수명은 평균적으로 여성보다 짧다. 여성들은 혼자 살아도 늘 해 왔다면 살아간다. 중요한 것은 남자다. 여성이 어쩔 수 없이 남자보다 먼저 하늘나라로 간다면 남편이 걱정된다. 혼자 밥 챙겨 먹고 살아야 한다.

요리 배우며 느낀 점이 여러 가지이다. 노후 남자들도 아내를 위해 요리해서 같이 먹는 것도 좋다. 여성들은 무척 원한다. 남자들도 미래를 볼 수 있다면 스스로 밥은 해 먹고 살아야 한다. 요리를 배우는 순간 변한다. 처음 시작은 노후 준비지만 요리 배우는 동안 아내가 달라 보인다. 나이가 들어서 해줄 게 아니라 지금 해주고 싶은 마음이 생긴다. 왜? 누가 먼저 죽을지 모른다. 죽음에는 순서가 없다.

혼자 살기 위해 요리한다지만 아내를 위해 간단히 해줄 수 있을 때가 부부의 사랑이다. 요리하며 나는 마지막 사랑을 마음에 새겼다. 한식 과정을 마칠 때쯤 이때 '요리는 사랑이다.' 글을 만들었다. 남자가 요리할 정도면 사랑이 들어가지 않으면 할 수 없다. 그만큼 남자는 부엌에 들어가기 싫어한다. 하나의 요리를 완성하기 위해 재료 준비이다. 가장 하기 싫은 부분이 뒷정리다. 설거지는 나도 가장 싫어한다. 요리학원에서 설거지는 수십 번 했다. 대충할 수 없는 이유는 다른 사람도 사용한다.

한식 과정 때 매번 마지막 순번으로 집에 갔다. 요리학원 시작은 저녁 6시 30분이다. 종료는 9시를 넘겨야 한다. 주부들은 어떤 요리를 하더라도 9시쯤이면 대부분 집으로 간다. 혼자 남아 9시쯤 강사님께 검사를 받는다. 예쁜 그릇에 담긴 요리를 맛본다. 저녁을 제대로 먹지 못하고 학원에 다녔다. 세상은 공평하다. 무엇을 얻으려 한다면 항상 내게 가져가는 것은 시간이다. 회사 퇴근을 바쁘게 하다 보니 집에 잠시 들러 옷만 갈아입고 나간다.

요리하는 동안 몸을 계속 움직여야 했다. 배고픔을 모른다. 요리하는 동안 냄새가 식욕을 줄인다. 다른 사람은 어떤지 모르겠다. 요리할 때, 그릇은 모두 사용한다. 설거지 양이 상당하다. 요리를 하다 보면 그릇이 부족해 설거지하며 요리한다. 요리하는 동안 설거지는 기본이다. 요리 마친 후 설거지 양이 많다. 늦은 시간 천천히 깨끗하게 한다.

강사님은 "정말 깨끗하게 정리하셨네요."

"네, 다른 사람도 사용해야 하잖아요."

아무래도 요리하는 장소로 더 신경 쓰게 된다. 요리학원 다니며 가장 설거지 많이 한 날로 기억한다. 모든 것을 마치고 강사님께 인사하며 집으로 향한다. 다른 수강생은 벌써 가고 없다. 혼자 매일 늦게 마쳤다. 한식 요리하는 동안 동시에 마쳐 같이 집에 간 적이 없다.

요리 가방에는 옷에 뿌리는 섬유 탈취제를 가지고 다녔다. 요리하면 옷에 냄새가 남는다. 대중교통을 이용해 음식 냄새로 다른 사람에게 피해 주기 싫었다. 학원을 나와 걸어가는 시간이 밤 10시가 된다. 집에 도착하면 두 가지는 해야 했다. 스트레칭과 독서였다.

요리 시작할 때 글쓰기를 했다. 최소 반쪽 쓰기로 마음먹었다. 정말 힘든 날에는 한 줄 쓴 적도 있다. 그동안 해 온 습관을 손을 놓을 수 없었다. 오히려 추가되었다. 그것이 글쓰기이다. 가장 큰 부하였다. 겨우 힘내어 글을 썼다. 이것이 끝이 아니다. 이어서 중식 요리까지 배웠다. 중식은 보통 중화요리를 생각한다. 흔한 짜장면이 생각난다. 중식 학원 첫 시간이 되었다. 한식 수업 같이한 수강생은 없었다.

처음 보는 얼굴로 서로 인사 후 수업은 시작되었다. 한식보다는 쉽다고 생각했다. 차이점은 요리 가지 수가 다르다. 한식이 더 많다. 한식은 재료 손질 시간이 많다. 본격적으로 시작했지만, 별반 차이가 없다. 종료 시각도 비슷하고 학원에서 제일 마지막에 나왔다. 손동작은 남들보다 빠른 편이라 생각했다. 요리하며 가장 늦게 마칠지 몰랐다. 하루에 한 가지 수업만 했다면 알 수 없다. 두 가지 요리는 정신없다.

중식은 흔히 알고 있는 요리도 있다. 요리하며 배가 고팠는지 요리를 먹는다. 중식이 더 맛있다. 먹을거리가 많다. 팬 사용하는 요리가 대부분이다. 기름에서 튀겨지는 음식 소리는 신기하다. 집에서는 못한다. 주변이 난리난다. 옷에 기름 냄새가 가득하다. 중식은 기름을 사용하지만, 요리는 맛있다. 중화요리는 사람들 대부분 좋아한다.

두 가지 요리를 자격증 코스로 진행했기 때문에 혼자 늘 정신없다. 마무리한 뒤 강사님께 검사받을 때 매번 마지막이다. 한식 배울 때와 똑같다. 모든 것을 정리하고 학원을 나오는 시간은 한식 수업 시간과 비슷하다. 집에 오면 거의 녹초가 된다. 일하며 배우는 게 쉽지 않다.

집에 오면 뒷정리 후 잠만 자면 된다. 남자들은 자면 된다. 여성들은 집안일 한 뒤 잠든다. 요리학원 다니며 여성들의 마음을 조금이라도 공감할 수 있었다. 아침에 같이 출근하고 퇴근도 비슷하다면 저녁은 누가 해야 할까? 여성의 몫이 크다. 남자들은 밥해 주길 바란다. 여성들도 같은 마음이다. 요리해주는 남자가 되어보길 바란다. 글의 제목도 그런 의미다.

남자들도 요리하는 것을 좋아하는 사람도 있다. 아무래도 요리는 여성들이 많이 한다. 여성들도 요리 10년 정도면 못 하는 게 없다고 한다. 그만큼 살아 본 적이 없어서 모르겠다. 시간이 조금 허락한다면 주말은 여성들을 요리에서 해방시켜 주면 좋겠다. 여성들이 먹고 싶은 음식은 남이 해주는 밥이다. 얼마나 싫었으면 비슷한 대답을 한다. 이럴 때 남자들이 부엌으로 향한다면 정말 좋아한다. 삶에서 서로 조금만 양보하면 된다.

나는 요리하며 마음에 새긴 것이 있다. 마지막 사랑을 믿고 있다. 글 제목처럼 요리는 사랑이다. 요리하는 것을 좋아한다. 혼자 살다 보니 할 이유가 없어졌다. 식탁 앞에 사람이 있다면 나는 요리를 한다. 상대를 위해 요리를 한다. 맛있는 것과 즐거움을 나누고 싶다.

지금은 평일에 매일 할 수 없다. 주말에는 요리해주고 싶다. 여성은 밥하는 사람이 아니란 걸 말하고 싶다. 남자들은 노후에 여성이

해주는 요리를 언제까지 받아먹을지 모른다. 누가 먼저 이 세상을 떠날지 모른다. 혼자 살 수 있도록 준비는 미리 해두기 바란다. 아무리 돈만 있으면 살 수 있지만, 돈은 누구에게나 공평하게 가질 수 없다. 혼자 살아간다면 직접 요리는 할 수 있어야 한다.

남자들은 노후 혼자 살면 가장 편한 라면을 자주 먹는다. 가장하기 쉽고 주변 정리가 편하다. 이혼 초기 반찬가게의 음식을 사먹었다. 어머니 집에서 살 때와 잠깐의 결혼생활로 입맛은 기억한다. 한두 번은 먹을 수 있지만 느끼함이 생겨 먹지 못했다. 반찬은 사먹어도 된다. 간단한 요리는 직접 할 수 있으면 좋다.

남자들도 노후에는 여성에게 밥해 주겠다고 말은 한다. 그 시간이 되면 더욱 못한다. 사람은 시간이 흐를수록 게을러지고 귀찮아진다. 생각 있다면 지금 하기 바란다. 평생 최고의 점수를 받는다. 그 시간이 생기지 않을 수도 있다는 걸 알아야 한다. 후회하지 말고 지금 하기 바란다. 가장 좋은 것은 조금이라도 이른 시간에 요리를 배워라. 노후에 오히려 걱정이 없다. 여성이 먼저 세상을 떠나더라도 편안히 눈 감을 수 있다. 지금은 재혼도 많다. 남자의 부족한 부분으로 재혼하면 후회한다. 여성들도 늦은 나이에 요리로 인생 마감하기 싫은 것이 현실이다.

요리하며 나는 미래를 보았다. 어떻게 살아가는 것이 행복한지 알게 되었다. 요리도 서로의 행복이 담겨 있다. 혼자 살면 맛있는 요리를 할 수 있을까? 한번 미래를 생각해보기 바란다. 미래를 바꿀 수도 있지만 알 수 없다. '노후에 내가 맛있는 것 해줄게.'라고 하기보단 지금, 이 순간 상대를 위한 요리를 해보길 바란다. 말이 쉽지, 가장 쉬우면서 어려운 것이 요리다. 요리는 사랑이 필요하다.

다시 말하지만, 요리는 사랑이다. 남자의 요리만 사랑이 필요한 것이 아니다. 서로에게 사랑이 필요하다. 노후 둘만 남게 될 때 다시 사랑 요리하며 인생을 행복하게 살기를 바란다. 인생의 끝은 화려함이 아닌 소소한 사랑 요리이다. 사랑 요리는 간도 필요 없다. 가장 좋은 재료가 포함되어 있다. 같이 먹어줄 수 있는 상대가 있는 것만으로 복 받았다. 사람은 요리하기 힘들지만 사랑은 요리할 수 있다. 요리로 사랑하는 삶을 살길 바란다.

제4장
인생의 마지막

1.

감사의 의미

　감사의 의미는 깊다. 깊다는 마음을 말한다. 푸근함을 느낀다. '감사합니다.' 말은 이혼 후 가장 많이 사용한 시간이었다. 코로나 시간 온라인 세상을 접하며 많이 사용했다. 인스타그램에 온종일 감사합니다. 글을 수십 번 썼다. 그전까지 내 삶은 너무 어두웠다. 삶을 버티고 열심히 살아가는 이혼한 사람이었다.

　다행히 독서하며 시간을 참고 버틸 수 있었다. 책은 무엇인가? 앞에서도 입 마르도록 이야기했다. 책이 나를 살렸다. 죽어가는 사람에게 희망을 주었다. 책이 전부인 것처럼 현실은 쉽지 않았다. 일에 시달려 하루를 고달프게 살았다. 목표를 두고 살아가는 나 자신에게 새로운 희망의 씨앗이 필요했다. 코로나 시절 나를 포함한 주변이 바뀌었다. 온라인 세상을 접하지 않고 일만 열심히 하며 살수도 있었다. 지금 생각하면 잘한 것 중 하나이다. 독서 하나로 삶의 재미는 부족하다. 독서는 마음 달래기용이다. 그 당시 내게 최고의 선물이다.

　온라인 세상에서 가장 많이 사용한 말은 '감사합니다.' 흔한 말이지만 별생각 없이 사용했다. 이혼 후 감사의 의미를 모르고 살았다. 사용할 일이 없었다. 온라인 세상에 접속하는 순간 자주 접했다.

손으로 문자 쓰는 동안 마음이 말하는 것과 같다. 예의를 지키며 손으로 문자 쓸 때 마음이 조금씩 변한다. 이런 생활을 수년 했다. 진정성 답변도 많이 썼다. 좋은 글 보며 내 마음 글 쓸 때 조금씩 변한다. 글 쓰고 싶은 내용으로 가득했다. 그동안 독서하며 살아온 시간과 경험들을 글로 쓰기 시작했다. 돌아온 답변은 '감사합니다.' 감사할 행동을 했는지 알 수 없었다. 예의 갖춘 것도 있지만 감사는 느낌이 좋다. 이런 생활이 익숙해질 무렵 현실에서 감사합니다. 말을 들을 수 있도록 해보고 싶었다.

지금 회사에 입사 후 현장 개선 업무를 하며 살아온 시간이 많다. 직원들에게 '감사합니다.' 귀에 들으며 살았다. 의미를 깊게 해석을 못 했다. 직원들이 편히 일할 수 있는 공간을 만들어 주는 것이 좋았다. 온라인 세상에 깊이 들어간 뒤 '감사합니다.' 이 말이 익숙해질 무렵 다시 알게 된 시간이 있다. 부수입이 생겨 감사의 선물을 직원들에게 했다. 아주 소소한 정도였다.

첫 강의를 했었다. 강사가 꿈이다. 기회는 소중했다. 돈을 바라는 행동이 아니었다. 아이들에게 좋은 내용을 전하고 싶은 마음이 좋았다. 강의를 마친 후 강사료가 입금되었다. 기분이 남달랐다. 첫 강의료가 입금되었을 때 무엇을 해줄까 생각했었다. 계절은 추운 겨울이었다. 떡을 선물하면 좋겠다는 생각을 했다. 직원에게 떡 주문을 부탁했다. 선물은 여러 생각을 가진다. 받는 사람도 좋지만 주는 사람도 좋다. 경험상 주는 사람이 더 좋다. 기억이 오래간다. 선물 줄 생각할 때부터 주는 사람의 마음은 들떠 있다.

떡이 도착한 날, 사진 한 컷 찍었다. 선물은 나누는 것이라 했다. 온라인 세상에 직접 떡을 줄 수 없지만 감사함을 나누고 싶었다. 쉬는 시간 직원들은 떡을 나누어 먹었다. 떡을 손에 쥐고는 나를 보며 '감사합니다.' 인사를 한다. '감사합니다.' 의미를 다시 알게 되었다. '감사합니다.' 말은 항상 나와 같이 있었다. 멀리서 찾는 것이 아니었다. 돈도 필요 없다. 적은 돈으로 감사함을 얻을 수 있는 사람은 복이 있다. 그런 사람은 평상시 행동이 다르다. 감사합니다. 의미를 내 마음에 다시 새기게 되었다.

'감사'의 의미와 '감사합니다.' 두 단어는 비슷한 글이지만 하나는 행동을 의미한다. 글로 쓰는 것도 행동이다. 일반적인 감사는 단어의 의미뿐이다. '감사합니다.' 말을 입에서 말할 때는 어떤 상황일까? 누군가 내게 좋은 영향을 끼칠 때 사용한다. 가만히 있으면 할 이유가 없다. 상대도 감사하기 때문에 말한다. 맛있는 것이 손에 쥐어질 때 "감사합니다."라고 말한다.

좋은 것도 좋은 사람과 나누어 먹으면 좋다. 공동 조직에서 좋은 것을 나누어 감사함을 느낀다면 다음이 다르다. 모두 다 똑같은 마음이 아니다. 감사함을 분명히 전달했는데 돌아오는 것은 진실이 없다. 감사의 선물을 나누는 사람은 기분이 좋다. 상대는 받는 사람이다. 열 번 받으면 한 번이라도 감사 선물을 나누면 좋다. 이것이 감사의 의미다.

돈을 많이 사용하는 행동은 오히려 좋은 소리 들을 것 같아도 아닐 때도 있다. 감사의 의미는 작은 것에서 시작된다. 감사의 떡을 나눌 때 그날 하루는 수십 번 감사합니다. 말을 듣게 되었다. 기분이 얼마나 좋을까? 생각하겠지만 직접 경험해 보면 알 수 있다.

큰 것 한번보다는 작은 것 여러 번이 좋다. 타이밍이 좋아야 한다. 가끔 이벤트식이 좋다. 감사의 선물은 떡으로 시작되었다. 그동안 나는 직원들에게 음식을 나눈 적이 없다. 직원들 근무 환경 개선에 신경 쓰느라 음식을 해본 적이 처음이다. 떡은 집안에 좋은 일 있을 때 나누는 전통 의식이다. 과거 어른들은 나누며 살아왔다. 현대는 이런 문화가 조금씩 줄어든다. 시대 흐름에 따라 변화는 어쩔 수 없다. 떡을 선택해 나눌 때 감사의 마음은 하늘을 난다. 다음에 또 해야지 마음이 자연스럽게 생겼다.

급여로 들어오는 돈은 나누지 못했다. 부수입은 행복한 돈으로 자연스럽게 나누게 되었다. 강의료는 큰돈이 아니다. 이제는 나누며 사는 마음이 좋다. 감사의 의미가 내게는 소중했다. 이혼으로 인생 밑바닥까지 내려갔다. 작은 어떤 것이라도 내게는 감사했다.

독서하며 현실을 살아왔지만 감사의 의미를 모르고 살았다. 강의하고 난 뒤 내가 변했다. 그 경험이 다음을 만들었다. 이제는 강의료가 들어오면 작은 나눔을 생각한다. 1년 중 강의는 몇 번뿐이다. 강의료가 내 돈이라 생각한다면 나누지 못했다. 감사의 의미를 알 수도 없었다. 다행히 그 시작이 자연스럽게 직원을 위하는 마음이 생겼다.

현장은 몸을 사용해 체력적으로 힘들다. 직원을 챙기고 싶은 마음은 누구나 알고 있다. 행동으로 옮기는 게 다를 뿐이다. 쉬울 것 같으면서 쉽지 않다. 사람마다 살아가는 기준은 다르다. 나눔을 하지 않는다고 그 사람을 나쁜 사람이라 생각하지 않는다. 직장은 하루 중 가장 오래 머무는 장소이다. 한 달 급여를 받아 가족들과 살아간다. 공간을 벗어날 수 없다면 나의 일터를 좋은 곳으로 만들면 좋다. 그중 감사의 말 들으며 살아가는 것 또한 나쁘지 않다.

두 번째 강의료가 들어올 때 이제는 다른 것으로 나눔을 했다. 피로회복제 음료를 몇 박스 사서 한 사람이 여러 병 먹을 수 있도록 했다.

직원들은 "이사님, 무슨 좋은 일 있어요?"

"네, 좋은 일 있죠. 그냥 편히 드시면 됩니다."

현장 직원들은 내게 감사합니다. 말하면 나도 고개 숙이며 인사한다.

한 가지 배운 것은 나눔을 하면 입 닫기로 했다. 진정한 감사의 선물이다. 감사의 의미는 큰 것이 아니란 것을 알았다. 사람들은 큰 것을 바라지 않는다. 최소의 비용으로 최대의 효과를 만들면 가장 좋다. 기회를 잘 잡아야 한다.

소중함을 경험하다

시작이 좋아야 한다. 강사의 기회가 오지 않았다면 지금도 직원들에게 작은 나눔을 했을까? 아마도 못 했지 싶다. 내 급여로 가끔 감사의 선물을 했지 싶다. 회사 입사 때 1년에 한 번 정도는 했다. 내 급여는 늘 빠듯했다. 앞에서 빚 때문에 어떻게 살아왔는지 말했다. 우선 남는 돈이 있어야 한다는 마음이 더 크다. 평생 못한다. 도대체 얼마가 남아야 한다는 말인가? 사용하기 싫은 마음이다. 작은 감사의 선물은 내 기준에서 강의료이다. 부수입으로 내게는 없어도 되는 돈이다. 아깝다고 생각하면 내 주머니로 들어간다.

강의료 들어오는 날은 이미 머릿속에 좋은 생각이 먼저 떠오른다. 첫 번째 나눔 한 뒤 자연스럽게 다음 강의료도 나누겠다고 다짐했다. 감사한 선물 받는 것도 좋지만 나눌 때가 더 좋다. 얼마나 좋은 일이 있어야 감사를 하겠는가? 생각만으론 끝도 없다. 사람은 돈 앞에서 이익을 먼저 계산한다. 인간의 본성이다. 어찌 보면 내가 비정상인이다. 직접 일을 한 사람은 나 자신이다. 그에 합당한 결과를 받는 것도 맞다. 감사함을 알 수 있을까? 해본 사람만 알 수 있다.

사람은 바닥을 치면 다른 삶을 산다. 하나의 작은 먼지가 내게는 희망이 된다. 누군가에게 그저 귀찮은 존재일지 몰라도 내게는 소중했다. 사람은 소중함을 경험하면 변한다. 이혼으로 내 삶은 많이 변했다. 지금의 나를 바라볼 수 없지만, 주변에서 비슷한 이야기를 한다. 정말 내가 그런가? 생각하게 된다. 마음 시키는 대로 할 뿐이다. 결과가 좋은 쪽으로 선택한다.

회사에서 작은 감사의 선물을 몇 년 동안 해 왔다. 축적되어 지금은 그 범위가 커지기도 했다. 강의료를 넘어 내 급여 일부를 좋은 곳에 사용하기도 했다. 침묵을 지키며 뒤에서 살며시 하고 있다. 처음부터 크게 할 수 없다. 조금씩 작게 하는 것이 좋다. 습관 되어 몸이 자연스럽게 반응하도록 만들어야 한다.

감사의 의미는 선물이 좋다. 눈에 보이기 때문이다. 말로 감사를 표현할 때도 좋지만 하나 얹어주는 것도 좋다. 감사 더하기 감사는 실제로 배가 된다. 한쪽에서 감사를 표현하면 반대편에서도 감사로 인사를 한다. '감사' 단어가 주는 에너지는 크다. 감사의 선물 사진을 온라인에 공유할 때 보는 사람들 또한 감사 에너지를 받는다.

처음 감사는 온라인에서 셈할 수 없을 정도로 글로 표현했을 때이다. 그것이 진실이 아니라도 쓰는 순간 마음속에 하나씩 새겨진다. 새로운 시도는 좋지만, 진정성이 있어야 한다. 감사의 의미에 진실이 있어야 한다. 겉으로 보이는 감사는 누구나 알 수 있다. 작은 것으로 정 내는 사람은 충분히 가능하다. 돈이 없는 나도 했다. 가진 것도 없는 상황에 감사는 내게 더 소중하다. 여유 된다면 상황에 맞게 하면 된다. 분명히 나중에 다른 가치관으로 돌아온다.

감사를 하려면 대표적인 것이 돈이다. 돈을 써야 한다. 그것도 잘 써야 한다. 큰돈 사용은 누구나 할 수 있다. 돈 없는 상황에도 할 수 있어야 한다. 나는 타이밍을 잘 맞추었다. 강의료가 내 것이 아니라고 생각했기 때문이다. 마음가짐을 어떻게 하느냐에 따라 내 것과 네 것이 된다. 강의할 때 나는 가장 좋다. 좋은 일로 받은 돈은 감사함을 만든다. 강의료가 그런 의미다.

돈을 어떻게 벌면 되는지 여러 번 설명했다. 항상 다 그런 것이 아니다. 사람이 다르기 때문이다. 감사의 의미도 모두에서 모두를 삭제해야 한다. 살아 보니 모두 다 내 맘 같지 않다. 감사에 관한 글도 무수히 많다. 감사를 평상시 가까이 두고 살아야 한다.

지금 내가 무언가 할 수 있는 것도 감사해야 한다. 언젠가 못하는 날이 온다면 어떻게 느껴지는가? 생각만 해도 끔찍하다. 이 말속에 큰 내용이 포함되어 있다. 죽는 날과 가까워진다면 내일이 싫다. 감사한 마음을 가질 수 있을까? 내일도 살 수 있다면 오늘 하루가 다르다. 감사를 가지며 산다면 하루를 살아감에 있어 버팀목이 된다. 감사 일기 쓰는 것도 감사의 의미 중 하나이다. 출간 후 온라인에 내 글을 좀 더 추가하고 싶다. 이런 행동 하나가 나를 돌아보며 감사를 만든다.

보이지 않아도 감사를 느낄 수 있다. 눈에 보여야 인정하는 생각은 잘못이다. 그중 하나가 돈이나 물질적 요소이다. 사람은 어쩔 수 없다. 눈에 보이는 것만 믿는 것이 정상이다. 마음이 무너지면 믿는 것도 힘들다. 눈에 보이지 않는 것도 가능하다. 음악은 눈에 보이지 않는다. 들을 수 있음에 감사하다. 눈에 보이고 소리까지 들리면 가장 먼저 느낀다.

마음의 소중함 감사하다. 손의 감촉도 감사하다. 좋은 사람과 손 잡고 있으면 따뜻한 체온을 느낄 수 있다. 사람의 온기로 감사를 알 수 있다. 숨 쉬고 살아있음에 감사할 일이다. 인간의 생명은 끝이 있다. 누구나 한 번씩 지나가야 한다. 흔히 알고 있는 죽음이다. 죽기 전 인간의 몸은 하나씩 그 자리를 잃게 된다. 가장 가까운 주변인은 아무래도 가족이다. 가족 구성원 중 한 명이 하나를 잃게 되어 살아가는 모습을 보면 감사를 주고 싶을까? 마음 아픈 현실이다. 아픈 사람과 돌봐야 하는 사람은 서로 감사해야 한다.

이혼으로 나는 가족이 없다. 부모님과 형제만 있다. 이혼으로 혼자 산 시간은 10년이 넘었다. 혼자 잘 살아온 것에 감사하다. 이런 시간도 얼마 남지 않음을 알고 있다. 잘 살아온 시간도 있지만, 주변의 변화를 모르고 살았다. 어느 정도 삶의 목표에 오른 뒤 보이는 것은 부모님이었다. 부모의 모습을 한 번씩 깜빡할 때가 있다.

어느 날 감사의 여러 기능 중 하나를 잃어갈 때이다. 지금 나 역시 마찬가지다. 인생의 목표를 위해 달려온 시간과 앞으로 가야 할 시간이 있다. 부모님이 조금만 더 버티어 주었으면 작은 바람은 있다. 스스로 정한 목표에 도달 전 과정에 있다면 더욱 간절하다. 감사를 바라지도 않는다. 지금, 이 상태로 유지되었으면 한다.

가끔 부모님 집에 간다. 한 달에 두 번 방문한다. 반찬 받으며 어머니와 재미난 이야기를 한다. 늘 좋은 이야기를 한다. 아직 내 이야기를 이해하고 알아들을 수 있다. 감사할 일이다. 한 번씩 나와 함께 맛있는 음식 먹으러 외출한다. 이것 또한 감사할 일이다. 부모는 나이 들면 큰 것을 바라지 않는다. 재미난 이야기로 대화 나누는 것을 좋아한다. 그 중 대표적인 사례로 내 어머니이다.

온라인 세상과 현실의 이야기로 늘 웃곤 한다. 돈이 중요하지 않음을 알았다. 어머니에게 잘해야지 생각한다. 아직 경제적으로 풍족하지 않지만 지금 돈이 많아도 필요성이 낮아졌다. 시간이 훌쩍 지나 모두 무용지물 되어간다. 감사는 살아있을 때 잘해야 한다.

따뜻한 마음의 선물

어느 날, 부모가 감사의 기능을 하나씩 잃어버릴 때 마음 아프다. 감사를 주고 싶은데 받을 수 없다. 아픈 가족은 서로가 감사함을 버리지 않고 잘 지내야 한다. 아픈 사람은 아직 살아있음에 감사해야 한다. 돌보는 사람도 몸과 마음이 힘들다. 그런 과정일수록 감사를 알아야 한다. 항상 지금, 이 순간 감사를 알면 알수록 내 마음이 편하다. 마음을 내려놓을 수 있는 것도 감사할 일이다. 욕심을 버리고 살아간다? 사람 마음속은 여러 가지가 있다. 감사를 먼저 나누면 상대를 대하는 태도도 다르다.

사람은 왜 무너져야 감사를 빨리 배울까? 마음을 다치면 사람은 변한다. 그 순간 괴롭다. 시간이 흐르면 알게 된다. 나이 먹으면 감사를 알 수 있을까? 나잇값 한다고 한다. 내 것을 놓지 못하면 감사를 모른다. 아무래도 젊을 때와 시간이 흐른 삶은 다르다. 고생 한 번으로 감사를 알 수 없다. 그만큼 감사는 그냥 생기는 게 아니다. 노력이 필요하다.

앞에서도 말했지만, 물질적 감사와 정신적 감사가 있다. 두 가지를 현실에 잘 적용하면 좋다. 아낀다고 몸으로 때우는 감사는 한계가 있다. 삶의 기준은 없지만, 적당히 하면 된다. 한번 변화를 주면 다음이 변한다.

진정성 있는 감사를 하라. 상대 눈에도 보인다. 사람의 눈은 빠르다. 직감과 동시 사용된다. 옆에서 느낌을 알려줘도 모르는 사람도 있다. 입은 그냥 있는 게 아니다. 자존심 세워 득 될 것 같아도 나중에 본인에게 다시 돌아간다.

사람은 감정을 느끼는 기관은 빠르다. 나쁜 것에는 더더욱 그렇다. 괜히 쓸데없는 시간을 낭비한다면 마음의 벽을 부숴라. 좋은 결과를 경험하지 못한다. 시간은 지금도 흐른다. 좋은 생각 할 시간도 빠듯하다. 시간 낭비하지 마라.

이혼 후, 좋은 생각할 시간도 제대로 없었다. 망가진 삶에서 한 번씩 나를 구원해줄 때마다 감사를 알게 되었다. 시간이 흐르면 흐를수록 감사를 더욱 강하게 느낀다.

인생이 망가지면 자연스럽게 감사를 알게 될까요? 마음이 어느 정도 바로 서야 가능하다. 마음속에 가득 채워진 것을 버려야 한다. 마음을 비워야 한다. 많이 하는 말 중 하나이다. 마음이 안정되어야 한다. 오늘과 내일은 별 차이가 없다. 마음이 조금씩 맑아지면 좋다. 감사를 빠르게 알려면 내 것을 비우면 된다. 비우는 게 쉽지 않지만 나쁜 기억을 덮을 수 있다.

눈물을 여러 번 흘려보낼 때 내 마음은 따뜻해졌다. 눈물이 말하는 뜻은 여러 가지가 있다. 아픈 과거로 후회를 만들 때 상처 회복은 필요하다. 기나긴 시간이 흘러 몇 번의 고비를 넘긴 후 마음의 답을 받았다. 세상에 감사하자. 작은 것부터 시작해 지금까지 꾸준히 감사의 삶을 살고 있다.

감사는 별것 아니다. 남의 감사 경험도 좋지만 직접 경험한 감사가 더 좋다. 꼭 한번 해보라고 말하고 싶다. 이때까지 감사의 말도 수십 번 했다. 시작은 나부터이다. 습관 되면 주변이 변한다. 다시 말하면 주변은 크게 변하지 않았다. 내 마음이 변했다.

하루를 잘 보낸 것에 감사하라. 내일도 감사를 만들자. 사람의 감정 전달에 가장 좋다. 하루에 감사 영향을 얼마나 받는지 확인해보길 바란다. 감사는 분명히 내 속에 있어야 한다. 강제로 하는 감사는 오래가지 못한다. 본인 스스로 스트레스를 만든다. 하지 않은 것보다 못하다. 아무리 좋은 것도 잔소리로 들린다.

평상시 감사를 나누면 위급 상황 시 덜 다친다. 사람 마음은 다치면 약도 없다. 그만큼 마음 상처는 오래간다. 회복이 중요하다. 잘 아문 사람은 사람으로 대체하지 않는다. 이혼 후 나도 상처를 받았다. 숨기며 살아왔지만, 다행히 잘 회복되었다. 이 모든 것이 감사할 일이다. 이혼 후 지금까지 잘 살아온 내게 감사의 상을 내리고 싶다. 여기까지 오는 길도 쉽지 않았다. 가만히 두면 회복이 된다? 절대 아니다. 회복되는 것이 아니라 상처가 깊게 파고 들어간다. 빠른 시간에 회복되는 것도 아니다. 마음 다스리며 현실 모든 것에 감사해야 한다. 이런 오랜 과정을 지난 후 고통을 이겨내는 사람은 분명히 다시 살아난다.

글 쓰는 이유도 나를 위한 것이 아니다. 상대를 위한 일이다. 힘든 사람에게 나의 감사를 나누는 것이 신념이다. 감사의 의미 힘은 크다. 경험하지 않은 사람은 모른다. 평범히 살아온 사람은 더욱 이해하기 힘든 것이 감사이다. 간절함이 없다면 경험하기 힘들다.

여러분도 받는 감사보다 나눌 수 있는 사람이 되었으면 좋겠다. 처음 시작은 작은 감사이지만 나중에는 나를 포함한 모든 것이 바뀐다. 감사를 나누는 사람이 많았으면 한다. 지금도 늦지 않았다.

시작은 반이라 했다. 결과보다는 과정을 즐기며 감사를 나눌 수 있는 사람은 분명히 미래가 있다. 좋은 미래를 만들고 싶지 않은가? 지금부터 나를 포함한 주변부터 서서히 시작하자. 감사는 사람을 만들고 다음은 사랑을 만든다.

2.

재혼 궁금하다

재혼이 궁금하다. 이혼한 사람도 한 번쯤 생각한다. 글 쓰고 있는 나도 궁금하다. 관심 가진 것도 나 자신이 안정을 찾을 때이다. 이혼과 재혼에 관한 글을 보았다. 이혼하기도 쉽지 않지만, 재혼은 더 힘들다. 난 생각도 못 했다. 현실 능력 부족이다. 재혼 잘하는 사람도 있다. 그런 사람들을 바라보면 신기하다. 잘 살아야 하지만 두 번째 이혼을 한다. 나는 재혼은 멀리 던져두고 살았다. 채무와 안정된 자리를 구하지 못해 늘 힘든 삶의 연속이었다.

전처와 딸이 눈에 아른거려 생각 못 했다. 훗날 힘든 경제를 도와주려 했었다. 힘들게 사는 모습을 보면 모른 체할 수 없었다. 자리 잡고 빚 정리하는 동안 기다렸으면 마음이었다. 전처와 다시 합친다? 이혼 초기에는 내가 설득했다. 오히려 혼만 났다. 어느 날 내게 합치자는 말을 했다. 합칠 운명은 아닌지 그때는 내 마음이 멀어졌다.

재결합은 서로의 마음속을 떠났다. 운명이 아니라고 판단했다. 그 뒤론 재결합이 아닌 영원히 딸을 볼 수 없게 되었다. 그날이 마지막이 될지 몰랐다. 생각과 현실은 다르다. 시간이 흘러 전처의 재혼은 내게 충격적이었다. 전처와는 서로 이별했지만, 딸은 아니었다. 아픈 눈물을 많이 흘렸다. 그 뒤론 딸을 볼 수 없었다. 새로운 가정을 위해 물러섰다. 전처는 딸과 함께 재혼을 나도 모르게 했다. 많은 생각 끝에 내린 결정이라 생각한다. 여자는 남자의 사랑을 받아야 한다. 처음 결혼은 실패했지만 두 번째는 사랑받는 게 느껴졌다. 오히려 힘들게 사는 것보다 사랑받는 삶이 나를 한시름 놓게 했다.

시간이 지나 나도 안정되었다. 빚도 정산하고 이제는 내 시간이 되었다. 재혼해도 되겠다는 생각이 생겼다. 어떤 사람이 나와 맞을지 모른다. 이혼하여 혼자 사는 여성이 아니면 이혼하여 자녀와 함께 사는 사람이 맞을지 선택할 수 없다. 혼자 사는 시간이 10년이 넘었다. 이제야 재혼을 생각하게 되었다. 재혼하고 싶다고 되는 것이 아니었다. 재혼은 완전히 다르다. 사랑도 중요하지만, 현실이 더 중요하다. 그 가운데 사람은 있었지만 재혼할 여건이 되지 못했다. 선택을 한다? 선택당한 것도 복이 있다. 재혼은 신중하게 하고 싶다. 사람을 만나면서 재혼은 어떤 사람과 해야 한다는 걸 알았다.

우선 내가 좀 더 사랑하는 사람과 하고 싶다. 첫 번째 결혼은 사랑보다는 어린 나이 아무것도 모르는 시절이다. 그 당시 상황으로 결혼해 준 것만으로 고마웠다. 재혼은 내가 좀 더 다가가고 싶다. 나 혼자 사랑해서 되는 것은 아니지만 서로 배려하는 마음이 같다면 가능하다고 믿는다.

사람 사이 알 수 없는 것이 흐른다. 그것은 감정이다. 남녀 사이 사랑이 흐른다. 사랑의 양이 같다면 좋지만, 현실에서 불가능하다. 처음 만나 서로가 바라보는 방향이 같다? 이건 정말 행운이다. 세상을 바라보는 눈이 다르다. 내가 사랑이 있어야 상대도 느낀다. 사람의 얼굴은 마음의 거울이라 했다. 마음이 어두우면 얼굴도 어둡다. 마음이 회복되지 않으면 행동도 고쳐지지 않는다. 사랑의 마음은 한순간에 만들어지지 않는다. 시간과 노력이 필요하다.

재혼은 언제 하면 좋을까? 답은 없지만, 마음이 답한다. 남자와 여자의 재혼은 다르다. 이혼한 여성은 외로워 사람이 필요하다. 이혼한 남자 역시 마찬가지다. 결혼하지 않은 사람도 외로워 짝을 찾는다. 인간의 당연한 본능이다. 남자는 여자를 찾고 여자는 남자를 찾는다. 자기 짝은 있다고 믿는다. 가만히 있으면 짝이 생기지 않는다. 행동으로 옮겨야 한다. 독서 모임 하나가 전부이다. 주변에 독서하는 사람을 만나는 게 쉽지 않았다. 독서하는 사람들과 이야기 나누고 싶었다.

글이 완성되는 날, 이혼남으로 공개된다. 솔직히 궁금하다. 일부 알고 있는 사람도 있지만, 침묵을 지키고 있다. 여기에 내 짝이 있을지 모르겠다. 시간이 흘러, 나와 맞는 기준을 알았다. 여러 사람을 만나면 나와 맞는 부분을 알게 된다. 재혼 상대 1순위는 대화이다. 여성은 이 부분을 가장 강조한다. 대화 잘되는 사람이면 좋다. 남자와 여자가 대화가 잘된다? 뇌 구조상 힘든 부분이다. 남자는 입 다물고 싶어 동굴에 들어간다. 여자는 실제 대화를 원한다. 어떤 것이든 상관없다. 사람은 좋은 이야기보다 남 이야기를 좋아한다. 본성이 그렇다. 재혼 상대는 대화가 잘 되는 사람을 찾으면 좋다.

여기에 나도 한 표 던진다. 서로 관심 있다면 상대 이야기에 귀를 기울인다. 대화를 통해 웃고 즐기는 것이 좋다. 여기에서 나는 기준이 생겼다. 서로 공감대가 같으면 좋다. 노후에 어떻게 살 것인지 생각했다. 각자 다를 수밖에 없다. 생각은 자유이기 때문이다.

재혼도 시간에 따라 차이가 있다. 현재 나는 50을 넘겼다. 친구들은 재혼 나이 지났다며 혼자 살아 말한다. 40대 재혼 생각이 있었다면 가능했다. 못한 이유는 전처와 딸이 눈앞에 아른거렸고 중요한 것은 빚이 있다. 빚 있는 사람을 좋아할 사람은 없다. 혹시 돈 많은 사람이 나를 좋아한다면 했을까? 이제는 아니라고 말한다. 돈으로 스트레스를 많이 받았지만 돈 많은 사람은 양보하고 싶다. 돈이 인생을 살아주지 않는다. 자유롭게 생활할 수 없는 제약이 따르지만 일하는 나 자신이 좋았다. 재혼 상대는 빚만 없으면 좋겠다. 이혼 후 빚으로 살아온 시간이 아깝다. 얼마 전까지 대출 이자만 겨우 내고 있었다. 지금은 모든 채무는 정리했다.

지금 삶도 중요하다. 현재는 미래의 시간을 미리 빌려 사용한다. 현재가 중요한 이유가 미래를 만들기 때문이다. 노후 계획이 비슷한 사람이라면 현재도 비슷하다. 계획만 세워두고 준비하지 않는 것도 문제다. 혼자만 열심히 사는 것 같지만 주변을 돌아보면 각자 최선을 다하고 있다. 대충 사는 사람은 미래가 있을까? 아무 생각 없이 살게 된다. 하루를 남이 만들어 준 시간에 산다. 집에서 TV와 스마트폰으로 하루를 사는 사람은 생각 없는 삶이다.

재혼은 상처 있는 사람과의 만남이다. 사람 사이 가장 중요한 성향이 있다. 성격이라고도 한다. 처음부터 보일까? 느낌으로 상대를 파악할 수 있다. 완벽한 성향은 사람 만나기 힘들다. 작은 단점 하나가 모든 것을 덮을 수 있다. 사람은 완벽하지 않다. 재혼도 여러 가지로 나누어진다. 이혼한 사람끼리 만날 수 있고 이혼과 초혼이 될 수도 있다. 나는 둘 다 경험했다. 재혼으로 연결되지 못했다.

나도 내세울 것이 없다. 현실 부자도 아니다. 운명인지 재물복은 없다. 다행히 생각 하나는 바뀌었다. 이혼 후 고통이 나를 성장시켰다. 과거와 다른 행동을 한다. 이혼이 사람을 바꿨는지 모르지만 노력하며 만들었다. 현재 하루를 그냥 사는 것 같아도 절대 아니다. 퇴근 후, 다른 나를 만들고 있다. 재혼 상대를 만나면 뭐 하고 사는지 물으면? 직장생활하고 있습니다. 여기까지는 남들과 똑같다. 상대는 나를 다시 바라본다. 재혼은 현실이다. 그중 돈이 가장 높은 위치에 있다.

미래가 보인다

돈도 중요하지만, 가끔 인성을 보는 사람도 있다. 상대도 결혼생활 중 느낀 점이다. 단순히 돈만 보는 재혼은 끝이 좋지 않다. 돈이 인생 전체를 책임지지 않는다. 돈으로 재혼을 생각한다면 다시 한번 생각해보길 바란다. 돈보다 내면을 보았으면 한다. 돈은 부족하지만 앞으로 벌면 된다. 앞으로의 시간을 계산했다. 나이 50을 넘어가니 은퇴가 눈앞에 보인다.

재혼은 은퇴 후 공감대가 맞는 사람이면 좋겠다. 여기에 중심을 두면 좋겠다. 미래가 불투명하면 좀 힘들지만 나는 나를 믿는다. 지금까지 좋은 경험으로 얻은 것이 많다. 당장 보여줄 수 없지만, 은퇴 후 다른 삶을 살 것이라 믿는다. 재혼은 물질도 중요하지만 두 가지 모두 조건 만족할 수 없다.

난 재혼 생각을 한다. 왜? 사랑을 주고 싶다. 사랑이 밥 먹여 주지 않지만 나는 믿는다. 짧은 결혼생활로 아직 로망이 있다. 재혼하면 가장 해주고 싶은 것이 요리이다. 요리학원 다니며 사랑을 다시 알게 되었다. 요리는 사랑이다. 요리하며 만든 말이다. 여성들의 마음을 이해하게 되었다. 밥 받아먹는 것이 얼마나 좋은지 알게 되었다. 요리를 배운 이유는 취미로 했지만, 미래를 위한 준비이다. 재혼하면 아내를 위해 요리하겠다고 생각했다.

어머니도 내게 비슷한 말씀 하셨다. 재혼하면 주말에 한 번씩 간단한 음식이라도 만들어 주라고 했다. 사랑을 느끼며 살고 싶다. 여행도 좋지만, 공감대가 비슷한 사람이라면 좋겠다. 온종일 같이 있어도 미워하지 않을 정도면 된다.

여기서 한 가지 재혼할 때 고려해야 할 것이 있다. 재혼은 내 빈 곳을 채우려는 기준을 가지면 안 된다. 물질적인 것도 포함된다. 사람은 외로운 존재다. 채우려는 본능은 당연하다. 외로워하는 재혼도 추천하고 싶지 않다. 이혼 후 혼자 살다 보면 부족한 것이 당연히 생긴다. 부족한 것을 채우려고 하는 재혼은 오래가지 못한다. 처음에는 죽을 것처럼 좋더라도 나중에는 미운 점이 보인다. 성격이라고 말하지만 여러 가지 내용이 포함된다. 재혼도 사랑 기준이 되어야 한다. 가장 좋은 것은 서로 배려하는 상대를 만나면 좋다.

남자는 여자로부터 받으려는 습성이 있다. 여자는 그래야 한다는 고정관념을 가지고 있다. 반대도 비슷하다. 이런 생각들을 버리고 재혼해야 한다. 재혼은 서로가 반대의 관점으로 살아야 한다. 그전까지 각자 삶을 열심히 살아왔다. 중심이 내가 아닌 네가 되어야 한다. 받는 것이 아닌 내 것을 내어주는 상대를 만나야 한다. 남자이기 때문에 받으려는 생각을 버려야 한다. 여자 역시 비슷하다.

이혼 전 가족들에게 희생 아닌 삶을 살아왔다. 이혼 후 열심히 살아왔지만 외로운 존재다. 여성은 원래 그렇다. 감정이 남성보다는 높다. 재혼도 초혼과 똑같다. 다른 점은 서로가 살아온 시간이 많아 보는 눈을 가지고 있다. 상대에게 다시 맞춰야 하는 삶이 쉽지 않다. 보통 이혼한 여성은 혼자 사는 게 좋다고 한다. 충분히 이해가 간다. 여성은 육아하며 일터로 향한다. 일도 하고 집안일까지 한다. 평생 남의 뒷바라지로 시간을 보낸다. 남자는 한 가지 일만 열심히 한다. 오직 돈 버는 것에 중심을 둔다. 공통된 점을 만들지 못하면 서로 못 잡아먹어 욕을 하곤 한다. 이혼 후, 여성은 다시 재혼을 한다? 뒤늦게 상대를 위해 맞추는 게 싫다고 한다. 가장 큰 부분이 집안일이다. 우습게 생각하면 안 된다.

이혼 후, 나도 일만 열심히 하고 살았다. 청소를 전혀 모르고 살았다. 집안일이 많은 것을 뒤늦게 알았다. 어떤 이는 내게 이런 질문을 했다. 주말이면 뭐 하세요? 주말은 주부가 됩니다. 서로 웃곤 했다. 남자가 주부가 된다. 주말 아침이면 느긋하게 집안일 했다. 음악을 틀어놓은 후 청소부터 시작해 빨래를 한다. 욕실 청소도 뒤늦게 알았다. 구석구석 손 가는 곳이 많다. 혼자 살아 보니 여자 손길이 귀함을 느꼈다. 여성도 집안일만 하는 시대는 아니다. 직업을 가진 사람도 많다. 주말이 되면 나처럼 밀린 집안일을 한다. 주말 되면 가장 하고 싶은 것이 늦잠이다. 나 역시 같은 마음이다.

'재혼'을 떠올리면 벗어나려고 생각한다. 남자와 여자의 일이 정리된 것처럼 생각한다. 재혼은 내가 편하게 살려는 생각은 하면 안 된다. 서로 타협점을 찾아 나 자신이 좀 더 배려하는 마음이 서로에게 도움 된다. 나도 싫으면 상대도 똑같다. 사람이기 때문이다. 인간은 시간이 흐를수록 귀찮고 게을러진다. 편안함을 찾는 것도 당연하다. 편안함은 중력의 힘을 강하게 당긴다.

여성들이 가장 좋아하는 음식이 있다. 특별한 메뉴도 아닌 남이 해주는 밥이다. 큰 것도 아닌 상대가 차려주는 밥을 말한다. 밥 차리는 게 귀찮다. 직접 해보면 알 수 있다. 나중에 해야지 생각으로 미루면 그때는 몸이 말을 듣지 않는다. 시간 날 때 조금씩 해 두는 것도 좋다. 노후 시간도 그리 길지 않다. 건강하게 살 수 있는 시간은 은퇴 후 계산해 보면 알 수 있다. 건강한 시간은 죽기 전 제외하면 길지 않다. 지금 재혼해도 어느 순간 노후가 된다. 재혼해서 잘 사는 사람도 있고 반대로 다시 이혼하는 사람도 있다. 서로가 잘살아 보려고 한다. 이혼을 반복한다면 하지 않는 게 좋다. 사람은 같이 살아봐야 알 수 있다. 재혼과 초혼 둘 다 잘 살겠다는 마음이 크다. 결과가 이혼이 된다면 나 자신을 다시 보아야 한다.

나도 재혼해서 살아 보고 싶다. 조금이라도 시간이 젊을 때 말이다. 서로가 건강하게 손잡고 걸을 수 있으면 좋다. 재혼도 너무 늦으면 몸 고장 시간이 빨리 온다. 재혼하자마자 상대에게 짐이 되는 행동은 하지 말아야 한다. 세상일이 내 뜻대로 된다면 지금 이렇게 살고 있지 않는다. 예측은 할 수 있지만, 그냥 예측일 뿐이다. 재혼도 처음에는 행복 속에 갇혀 산다. 영원할 수 없다. 노후는 둘 뿐이다. 각자 자식이 있다면 상황은 다르지만 나 같은 경우는 혼자이다. 상대가 자녀가 있다면 그 사람 주변까지 사랑해야 한다.

재혼도 시기가 있다. 자식들은 혼자 사는 부모를 보면 재혼하라고 한다. 인생 끝은 죽음이다. 재혼으로 망설이는 상대가 있다면 하지 말아야 한다. 고민해도 답은 나오지 않는다. 재혼이 힘들면 동거도 좋다. 현재 우리나라도 조금씩 결혼에 대해 바뀌고 있다. 결혼하지 않고 동거부터 하는 예도 있다. 이혼한 사람은 재혼도 비슷한 상황과 만나기도 한다. 서로가 이미 한번 해보았기 때문이다. 사람의 욕심은 끝도 없다. 만약에 내가 40대고 상대는 아직 결혼 경험이 없다면 행운이다. 친구들은 내게 결혼 두 번이나 하고 좋겠다고 한 적 있다. 그럴 때면 너희도 이혼하고 다시 재혼해라 말한다. 남이 하는 것은 언제나 배 아프고 어쩔 수 없다.

서로가 바라보는 시선

사람 만나는 기회가 줄어든다. 모임 활동을 하지 않는다. 상대를 만나려면 사람들의 자리에 들어가야 한다. 시간이 지나면 몸 움직이는 게 잘 되지 않는다. 재혼을 생각하면 움직여야 한다. 나이 듦에 따라 잘 안 된다. 집이 주는 안정이 좋은지 집안에서 머물게 된다. 소개를 해주면 만남까지는 한다. 내가 생각하는 모습과 다르다. 당연히 다를 수밖에 없다. 시간이 흐른 것도 모르고 과거 기억이 내 머릿속에 남아있다. 거울 보면 나 자신도 나이 먹었다. 은근히 기대하는 인간의 자연스러운 본능이다. 이제는 대화 잘되는 사람을 만나려고 한다. 어머니도 비슷한 말씀을 하신다.

이혼이 공개되는 순간 어떻게 될지 모른다. 잘 되면 운이 좋았다고 말하고 싶다. 재혼을 생각하며 하루를 살지 않는다. 미래를 내다보며 살고 있다. 이미 혼자서 살아 보려고 노력했다. 사람은 혼자서 살 수 없다. 시간이 흘러 홀로 남게 되면 혼자 살아야 한다. 혼자 방안에서 10년을 살 수 있을까? 지금은 가능하지만, 아직 그 시간에 가보지 않았다. 혼자 지내는 시간 처음에는 좋을 것 같아도 시간이 지날수록 지루하다. 지금이 먼 미래와 비교한다면 행복하다. 사람들은 현재를 늘 힘들다고 생각한다. 오히려 반대이다. 노후가 더 힘들다.

가족이 있는 경우와 나 같이 이혼해 혼자 사는 것과 다르다. 혼자 사는 게 편하다는 생각은 한다. 한계점이 있다. 갈 곳이 없어 혼자 산다? 사람과의 만남이 없다면 종일 집에서 TV와 살아야 한다. 생각은 가능할 것 같지만 수년 살면 버티기 힘들다. 노후 준비로 나도 이것저것 하고 있다. 지금 하는 것은 노후 혼자 살게 될 때 그 시간을 준비하고 있다. 지인도 없는 경우라 혼자 살아야 한다. 한두 명 친구가 전부이다. 친구들은 '혼자 돈 많이 벌어서 하고 싶은 것하고 살면 좋겠다.' 말한다. 그럴 때 '나는 너희가 더 부럽다.' 돈이 아무리 많이 있어도 다시 돌릴 수 없다. 어머니께 이 말을 한 적 있다.

"아무리 보기 싫은 사람이라도 눈앞에 사람이 보이는 것과 보이지 않는 것은 다르다. 식탁 위 밥숟가락 하나가 무섭다."

어머니는 내 말을 이해하셨다. 어머니 삶은 복이 없다. 지금 내 상황과 비교 했을 때 어머니는 나보다 좋다고 말했다. 부부란 별 것 아니라고 말하지만 서로 의지하고 사는 게 도움 된다. 앞으로의 시간이 얼마 남지 않음을 느낀다. 부모님 집에 가면 내 미래를 생각한다. 상황은 다르지만, 부부가 동시에 죽는 것도 어렵다. 한 사람은 혼자 살아야 한다. 이혼으로 혼자 살아왔고 노후는 잘 살길 믿는다.

재혼도 마찬가지다. 원한다고 할 수 없다. 강제로 할 수 없는 것이 재혼이다. 필요성에 의한 재혼은 말리고 싶다. 오래가지 못하기 때문이다. 재혼도 천생연분이 있다. 미래를 생각하는 위치 점이 비슷한 사람끼리 만나면 좋다. 이야기 나눌 대상이 많기 때문이다.

한 번씩 이런 질문을 한다. 노후 어떤 계획이 있는지? 나와 비슷하면 가장 좋다. 다음 질문은 지금 무엇을 하고 있는지? 좋은 답변이라면 더욱 관심 간다. 현재 나는 행복을 나누려고 한다. 앞에서 여러 번 말했다. 강사로 사람 마음을 움직이게 하고 싶다. 꾸준히 독서와 글쓰기도 해야 한다. 두 가지 조건이 비슷한 사람이라면 나는 좋겠다. 아직 그런 상대를 만나지 못했다. 독서 한다고 생각까지 비슷할 수 없다. 독서를 시작한 시점이 비슷해야 한다. 책으로 인생을 바꾼 사람이면 좋겠다. 진실함이 묻어 있다. 그 생각들은 미래를 당연히 그린다. 서로가 독서하며 글쓰기에 조금이라도 관심 있다면 생각도 비슷해진다. 아직 두 가지를 하는 사람이 없다. 미래를 계획하고 생각도 비슷한 사람이 없다. 혼자 살아야 하는 인생인지 알 수 없다.

환경을 바꾸기 위해 나 자신을 성장시키는 중이다. 상대는 못 바꾸지만 내가 바뀌면 주변이 바뀐다. 지금 주변을 바꾸기 위해 노력 중이다. 재혼 상대가 어디선가 나타날지 모를 일이다. 현실은 힘들지만, 노력은 필요하다고 생각한다. 몇 년 뒤 나는 변한다. 계획의 끝이자 다시 시작하는 시간이다. 재혼은 그때 이루어질지 알 수 없지만 지금 상황과 완전히 다른 삶을 시작한다.

재혼도 원하는 상대를 만나려면 나부터 바뀌어야 한다. 상대도 그런 사람을 찾기 때문이다. 그럴 때 내가 그 상대의 기준에 근접이라도 해야 한다. 서로가 바로 보는 눈높이가 비슷해야 한다. 각자 살아온 인생의 시간이 있다. 무시할 수 없는 시간이다. 살아온 과정이 중요하다. 이혼은 고통을 만든다. 어떻게 이겨냈는지에 따라 지금이 다르다. 지금 나 역시 놀랍다. 분명히 목적과 이유가 있으므로 지금 고통을 참아내며 전진하고 있다. 재혼도 이런 상황에서 될지 모른다.

쉽게 되는 재혼은 금세 불이 꺼진다. 서로가 알아가는 시간이 필요하다. 상대가 오른손 들면 같이 번쩍 들면 좋다. 처음부터 맞지 않는 것을 굳이 이어갈 필요는 없다. 겉으로 보이는 게 전부가 아니기 때문이다. 외면보다는 내면이 중요하다. 나이가 들면 생각이 조금씩 변해간다. 사람 내면 보는 게 쉽지 않다. 자신을 볼 수 있는 눈을 키워야 상대를 볼 수 있는 눈을 가진다. 재혼은 내 것을 내어주고 싶은 사람을 만나고 싶다. 재혼도 사람과의 만남이 시작이다. 서로가 보는 양의 크기가 비슷하면 좋다. 아무래도 남자가 양이 많으면 좋다.

사랑의 저울은 수평은 절대 없다. 처음 생각하는 점 하나가 나중에는 전체를 본다. 별것 아닌 것이 그 사람의 모든 것을 본다. 이것이 끌림이다. 아무리 조건을 보더라도 끌림 없는 사람과는 아니다. 하루 이틀 살 것도 아니고 이제는 죽기 전까지 상대를 보살피는 입장이 되어야 한다. 마음을 나눌 수 있는 진실을 말한다.

재혼 이야기는 끝이 없다. 사람 기준도 다르기 때문이다. 여성 입장과 남성 입장은 다르다. 남자가 좋아하는 양이 초기에는 더 커야 한다. 시간이 지남에 따라 여성은 마음이 조금씩 움직인다. 가장 이상적이다. 여자는 화분 속의 꽃이다. 여자는 남자 하기 나름인 것처럼 물주고 햇빛도 비춰야 한다. 그중 사랑을 주면 최고이다. 나중에 화려한 꽃을 피우게 된다. 남자의 사랑이 유지되면 좋다.

남성과 여성의 연애 방식은 다르다. 남자는 시각적인 연애를 한다. 여성은 감성적인 연애를 한다. 남성의 눈에 사랑이 보이면 사랑을 준다. 여성은 지속적으로 받으면 연애의 감정을 만든다. 그것이 감정의 사랑이다. 여성은 사랑으로 요리하고 남자에게 정성을 들인다.

그 과정이 남자의 눈에 보인다. 이것이 남녀 사랑의 순환이다. 서로가 서로에게 잘하게 된다. 배려도 자연스럽게 한다.

지금 글이 내가 원하는 마지막 사랑이다. 사랑 줄 사람을 기다리는 게 아닌 찾고 있다. 사랑의 향기를 만들어 외부로 흘려보낸다. 사랑을 믿는다. 나 자신을 믿는다. 이것이 재혼하기 위한 기초이다. 사랑 없는 재혼은 힘들다. 곧 노후가 다가오기 때문이다. 에너지를 많이 사용하는 시간이 가까워진다. 그 시간 대비를 위한 재혼도 사랑이 필요하다.

이혼 후, 최근 몇 년 동안 나는 변했다. 이런 것들로 이성들이 알아차린다. 사람은 보는 눈과 머리가 있다. 가장 좋은 것은 마음이 따뜻해야 하고 생각이 깊어야 한다. 재혼은 이 조건들이 가장 우선이다. 외부로 보이는 화려함도 좋지만, 내면의 아름다움을 강조하고 싶다. 이제는 끝 사랑이다. 인생의 마지막 사랑은 아름다워야 한다.

재혼은 아름다움에서 시작해 사랑에서 사랑으로 이어지는 관계여야 한다. 큰 것이 아닌 작은 것에서 시작한다. 재혼을 희망한다면 내 마음부터 사랑으로 만든 후 그 사랑으로 상대를 사랑해야 한다. 사랑이 넘치는 재혼하기 바란다. 인생 끝은 사랑이다.

3.

인생의 마지막 삶

인생의 마지막은 누구나 있다. 살고 죽는 건 내가 결정할 수 없다. 미래는 알 수 없다. 미래가 보이다면 현재 삶이 재밌을까? 인생 마지막은 죽음이다. 누구에게나 해당한다. 피할 수 없으며 죽음으로 가는 시간이 다를 뿐이다. 아직 내겐 시간은 남아있다. 얼마나 행운인가? 지금, 이 순간에도 사람들은 죽는다. 그 사람들도 알고 있을까? 대부분 모른다. 시간이 되어 죽는다고 생각한다. 사람은 죽음 앞에 이길 수 없다. 돈이 많은 사람도 불가능하다. 단지 살아있는 시간을 늘릴 뿐이다. 결과는 죽는다.

인생의 마지막을 어떻게 살고 싶은가? 한 번씩 사람들에게 질문한다. 그 사람의 미래를 볼 수 있다. 생각나는 대로 말하지만, 현실과 다른 삶을 산다. 미래 준비가 없는 하루를 산다. 아직 혼자 고립되지 않아 생각할 이유가 멀다. 마지막은 근사하게 마무리하고 싶은가? 모든 것이 내 뜻대로 된다면 얼마나 좋을까? 현실이 그래서 어렵다. 어렵다고 아무것도 하지 않고 현실에 젖어 그냥 살 것인가? 제발 아무 생각 없이 살지 않았으면 한다.

인생 마지막은 내게도 있다. 어머니를 바라보며 느낀 점도 있다. 노인 인구는 늘어나고 그에 따라 필요한 것이 있다. 어머니는 남편 복, 자식 복도 없다. 마음 달래기 위해 내가 독서를 가르쳤다. 지금도 매일 조금씩 한다. 만약 내가 어머니 연세라면 독서할 수 있을지 의문이 생긴다. 노후 준비로 독서만큼 좋은 것이 없다. 비용도 크게 들지 않으며 집안에서 마음 안정은 최고다.

이혼으로 나는 삶이 변했다. 강사와 글쓰기를 하며 노후 준비를 상세히 그렸다. 대부분 노후 준비는 등산과 모임 등을 말한다. 현재 내게 노후 준비를 묻는다면 강사를 말한다. 내 것을 나눌 수 있기 때문이다. 미래 준비로 책 출간, 대학원 졸업이 핵심이다. 강사의 영역을 확대하고 싶다. 지금 당장이라도 무대에 오르고 싶지만, 현실은 다르다.

내가 원하는 미래가 있다면 지금 해야 한다. 현재 퇴근 후 모든 시간을 미래 준비에 사용한다. 대부분 부하가 걸린다. 사람은 퇴근 후 집에 오면 편안함을 찾는다. 직장인은 퇴근 시간이 기다려진다. 집에 가면 대단한 것도 없다. 직장은 나 자신을 가두는 곳이다.

오히려 나는 퇴근 시간이면 책 출간에 거부감이 생긴다. 글쓰기가 그만큼 힘들다. 미래를 내 것으로 만들려면 이 과정을 넘어야 한다. 세상에 쉬운 것 하나도 없다. 책 출간되어 내가 뜻하는 대로 되면 운이 따를 뿐이다. 지금은 퇴근 후 대학원 수업으로 학교에 다닌다. 은근히 바쁘고 퇴근 후 글쓰기도 한다. 지금 몇 가지를 하는지 모르겠다. 우선순위는 글쓰기다. 시간을 조금씩 잘게 쪼개어 사용한다. 끝을 빨리 보고 싶다면 시간을 당기면 된다. 본인에게 맞게 사용하면 된다. 사람은 한계가 있다. 잠시 할 수 있지만 길게 전체를 본다면 어렵다. 책 출간 시간도 3년을 지났다. 올해 겨울이 가기 전 내 손을 떠나야 한다. 이것이 끝이 아니다. 첫 책이 마무리되면 두 번째 책 준비로 글쓰기 해야 한다. 첫 책보다는 부담이 덜 된다. 두 번째 책은 어머니 선물이다. 이미 어떻게 쓸지 생각은 했다. 지금보다 시간이 많이 소요되지 않는다. 글쓰기를 한번 경험했기 때문이다.

이때까지 많은 부하를 걸며 살아왔다. 지금 현재가 가장 좋은 때이다. 직장 일이 너무 많으면 나도 지친다. 미래 준비할 수 있는 시간이 있어서 감사하다. 인생 끝을 준비하는 사람은 얼마나 될까? 주변에 잘 보이지 않는다. 낮에는 다 같이 일을 한다. 중요한 것은 퇴근 후 무엇을 하는지 알 수 없다. 대부분 가족과 보내거나 집에서 휴식을 취하는 게 일상이다. 일했으니 쉬고 싶은 마음은 당연하다. 쉬는 시간을 잘 활용해 미래 준비하는 사람이 보기 드물다.

한 번씩 다른 사람과 이야기 나눌 시간이 생긴다. 독서하는지 물으면 대부분 그럴 시간이 없다고 한다. "시간이 없으면 분으로 나누면 된다." 상대는 멍하니 바라볼 뿐이다. 필요함을 알면서도 아무것도 하지 않고 가만히 누워 미래를 기다리는 것과 같다. 과연 그런 시간이 올까? 그전에 남들이 낚아채고 없다.

세상에 날고 기는 사람은 많다. 꿈이 있는 사람은 분명히 다르다. 중요한 것은 무언가 한다는 점이다. 이혼이 나를 다른 사람으로 만들었을까? 전혀 아니라고는 못 하지만 간절함이 여기까지 데려 왔다. 가장 큰 역할을 한 것은 책이다. 글 내용은 나의 자기계발 이야기를 대부분 넣었다. 세세한 이야기는 끝도 없다. 자세한 이야기는 훗날 강연으로 전하겠다.

현재 나는 미래를 위해 시간을 사용하고 있다. 현실을 살고 있지만, 미래의 시간을 잠시 미리 빌려 사용하고 있다. 현실도 변화 없이 하루가 매일 똑같다면 미래도 당연히 똑같다. 오히려 행복 만족도는 감소한다. 본인은 변하지 않아도 주변은 변한다. 다시 말해 주변을 한 번씩 둘러보아야 한다. 옆에서 열심히 일하는 사람이 있으면 같이 따라 해보길 바란다. 하루를 적당히 시간 보내는 삶은 미래가 없다. 어느 순간 그 자리를 잃어버릴 수 있다. 본인 의사와 상관없이 내일 갈 곳을 잃어버리기도 한다. 최선을 다한다고 말하지만, 다시 생각해보길 바란다. 생각은 끝도 없지만 작은 행동이라도 해야 한다.

한 번씩 학교 강의를 나간다. 학생들에게 기업 강의를 한다. 이런 글이 생각난다. '직장인이라면 회사 있을 때와 퇴근 후, 둘 중 자기계발을 선택한다면 어느 것이 먼저일까?' 이상적인 순환은 퇴근 후가 좋다. 회사에서 본인 스스로 만족을 얻을 수 있으면 최고이다. 과연 시작이 쉬울까? 어림도 없다. 기업을 위해 무언가 생각하는 자체가 싫은 게 정상이다. 여기서 퇴근 후가 먼저인지 말하겠다. 목표를 먼저 정한다. 그것이 노후 준비라면 최고이다. 가장 좋은 결과를 얻을 수 있다. 우선 작은 것부터 하는 것이 좋다. 퇴근 후 산책하거나 아니면 독서하면 좋다. 마음을 정화하고 머리에 좋은 것을 입력

할 필요가 있다. 추천하는 것이 독서이다.

그럼 독서만으로 원하는 것을 경험할 수 있는지 묻는다면? 당연히 아니다. 독서만으로 내일이 달라지는가? 조금은 변할 수 있다. 독서를 통해 내 모든 것을 리셋 할 수 있다. 아무래도 좋아서 하는 것과 간절함이 포함되면 결과는 다르다. 퇴근 후, 미래를 그리며 무언가 하고 있다면 회사에 적용하면 좋다. 앞에서 내가 말한 직장에 관한 글 내용 중 경청 그리고 상대나 기업을 위해 진행해보길 바란다. 경험이 가장 좋다. 경험은 다음을 만든다.

행복은 하늘을 나른다

퇴근길이 즐거운 이유는 나를 위한 좋은 것이 기다리고 있다. 집에 도착 후 계획한 것을 한다. 자고 일어나 회사 출근하면 열심히 일한다. 순환이 되어야 한다. 목표 잡는 것이 우선이다. 지금 위치점이 어딘지 확인 후 그에 맞게 진행하면 된다. 노후 중심이라면 현명하다. 자세한 지도를 그릴 수 있다. 시간 계획 세우기 힘들면 10년 단위로 나누면 된다. 현재 나이에 10년 뒤를 계산하면 된다.

현재 나의 준비는 60세를 넘어 70세 이상을 계획하고 있다. 건강하게 강의하는 것이 목표이다. 그 중심이 돈이 아닌 행복을 나누고 싶다. 사람들은 노후 준비로 돈 모으기 바쁘다. 그럼 언제 사용하는가? 좋은 곳에 사용도 못 하고 병원비로 사용된다. 왜? 돈 모으는 것에 인생을 바쳤기 때문이다. 노후에 편하게 살려고 한 것이 일만 욕심내 병만 얻었다. 안타까운 현실이다. 돈은 사용하라고 만들어졌다. 아무렇게 사용하지 않더라도 때에 맞게 사용하면 된다.

가끔 내게 보상도 필요하다. 사람은 일하는 기계가 아니다. 기계도 오래 사용하면 고장 난다. 수리비가 발생한다. 인간 몸은 치료비가 생긴다. 돈 모으는 재미로 살다가 어느 날 땅 치고 후회하는 날이 올 수도 있다. 누구나 이런 일이 없길 바란다. 오늘 괜찮다고 내일도 같을 수 없다.

돈을 잘 벌어야 한다. 돈은 늘 같이 살고 따라 다닌다. 돈이 나를 따르도록 하는 게 좋다. 돈에 끌려가면 좋은 경험이 감소한다. 내가 돈 위에 있어야 한다. 현실은 돈 많은 부자를 말하지만, 절대 아니다. 돈을 행복하게 벌어 좋게 나누면 돈은 내 뒤를 따른다. 행복한 돈 이야기도 앞에서 말했다. 현재 직장의 돈은 힘든 생각이 많다. 실제 힘들 때도 있다. 인생 전체로 보았을 때 절대 힘든 것은 아니다. 세상에 둘러보면 더 힘들게 일하는 사람도 많다. 나 혼자 힘들게 일한다 생각하지 말아야 한다. 힘들게 번 돈은 가두게 된다. 돈 모으는 것에 집중한다. 조금이라도 어디론가 사라질까 봐 꼭 움켜쥐지만, 돈은 틈 사이로 잘 빠져나간다. 손에 쥔 만큼 남는다.

돈이 잘 모이지 않는 이유는 잘 사용하지 않았기 때문이다. 노후준비로 번 돈은 얼마나 사용될까? 죽기 전까지 크게 아프지 않은 한 기쁘게 사용하지 못하고 이 세상과 작별한다. 돈의 무게는 무겁다. 돈 많아 봤으면 생각은 정상이다. 어느 날 큰돈이 생기면 감당

안 된다. 돈의 유혹에 빠져 지키는 생각만 한다. 돈의 크기가 클수록 나누기보다 더하기에 집중한다. 인간의 자연스러운 현상이다.

주변에 돈을 나누는 사람도 있다. 그런 사람들은 바보가 아니다. 돈에 집착하지 않고 다른 세상을 살려고 한다. 사람들의 행복한 모습을 보았다. 나 역시 공감한다. 행복한 돈을 모아 좋은 곳에 사용하면 기분은 하늘을 난다. 경험한 사람은 알 수 있다. 한 번의 경험이 다음을 연결하듯 좋은 행동은 자연스럽다. 처음 한 번이 중요하다. 돈을 사용해 아까워하면 부자의 그릇은 안 된다. 부자는 돈도 많아야 하지만 마음도 커야 한다. 항상 멀리 내다보는 눈이 필요하다. 인생 끝을 볼 수 있어야 한다.

돈과 가족은 항상 필수적이다. 더 좋은 것은 필요한 곳에 사용하면 좋다. 처음 시작은 나 자신이었다. 어느 날 행복의 돈으로 작은 것부터 시작했다. 나중에는 큰 나눔으로 이어졌다. 지금은 내게 사용되는 돈은 감소하였다. 돈의 필요성을 점점 희미하게 느낀다. 이혼으로 부양가족도 없다. 혼자 살다 보니 돈을 자유롭게 활용할 수 있다. 돈의 자유에서 벗어난 시간은 불과 1년 안팎이다. 돈이 누르는 힘은 사람을 괴롭게 하지만 하늘을 나르게도 한다.

지금은 저축도 한다. 그중 일부분을 좋은 곳에 사용한다. 마음이 즐겁다. 즐거운 이유는 돈을 사용하기 때문이다. 노후가 되어도 사용하지 않는 사람은 손에 쥐고 있다. 죽기 전까지 노후 준비한다며 지키고 있다. 돈을 어디에 사용하면 좋을까? 흔히 가족이나 친구들에게 사용한다. 왜? 아깝지 않기 때문이다. 가족과 친구라는 이유 때문이다.

시간이 흘러 내가 왜 성장하지 않았는지 이유는 하나이다. 상대에게 사용하지 않았기 때문이다. 무엇을 진행할 경우 주변을 둘러보아라. 사람의 마음을 몇 명이나 얻어 놓았는가? 돈이 무엇인지 사람을 구분한다. 노후 되면 큰돈이 필요할 것 같지만 시간에 따라 점점 줄게 된다. 생각처럼 건강할 것 같아도 돈은 무용지물이다. 죽어서도 돈과 함께 죽고 싶다면 그리 살아도 된다. 인생 설계는 자유다. 정답은 없지만, 돈에 끌려 살지 말아야 한다. 행복은 평생 내 곁에서 사라진다. 돈만 많으면 행복하다. 한번 그렇게 살아 보는 것도 나쁘지 않다. 돈과 행복을 선택하라면 행복을 선택해야 한다. 노후를 편안히 살 수 있다.

인생의 마지막을 그린 시간은 내 나이 40대 후반이었다. 이혼 후 책만 보며 내 책이 있었으면 한 것이 지금 여기까지 오게 되었다. 항상 머릿속에 남아있다. 강한 신념이 지금의 나를 만들었다. 책의 필요성을 경험할 때 점점 강하게 느낀다. 무대 위에 서 있는 나 자신을 항상 생각하고 경험했다. 작은 경험들이 하나둘 모여 글 쓰며 생각을 만들어냈다. 경험이 없는 글은 전달력이 낮다.

노후에는 무엇을 하며 살 것인지 고민하길 바란다. 그때 가서 생각하면 되겠지 그러는 사이 하루가 매일 반복이다. 내일은 오늘보다 조금이라도 좋아야 한다. 미래의 남은 시간을 계산하면 된다. 얼마나 길게 살 수 있을지 아무도 모른다. 건강하다고 믿지만, 외부 환경으로 하늘나라로 가기도 한다.

미래를 대하는 자세

운을 내 것으로 만들고 싶지 않은가? 욕심을 조금 내면 좋다. 인생 목표가 있다면 크게 그려라. 다음은 세부적으로 나누면 된다. 성공한 사람들은 작은 경험들이 모여 결과를 만든다. 기회와 운은 한 번 경험한 사람들이 가져가는 이유이다.

인생의 남은 활동 시간은 내게 대략 20년 정도이다. 현재 5년은 직장과 학교를 병행해야 한다. 남은 15년 중 5년은 다음 인생길의 시작이다. 은퇴 준비의 시작이다. 60세가 되면 강사의 길을 확대하고 싶다. 그 중심이 돈이 아닌 행복을 나누고 싶다. 그 이후에는 직장에 있을지 모르겠다. 60세 이후 계속 벌어야 하는 상황은 여전하다. 돈 없이 살 수 없다. 시대가 그리 변하고 있다. 살아있는 동안 돈은 필요하다. 직장 근무하며 노후 준비는 끝났다. 부자라고 생각할지 모르지만, 현실 부자는 아니다. 이혼으로 돈의 중심을 옮겼다. 대부분 적당히 살고 싶은 게 소원이지만 가장 어렵다.

노후에는 그 선을 정확하게 긋는 것이 현재가 좋다. 남들이 많이 필요하다며 무작정 모으는 것도 시간 낭비이다. 남의 삶을 내 것으로 가져와 살지 말아야 한다. 나이 들면 자식 이야기하지만 나는 자식도 없다. 집에서 잠시 사는 것은 가능할지 몰라도 사람을 만나지 않으며 사는 것은 힘들다. 신이 아닌 이상 마음의 병이 생긴다.

삶의 주인공은 나 자신이다. 노후에도 자식 보며 살지 않았으면 한다. 이제는 남은 미래를 준비하는 게 좋다. 혼자 살다 보면 하루가 괴로울 때도 있지만 극복하는 방법을 찾아야 한다. 친구 한두 명 있는 것도 좋다. 집 근처 마음이 맞는 사람이 있으면 더 좋다. 지금 시간이 미래의 시간이라 생각하면 된다.

사람들은 하루에 최선을 다한다. 틀린 말은 아니다. 실제로 최선을 다했는지 묻는다면? 답할 수 있는가? 어렵다. 어떻게 해야 하루를 후회 없이 살 수 있는지 본인 마음에 물어보면 알 수 있다. 인간은 어떤 방법으로 살아도 후회는 남는다. 죽음을 맞이할 때 상대에게 나누지 못한 후회를 만들지 않아야 한다. 살다 보면 내게 불이익이 생기기 마련이다. 인간은 완벽한 존재가 아니다. 실수하기 마련이고 후회를 남긴다. 잘하려고 한 것이 좋지 않은 결과를 만들기도 한다. 이혼한 내가 그 상황이다.

성공은 때론 실패를 만든다. 다행히 책이 나를 구원했다. 열심히 산 것이 도움 되었다. 미래가 있고 없는 차이를 만든다. 돈 많고 좋은 회사에 일하는 사람들을 보면 좋아 보인다. 가지지 못한 것이 그들에게 있기 때문이다. 그 사람들의 삶을 들여다보면 다르다. 쉽게 얻는 것은 없다. 그들 역시 미래를 생각하고 살았기 때문에 현실을 경험하며 살고 있다. 성공을 위해 나 자신과 맞바꾸었다.

성공은 그냥 오는 것이 아니다. 필요한 것이 있으면 내 것 중 어느 한 가지는 내어주어야 한다. 시간은 기본이다. 몸 어느 하나를 잃을 수도 있다. 성공을 얻기 위해 이혼까지 했다. 그다음 내 삶의 한 가지 시간을 내어주었다. 아무 생각 없이 살았다면 성공 경험도 못 했다. 다행히 현실에서 나 자신이 도망가지 못하도록 꽁꽁 묶어 버텨냈다. 미래를 가지기 위해 목표가 있었고 이루기 위해 살아왔다. 회사에서 빠른 성장과 경험은 생각도 못 한 부분이다. 무엇을 바라고 한 것이 아니다. 오히려 그런 부분이 지금을 만들었다.

사람에게는 적당한 고통이 있어야 노력한다. 혼자 살고 있어도 집에 가고 싶을 때 있다. 오늘 하루만 일하고 그만둘 것이 아니기 때문이다. 내일이 되어도 일은 끝이 없다. 직장인이라면 그만두고 싶은 마음은 다 가지고 있다. 행동으로 옮기지 못할 뿐이다.

사람은 누군가를 위해 살 때 좋은 에너지를 만든다. 대부분 누군가를 위해 살고 있다. 과연 나는 누구를 위해 살고 있을까? 주변을 둘러보아도 아무도 없다. 노후에도 마찬가지다. 갈 곳이 없어지면 집에서 혼자 살아야 한다. 현재 어딘가 갈 수 있는 것이 행복하다. 노후에는 나를 불러주는 곳이 없으면 집에서 살아야 한다. 옆에 배우자라도 있으면 다행이다. 자식보고 사는 것은 아니라 했다. 어머니께 '어디 가서 자식 이야기하면 안 된다. 다른 한 가지는 자식에게 바라지 말아야 한다.' 삶의 주인공은 자기 자신이 되어야 한다.

이혼으로 혼자 사는 시간은 13년이 된다. 적응되어 그냥 혼자 산다. 사람이 필요한 사람도 있지만 혼자 그럭저럭 지내는 편이다. 현재 회사가 내 놀이터이다. 하루를 보내는 곳이고 급여 받는 곳이다. 시간이 조금 더 흐르면 놀이터가 사라진다. 돈도 필요하지만, 사람들이 모여 있는 곳이 필요하고 소중하다.

지금이 가장 좋은 시간이다. 삶의 행복을 확인하기 바란다. 돈은 지금 내게도 소중하다. 아직 미래 준비로 돈은 더 확보해야 한다. 다른 것 하나가 다르다. 미리 돈을 잘 사용해 나를 성장시켜야 한다. 긴 시간에 걸쳐 모을 것을 조금 당기려 한다. 아직 행동에 조금씩 옮기는 중이다. 돈은 사람을 따른다. 좋은 사람에게는 약하다. 돈을 좋은 곳에 사용하고 나를 성장시키면 좋다. 배움에는 여러 가지가 있다.

미래는 아무도 모른다. 가만히 있으면 기회나 운은 오지 않는다. 계속 나 자신을 위해 움직이고 노력해야 한다. 여기서 한 가지 분명한 것이 있다. 목표가 정확하면 좋다. 믿음이 생긴다. 행동으로 이어질 때 도움 된다. 자신의 믿음이 있어야 한다. 남의 말에 귀담아들을 것이 아니라 내 마음의 귀를 기울여라. 좋은 미래를 준비하고 경험하고 싶다면 본인과 대화를 해야 한다.

여러 가지 자기계발에 관한 이야기가 있다. 독서, 명상, 기록, 운동, 글쓰기, 배움, 경청 등 나열하면 많다. 여기서 말하고 싶은 것이 있다. 자기계발이다. 사람들은 성공을 위해 자기계발을 한다. '진정한 자기계발은 자기계발을 하지 않는다.' 다시 말하면 왜 해야 하는지와 나와 맞은 지 확인이 필요하다. 처음부터 돈 되는 자기계발은 절대 없다. 시작이 중요하다. 시작하는 사람과 시작하지 못한 사람이 있다. 중요한 것은 시작하는 사람이 지금은 모르지만, 시간이 지나 좋은 경험을 한다. 결과가 꼭 돈이 아니라도 경험한다. 이유가 정확하다면 미래가 나온다.

미래를 선명하게 만들고 싶다면 지금 생각한 것을 진행하면 된다. 생각만 망설이는 사람은 미래가 없다. 희미한 그림자라도 있으면 다행이다. 오늘을 사는 것도 내일을 위한 일이다. 하루가 쌓이면 1달이 되고 더 쌓이면 1년이 된다. 1년 전 시간과 지금을 비교해 보면 알 수 있다. 변한 것이 무엇인지 한번 확인해보면 된다. 체중이 과하게 늘면 반성해야 한다. 급여를 더 받는다면 당연히 칭찬할 일이다. 1년 뒤가 아닌 10년 뒤도 계속 더 받으며 다닐 수 있는가? 생각해보길 바란다.

독서를 시작했다면 얼마나 보았는지 기록하면 좋다. 지나간 책이라도 다시 보면 새롭다. 밑줄 친 글만 보아도 과거에 읽었던 내용이지만 다르게 보인다. 결과는 남들이 부러워하는 것이 아니다. 스스로 성장하는 중이라 생각하면 된다. 삶의 기준은 분명히 없다. 어떤 결과로 최고를 누리는 사람과 돈 많은 부자의 삶을 비교하는 게 아니다. 기준은 내가 정한다.

목표가 있으면 조금씩 나아가면 된다. 매년 좋은 성과를 만들면 좋지만, 현실은 쉽지 않다. 평가가 낮은 날은 다음을 만들면 된다. 미래가 노후를 그린다면 현실이 다르다. 돈 중심이 되는 삶은 행복과 조금씩 멀어진다. 돈 벌어들이는 재미는 본인만 즐겁다. 여기서 주변이 보이지 않는다. 진정한 행복이 무엇인지 모른다. 어느 날, 은퇴를 지나 노후가 되었을 때 주변을 둘러볼 필요 있다. 주변에 누가 있는지, 몸은 건강한지, 어느 시간에 있는지 생각해보면 알 수 있다. 행복을 나누며 살아왔는지 아니면 버리고 왔는지 알 수 있다.

인생의 마지막 삶

　행복은 돈도 필요하다. 돈으로 행복을 구분 짓기도 한다. 행복한 사람은 얼굴에 보인다. 돈 많은 사람은 얼굴에 행복이 넘쳐날까? 돈이 흘러넘쳐 자랑하고 싶어진다. 돈 없는 사람은 가난할까? 절대 아니라고 본다. 인생 밑바닥을 찍고 일어선 나는 지금 부자는 아니다. 가난하지도 않다. 빚 청산했기 때문에 통장에 1원이라도 있으면 그걸로 만족한다. 과거 10년 동안 돈은 항상 마이너스였다. 시간이 지나면 제로가 되겠지 하며 살아왔다. 빚 정리 후 이제는 더하기가 되었다.

　처음 더하기가 되었을 때 기분 좋았다. 차츰 쌓여가는 속도가 다르다. 남들은 돈 모으는 재미가 있다고 한다. 난 재미를 느끼지 못했다. 그냥 돈일 뿐이다. 남들처럼 생활비로 사용하고 적금도 넣었다. 생각처럼 아주 행복하지 않았다. 행복하게 번 돈은 자연스럽게 좋은 곳에 나누게 된다. 이제는 돈이 생기면 좋은 자리 만들려고 한다. 작은 행복을 만들 수 있는 정도이다. 몇 번 행동에 옮겨 행복을 맛보았다.

　미래를 그려 보았다. 역시 행복은 돈을 써야 한다. 지금 행동 하나가 나중에는 더 좋은 것을 만든다. 실행하기 나름이다. 지금 아깝다고 생각되면 나중에 사용할 수 있을까? 사람은 돈이 많을수록 자기 자신에게 사용한다. 지금도 모으기만 한다면 훗날 행복한 곳에 사용하겠는가? 그때 가서 하면 되겠지 생각을 버려야 한다. 지금부터 작은 행복을 만들지 못하면 노후에도 못 한다. 사람은 나이 들면 귀찮아지고 게을러진다. 인생은 멀리 볼 수 있어야 한다. 남은 시간을 무엇으로 살고 싶은지 스스로 질문해야 한다. 삶의 주인공은 나 자신이다.

자기계발도 쉬어야 한다. 사람마다 각자 다르다. 시간이 많이 주어질 때 무언가 열심히 할 것 같지만 어렵다. 사람은 시간 많으면 쉬고 싶다. 오히려 짧은 시간을 활용하는 것이 좋다. 시간마다 무언가 하지 않으면 불안한 마음이 생긴다. 이럴 때 내려놓을 수 있어야 한다. 시간 조절은 각자 맞게 사용하면 된다. 바쁠 때 시간 나면 무엇을 하겠다고 스스로 다짐한다. 시간이 오면 하겠는가? 사람은 편안함이 주는 힘에 이기지 못한다. 인간의 강력한 습성 중 하나다. 이기려 들지 않는 게 좋다.

노후 준비는 조금씩 한다. 지금 하는 것들은 현재를 위한 것이 없다. 미래를 위한 은퇴 준비를 하고 있다. 혼자 살면서 손에 꼭 움켜쥐고 살고 싶지 않다. 비우고 이 세상을 떠나고 싶다. 후회 없이 이 세상을 살아가고 싶다. 이혼으로 한번 후회할 짓을 했다. 그 한 번으로 마무리하고 싶다. 이혼을 반복하고 싶지 않다. 재혼 역시 쉽게 할 수 없지만 잘 맞는 사람이 있으면 하고 싶다. 사랑은 내게 있다고 믿는다. 인생의 마지막은 화려함이 아닌 조용히 행복하게 살고 싶다. 힘든 사람이 있으면 그들에게 좋은 영향력을 나누고 싶다. 무거운 삶보다 나 자신을 가볍게 하고 싶다. 행복을 볼 수 있는 길은 내것을 나눌 때이다. 사람은 웃는 모습을 볼 때 가장 즐겁다. 한 가지 더 추가하면 ‘감사합니다.’ 이 한마디면 나는 만족한다.

건강이 항상 우선이다. 지금도 꾸준히 스트레칭하며 영양가 있는 식단을 유지하고 있다. 음식만이 노후 건강을 책임지지 못한다. 마음이 가장 중요하다. 지금은 일하며 삶을 산다. 살다 보면 앞을 내다볼 수 없다. 더 큰 위험은 다가온다. 눈에 보일 수도 있고 보이지 않을 수도 있다. 보인다면 그나마 다행이다. 보이지 않는다면 마음이 다친다. 마음 아플 때는 약도 없다. 시간이 약이라고 하지만 항상 허용되는 것도 아니다. 노후에는 마음 허한 삶을 살게 된다. 예방을 위해 집 주변 무언가 할 것을 만들어 놓는다.

사람의 신기한 면이다. 사람은 시간이 더해질수록 자연을 찾는다. ‘인간은 자연에서 태어나 다시 자연으로 돌아간다.’ 인간의 시작은 자연이다. 눈으로 바라보고 귀로 듣는 모든 것이 시간이 흘러야 알 수 있다. 자연은 나와 함께하는 필요 공간이다. 현재 내 집에서 밖을 내다보면 나무와 숲이 보인다. 작은 산으로 늘어져 있는 자연을 볼 때면 마음이 편안하다. 바쁘게 살 때는 볼 시간이 없다. 자연을 찾는 나 자신도 나이를 먹었다. 은퇴 후, 그 시간은 다들 비슷한 상황이다. 돈이 많아도 별다른 삶은 없다. 눈 뜨면 하루를 시작하고 눈 감는 시간은 내 맘이다. 지금 눈 감는 시간은 저녁 시간을 말한다. 노후 큰돈이 있으면 여기저기 여행도 간다. 아무래도 도움 된다. 돈이 부족해 멀리 가지 못하더라도 버스 타고 동네를 다니면 된다. 남의 삶은 내 것이 아니다. 삶의 주인공은 나 자신이다.

지금 현재도 중요하다. 시간의 구속에서 벗어나고 싶으면 노력해서 성공하면 된다. 돈 많은 부자 되어 지출하며 살아도 된다. 시간은 한번 지나가면 그만이다. 다시 돌릴 수 없다. 시간에 맞게 큰 것이 아니라도 작은 것 하며 살면 된다. 삶은 자기만족이다. 기준을 남의 것과 비교하지 마라. 괜히 마음만 아프다.

돈도 다 주인이 있다. 돈 많은 사람도 과거에는 힘들게 살았다. 노력해 얻은 결과로 투덜거릴 필요 없다. 부러워하지 않아도 된다. 지금 내게 돈이 좀 더 있다면 좋은 자리를 많이 만들고 싶다. 필요한 곳에 사용하는 것이 소망이다. 적은 돈이지만 미래 준비도 한다. 더 벌기 위해 노력하고 있다. 하나의 직업이 아닌 진정 내가 원하는 곳에서 수입을 만들고 싶다. 마음이 내게 말한다. 돈은 버티는 삶보다 즐거운 곳에서 잘 만들어진다. 은퇴 후 긴 시간을 살아야 한다. 혼자 산다면 아끼며 살고 싶지 않다. 행복은 그때도 중요하지만 지금도 중요하다. 건강할 때 좋은 곳에 시간을 사용하고 싶다. 강사의 삶을 살며 일정 수입이 생기면 좋은 곳에 나누고 싶다.

노후 준비가 잘 되었는지 묻는다면? 욕심내지 않으면 된다. 돈 사용할 곳이 점점 줄게 된다. 흔히 노인이 되면 돈 많이 든다고 한다. 지금 생각으론 은퇴 후 모임 하며 매일 밖으로 나들이할 것 같지만 현실은 다르다. 생각과 현실은 분명히 다르다. 은퇴 후 놀아본 사람이 더 잘 논다. 돈도 써 본 사람이 잘 쓴다. 지금 나는 친구 한두 명뿐이다. 모임도 독서 모임 하나이다. 직장과 집 외엔 밖에 잘 나가지 않는다. 아직 혼자만의 여행은 하지 못했다. 한번 시도했지만 쉽지 않음을 느꼈다.

지금 시간이 미래의 시간이라면 혼자 있는 시간이다. 독서와 글쓰기가 환경에 적합하다. 취미는 영화와 음악으로 시간을 보내고 있다. 건강할 때까지 하고 싶다. 인생의 마지막은 누구에게나 있다. 웃으며 후회 없는 삶을 살다가 여기를 떠나고 싶다.

여러분도 삶의 마지막을 생각하며 지금 시간을 다시 확인하면 좋다. 누구나 행복하게 살다 가고 싶다. 정답은 없지만 미래는 만들 수는 있다. 지금이 곧 미래가 된다. 여러분도 인생의 마지막에 행복이 가득한 날이 되었으면 한다. 행복한 날을 위해 응원한다. 그것이 내가 바라는 소망이자 마지막 바람이다.

사람은 고통 속에서 다시 태어난다

고통은 내게 기회를 만든다.

이혼은 사람마다 각자 다르다. 고통이 따른다. 다르게 다가올 뿐이다. 이혼하기 직전과 이혼 직후 많은 차이를 만든다. 이혼을 당하는 사람과 이혼을 시작하는 사람 등 여러 가지이다. 결과는 이혼이다. 대부분 이혼 앞뒤 고통을 경험한다. 시간이 지나면 고통 속에서 조금씩 멀어져간다. 시간이 지나면 회복되긴 하지만 가슴속에 깊이 박힌 고통은 영원히 지워지지 않는다.

이혼이 주는 고통은 사람을 바닥으로 끌어 내린다. 즐거워서 하는 이혼도 있겠지만 극히 드물다. 나중에는 서로 평행선을 살게 된다. 이혼은 사람 사이에서 발생한다. 법적인 테두리로 사람을 고통스럽게 만든다. 이혼하기 전 고통보다는 이혼 후 고통이 감소한다. 그만큼 이혼 전 고통이 사람을 괴롭힌다.

비록 나는 이혼 후 고통이 여러 가지와 함께 인생 바닥을 찍고 다시 태어난 사람이다. 다행히 책이라는 것이 나를 살렸다. 지금 생각하면 책이 주는 힘은 위대하다. 독서만으로 현실의 모든 것을 내 것으로 만들지 못한다. 삶은 생각하기 나름이다. 성공은 이혼과 상관없이 누구나 꿈꾸고 바란다. 결과를 경험하거나 아니면 생각만으로 끝낼지 자기 몫이다.

사람마다 기회는 온다. 한 번씩 위기감을 느낄 때가 있다. 기회는 그때 찾아온다. 주변에 왔다가 그냥 떠나는 경우가 대다수다. 순간 위기를 넘겼기 때문이다. 일반적인 삶보다는 인생 쓴맛을 다 보게 될 때 가장 좋은 순간이다. 고통과 동반하지만, 실패를 잘 활용한다면 분명히 다른 삶을 살게 된다. 실패는 기회이자 성공으로 가는 길이다.

대부분 과거 실패의 삶에서 허우적거리며 하루를 살아간다. 시간이 흘러도 변하는 것 없이 제자리걸음이다. 처음 시작이 잘못되었다. 고통은 사람 마음을 괴롭게 한다. 첫 번째가 마음을 치료해야 한다. 모든 자기계발의 시작은 마음이다. 자신의 마음이 안정되지 않은 상황에서 살려고 허우적거리는 것은 잘못된 단계다. 고요한 상태에서 마음의 소리에 귀를 기울여야 한다. 나는 책으로 시작해 지금까지 잘 성장했다. 책 쓰게 된 이유도 상처 회복과 대중 앞에 나설 준비가 되었다. 사람마다 과정이 있겠지만 꼭 좋은 결과가 있어야 세상에 나오는 것은 아니다. 기준은 본인 스스로 결정한다.

사람은 변한다. 변하지 못한다. 여러 가지 말이 있다. 그중 나는 변했다. 인생 여러 가지 경험을 스스로 이겨내며 살아온 일부분을 글로 옮겼다. 강연 자리가 있다면 그 영역을 넘어 모든 것을 나누겠다. 글 1차를 완성하는 데 2년이 소요되었다. 글쓰기가 어렵다는 것은 누구나 알고 있다. 시작이 어렵지 조금씩 쓰다 보면 스스로 알게 된다. 2년 동안 매일 평일 시간 나와 싸움하듯 했다. 언제 끝날지 모르게 막연히 썼다. 새로운 시도였고 나 자신에게 새로움을 다시금 느낀다.

작가님들의 책 한 권이 이렇게 힘들게 완성됨을 존경한다. 앞으로 가는 길에 하나의 과정이지만 가장 큰 장애물이다. 다시 다듬는 시간을 지나 완성이라고 말한다. 분량이 380쪽을 쓰게 될지 상상도 못 했다. 얼마나 쓰고 싶은 이야기가 많았으면 매일 최대한 내 이야기를 썼다. 여기까지 오게 된 것도 혼자 스스로 했다. 책 한 권이 완성될 수 있었던 것도 상대가 있기 때문이다.

우선 나의 어머니에게 고마움을 전하고 싶다. 이혼으로 마음에 상처를 만들어 늘 미안했다. 항상 내 옆에서 지켜봐 주신 '어머니 감사합니다. 꼭 좋은 것으로 보답하겠습니다.' 다음은 이혼으로 새 가정에서 사랑받으며 잘 지내고 있는 딸에게 말하고 싶다. '사랑하는 딸 아빠가 늘 사랑한다.'

새로운 보금자리를 만든 전처에게도 잘 살길 바란다. SNS 지인들에게 감사함을 전한다. 지금까지 나를 진정으로 바라봐 주며 아끼고 사랑해 주신 모든 분께 감사함을 다시금 전하고 싶다.

사랑은 내 것이 아닌 네 것이 될 수 있는 삶을 살길 바란다.

**무너진
삶이어도
나는 일어섰다**

펴 낸 날   2026년 2월 9일

지 은 이   김은한
펴 낸 이   이기성
기획편집   권희연, 최인용, 이서은
표지디자인 권희연
책임마케팅 이수영, 김정훈
펴 낸 곳   도서출판 생각나눔
출판등록   제 2018-000288호
주   소   경기도 고양시 덕양구 청초로 66, 덕은리버워크 B동 1708, 1709호
전   화   02-325-5100
팩   스   02-325-5101
이 메 일   bookmain@think-book.com

· 책값은 표지 뒷면에 표기되어 있습니다.
  ISBN   979-11-7048-972-6(03190)